Christian Hoffstadt

Denkräume und Denkbewegungen

Untersuchungen zum metaphorischen Gebrauch der Sprache der Räumlichkeit

EuKlId

Europäische Kultur und Ideengeschichte
Studien. Band 3

Herausgeber: Bernd Thum, Hans-Peter Schütt,
Institut für Philosophie, Universität Karlsruhe (TH)

Denkräume und Denkbewegungen

Untersuchungen zum metaphorischen Gebrauch der Sprache
der Räumlichkeit

von
Christian Hoffstadt

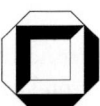

universitätsverlag karlsruhe

Dissertation, Universität Karlsruhe (TH)
Fakultät für Geistes- und Sozialwissenschaften, 2008

Impressum

Universitätsverlag Karlsruhe
c/o Universitätsbibliothek
Straße am Forum 2
D-76131 Karlsruhe
www.uvka.de

Universitätsverlag Karlsruhe 2009
Print on Demand

ISSN: 1867-5018
ISBN: 978-3-86644-378-5

CHRISTIAN HOFFSTADT

„Denkräume"
und „Denkbewegungen"
Untersuchungen zum metaphorischen
Gebrauch der Sprache der Räumlichkeit

von der Fakultät für Geistes- und Sozialwissenschaften
der Universität Karlsruhe (TH)
angenommene Dissertation zur Erlangung des Grades eines

Doktors der Philosophie *(Dr. phil.)*

Dekan: Prof. Dr. Klaus Bös

1. Gutachter: Prof. Dr. Hans-Peter Schütt
2. Gutachter: Prof. Dr. Knut Eming

Tag der mündlichen Prüfung: 10.12.2008

Inhaltsverzeichnis

1. Einleitung

„Denkräume" und „Denkbewegungen" sind Metaphernfelder, die in bestimmten Diskursen der aktuellen wissenschaftlichen Diskussion und der Theoriebildung eine häufige Verwendung finden, z. B. wenn von der nötigen „Verortung" der Gedanken, aber auch wenn von der Konstruktion von „Theoriegebäuden" gesprochen wird. Sie finden einmal mehr, einmal weniger expliziten bzw. zielgerichteten Einsatz in wissenschaftlichen Texten, ihr Status ist zudem unklar, da die Metapher eine besonders umstrittene Rolle in der Wissenschaft spielt. Bislang konnte in der Philosophie „ein unkontrollierter und unzensierter philosophischer Bildgebrauch stattfinden."[1] Sprachbildern oder durchgängigen Bildmustern wird bei Interpretationen philosophischer Texte, selbst wenn sie erkannt werden, meist nur marginale Bedeutung (z. B. als auf das schreibende Subjekt zu beziehender „Stil") zugemessen.

Die vorliegende Arbeit beschäftigt sich mit der Verwendung von Metaphern, die darauf hinweisen, dass die „Bauweise" von Theorie und Wissen zunehmend ins Bewusstsein der Philosophen rückt – was sich bislang häufig in der Verwendung „proto-logischer" Metaphern der Verräumlichung und der Konstruktion im Raum ausdrückt, aber auf theoretischer Ebene meist kaum durchdacht und in der Rezeption philosophischer Texte kaum beachtet ist. Die Idee dieser Arbeit ist es, diesen Bereich der sprachlichen Verfasstheit und der damit verknüpften Sprach- und Bildlogik zu untersuchen, um einen bislang wenig beobachteten Bereich der metatheoretischen Selbstbeobachtung und Selbstbeschreibung der Philosophie sichtbar zu machen und interdiskursive Zusammenhänge aufzuzeigen.

Erstaunlicherweise ist der Bezug von räumlicher und Bewegungsmetaphorik auf wissenschaftliche „Objekte" keinesfalls so neu, wie es auf den ersten Blick erscheinen mag. Die Arbeit soll der Frage nachgehen, warum die Terminologie der Philosophie und ihrer angrenzenden Nachbardisziplinen sich seit jeher und besonders in bestimmten Diskursen Begriffen der Räumlichkeit, der Verortung, der Architektur

---

[1] Taureck 2004, 52.

5

(also der Konstruktion *im* Raume bzw. in einem modernen Sinne: der Konstruktion *von* Raum) und der Bewegung (im Raume), bedient.

Es geht dabei nicht um klassische Raumtheorie oder Raumvorstellungen an sich, sondern um Raummetaphern, die zur Generierung von Wissen und Erkenntnis benutzt werden und damit Diskurse der Philosophie bzw. die Philosophie als System strukturieren. Daher nutzt diese Arbeit zwar die Vorarbeiten des wachsenden Raumdiskurses der vergangenen Jahre, fokussiert aber die räumliche Sprache, die zur Theorie*konstruktion* genutzt wird. Zwar werden durchaus Bezüge zum „realen Raum" und zu Theorien, die zwischen virtuellem, gedachten Raum und „realem" Raum vermitteln wollen, hergestellt, aber letztendlich versucht die Arbeit, auf der textuellen, theoretischen Ebene zu verbleiben, ohne sich zeitgeistgemäß realitätsbezogenen medialen oder topographischen Räumen zuzuwenden, d. h. selbst Bezüge zwischen Fiktion und „Realität" zu konstruieren. Die Arbeit bezieht dabei verschiedene Diskurse mit ein, die die räumliche Metaphorik nicht nur zur Behandlung wissenschaftlicher *Objekte* nutzen, sondern auch zur Theoriekonstruktion, sogar auf der Metaebene der Theorie der Theorie, verwenden. Hinterfragt werden also die Genese und die medialen Bedingungen von Diskursen, allerdings nicht in Bezug auf die materielle Produktion von Wissen (wie es häufig in Bezug auf die „neuen Medien" geschieht), sondern in Bezug auf Logik und Sprache als Bauelemente von Theorien und Wissen. Während die Untersuchung von Bezügen zwischen materiellem Raum, Bild und Wissen vor allem in der Medienphilosophie und den Kulturwissenschaften „boomt", ist die Thematisierung der nicht-materiellen medialen[2] Seite der Wissensproduktion bislang noch weitgehend unerforscht. Der Begriff des Diskurses wird hierbei als hochspezialisierter Wissensbereich definiert, der sich ausdifferenzieren und dessen Formierung beschrieben werden kann, wobei der Aspekt der „Macht", der beim Foucaultschen Diskursbegriff im Mittelpunkt steht, keine Rolle spielen soll. Das Augenmerk richtet sich auf ein interdiskursives Element, die Metapher im weitesten Sinne, die einerseits einen Spezialdiskurs bildet,

---

[2] Medium wird hier im Sinne der Übermittlung zwischen Bild und Sprache im Formelement der Metapher verstanden. Damit wird ein sprachliches Phänomen in den Mittelpunkt gerückt, das nur bedingt von materiellen Medien abhängt.

andererseits auch in anderen Diskursen als Formelement Verwendung findet. Damit wird die Perspektive auf die Interdiskursivität des Phänomens Raummetaphern gerichtet, nicht auf die Beschreibung eines einzelnen Diskurses. Vielmehr wird die These diskutiert, ob die Metapher als interdiskursives Element es möglich macht, diskursübergreifende Veränderungen herbeizuführen (wie z. B. „turns").

Die vorliegende Arbeit versucht, ein möglichst breites Spektrum unterschiedlicher räumlicher Metaphern zu erfassen, weshalb auch räumliche Begriffe wie die „Form" und die „Architektur" genauer betrachtet werden sollen. Die Bewegung wird dabei als sekundär betrachtet, als Konstituente von Raum, jedoch nicht als eigene Thematik.[3]

Diese Fokussierung auf räumliche Metaphern klammert einige Zusammenhänge aus, beispielsweise die Relation zur Zeit und die zum Subjekt, wobei durchaus Bezüge zu diesen Begriffen zu beobachten sind bzw. Metaphernfelder nie klare Grenzen haben und damit nicht ohne weiteres separat zu betrachten sind.[4] Gerade diese Ausklammerung spiegelt sich aber auch in der postmodernen Theorie wieder, die im letzten, „praktischen" Kapitel untersucht werden soll. Der Raum, so wird festzustellen sein, wird zu einer neuen Leitmetapher der Wissenskonstruktion, die andere, ehemals wirkungsmächtige Metaphern absetzt. Insofern versteht sich die Arbeit auch als Kritik (im Kantschen Sinne) an einem wirkungsmächtigen Begriffsfeld, das bislang wenig bearbeitet ist.

Stattdessen gerät die Thematisierung der Visualität bzw. Visualisierung der Metaphorik und der Bildlichkeit in den Blick der Untersuchung, was letztendlich auch dazu dienen soll, die Perspektivität von Theorie (und damit auch dieser Arbeit[5]) aufzuzeigen. Die Historizität von Theorien,

---

[3] Die Bewegung im hier gemeinten, theoretischen Sinne, wurde bislang kaum untersucht. Vgl. zur verwandten Weg-Metapher MESSIMERI 1998.

[4] Metaphernkonzepte treten selten in „reiner" Form auf, sondern werden besonders in der wissenschaftlichen Praxis häufig mit anderen Metaphern gemischt, teilweise durchaus absichtlich (vgl. die absichtliche Überschreitung der Metaphernfeldergrenzen bei Deleuze, Kapitel 5.7).

[5] Diese Arbeit versucht, die metatheoretische Rede über Metaphorik weitestgehend metaphernfrei, begrifflich präzise und transparent zu gestalten. Allerdings, so wird auch bei einigen der untersuchten Texte zu konstatieren sein, lassen sich Metaphern nicht immer umgehen, besonders in „jungen" Wissensgebieten. Um mehr Transparenz zu erreichen, werden Äußerungen aus der Sicht des Autors dieser Arbeit dann

Diskursen und Begriffen bzw. Metaphern steht zur besseren Verdeutlichung dieses Aspekts in dieser Arbeit nur dort im Vordergrund, wo sie dem Ziel der Arbeit dient.

Da die Arbeit unter anderem das Thema „Theoriekonstruktion" verhandelt, lässt sich ebendiese Fragestellung auch auf die Arbeit selbst anwenden. Es wird keine Symmetrie, also keine eigene „Architektur" oder absolut wirkende Form der dargestellten Themen angestrebt, da diese nicht existiert. Der anfängliche Versuch, diese Arbeit nach den verschiedenen Arten von Räumen und räumlichen Phänomenen zu ordnen, wurde fallengelassen, da dies höchstens auf der Ebene der klassischen Raumtheorie oder der Phänomenologie möglich gewesen wäre. Angesichts des hohen theoretischen Reflexionspotentials und der mannigfachen Relationen zwischen den Themen wäre dies auch nur ein unzureichender Versuch der Vereinfachung geworden. Damit gleicht die Arbeit selbst einem relationalen Raum, wenn man so will.

Es wurde daher der Fokus auf diejenigen Themen und Autoren gelegt, anhand derer sich das Thema in seiner Vielfalt am besten darstellen ließ. Anlass für diese Arbeit gaben dabei vor allem die poststrukturalistischen Autoren wie Deleuze und Derrida, in deren Arbeiten ein hoher Anteil reflektierter und gezielt eingesetzter Metaphern zu beobachten ist. Im Verlauf der Recherche wurde schnell ersichtlich, dass diese Metaphernfelder seit der Antike Verwendung in der Philosophie finden. Das Hauptaugenmerk wurde bewusst auf die modernen Autoren gelegt, da der gezielte Metapherngebrauch und seine Funktion bei diesen Autoren am sinnreichsten darstellbar sind und analytische Arbeiten zu diesem Thema fast gänzlich fehlen.[6] Durch den häufig nicht-zielgerichteten

---

kursiv gedruckt, wenn eine räumliche Metaphorizität der Autorenaussage für den Leser ersichtlich markiert werden soll.

[6] Die Arbeit Eichbergers über die Architektur der Vernunft bei Kant (vgl. Kapitel 5.2) ist eine der wenigen Arbeiten mit einer ähnlichen Zielsetzung bzw. Fokussierung. Hier sollen allerdings diejenigen Diskurse und Texte untersucht werden, die aktuell wirkungsmächtig und aktiv sind und deren Thematisierung sich leider häufig durch analytische Schwächen auszeichnet. Deshalb versucht die vorliegende Arbeit, das Phänomen Raummetaphern beispielsweise bei Derrida nicht im Stile Derridas, bei Nietzsche nicht im Stile Nietzsches usw. zu verhandeln – und damit analytisch zugänglich zu machen, statt mit weiteren metaphorischen Interpretationen den Zugang zu „verbauen". Hingewiesen werden muss auch auf die Tatsache,

Einsatz oder das nur sporadische Vorkommen der hier besprochenen Metaphern in vielen philosophischen Texten war es sinnvoll, aus dem heterogenen Feld vor allem diejenigen Texte zu präferieren, in denen die Metaphorik einen Zweck erfüllt bzw. die über das Niveau unreflektierter sprachlicher Gemeinplätze hinausgehen. Die Arbeit soll einen Überblick über ein sehr heterogenes Feld bieten und vermeidet daher absichtlich den Vergleich von „Theoriegebäuden" und „Denkräumen" in einem einfachen Sinne. Insofern ist die Arbeit selber inspiriert von dem relationalen Denken, das sie im letzten Kapitel verhandelt. Ohne diese Fokussierung der interdiskursiven Zusammenhänge würde die Arbeit zwar die behandelte Metaphorik an sich beschreiben können, würde aber in der Interpretation dieser Metaphorik im praktischen Teil deren Wert für die Theoriekonstruktion nicht einschätzen können. Die Arbeit versucht damit auf der theoretischen wie der sprachlichen Ebene, das Phänomen der Verräumlichung des Wissens und der Erkenntnis qua Metapher wissenschaftlich zu beobachten, zugleich aber auch nicht-klassische Theoriebildungen soweit zuzulassen, wie es aus analytischer Sicht zulässig scheint. Damit ergibt sich eine neue Perspektive auf ein Gebiet, das allzu oft aufgrund methodischer u. a. Restriktionen und Vorbehalte unbeobachtet geblieben ist.

Das erste Kapitel, *Raumdiskurse I*, zeigt den Unterschied der klassischen Raumtheorie im Gegensatz zu vorgestellten Räumen, vor allem Vorstellungsräumen, die durch räumliche Metaphern inszeniert werden. Im Vordergrund steht also die Visualität und Perspektive des Denkens und Vorstellens, besonders in Bezug auf die Theorie und Theoriebildung. In einem weiteren Schritt wird Räumlichkeit im Sinne von visueller, perspektivischer Wahrnehmung und ihrer Darstellung thematisiert. Dabei wird das Thema Bildlichkeit berührt, wobei vor allem die exzeptionelle Stellung des Sprachbildes und der sprachlichen Darstellung vor dem Hintergrund des „Iconic Turn"[7] und der aufgekommenen

---

dass räumliche Metaphern bei vielen philosophischen Texten bzw. Autoren keine Rolle oder häufig keine klare/große Rolle spielen. Die Auswahl der Autoren und Texte ist demnach auch in gewisser Weise auf bestimmte Texte fokussiert, in denen sich das Phänomen deutlich zeigen lässt, während es in vielen anderen Texten nicht erkennbar ist.

[7] Dieser ist wiederum thematisch mit dem „Spatial Turn" verknüpft. Vgl. auch Ka-

„Bildwissenschaft" kritisch hinterfragt werden. Dabei werden vor allem die Perspektivität und die Anschaulichkeit sprachlicher Darstellung eine große Rolle spielen.

Im zweiten Kapitel, *Theoretischer Zugang zum Raum als Metapher*, wird die Metapherntheorie Lakoffs und Johnsons anhand ihres Hauptwerkes „Leben in Metaphern" vorgestellt, das aus dem Umfeld der kognitiven Linguistik stammt und die Wichtigkeit der Metaphern und metaphorischen Vorstellungen für das menschliche Denken und Handeln vorführt. Durch Sprachanalyse versuchen Lakoff und Johnson, bestimmte metaphorische Konzepte des Alltagslebens und der Wissenschaftssprache herauszuarbeiten, die nicht als einzelne, poetisch überformte Elemente gedeutet werden, sondern als (kognitive) Denkmuster, die mit dem Prinzip der Metapher beschreibbar sind. Dabei beschäftigen sie sich häufig mit räumlichen oder Bewegungsmetaphern, die unser Denken und damit auch unsere wissenschaftliche Perspektive strukturieren. Eine ganze Reihe von räumlichen Metaphern wird im Anschluss an Lakoff/Johnson und andere Autoren untersucht, wobei Alltags- und Wissenschaftssprache kaum mehr zu trennen sind, da die Metaphernkonzepte übergreifend Verwendung finden. Anschließend wird der Ansatz kritisch daraufhin überprüft, welche Rolle er der Metapher zuweist, welche Schwächen er hat und inwiefern er für die Thematik nutzbar ist – bzw. wo seine Grenzen liegen. Im Anschluss daran wird die Rolle der Metapher in der Wissenschaft, auch im Hinblick auf andere theoretische Ansätze, beleuchtet. Dazu gehört u. a. der Ansatz der „Sinnformeln" nach Geideck und Liebert, der den Ansatz der kognitiven Linguistik erweitert und eindeutig auf die Wissenschaftssprache und die Theoriebildung beschränkt.

Im dritten Kapitel, *Raumdiskurse II*, wird zu untersuchen sein, welche Fächer und Disziplinen überhaupt Raumdiskurse mitformieren, vor allem, in welcher Art. Dabei ist die Frage unumgänglich, inwieweit die beschriebenen Theorien und Metatheorien selbst räumlich konstruiert sind und wie hoch ihr diesbezügliches Reflexionspotential ist. Neben Einblicken in benachbarte Disziplinen der Philosophie soll hier besonders die Metatheorie befragt werden, z. B. die „Denkformen"

---

pitel 4.8.

Leisegangs oder auch Theorien des wissenschaftlichen Fortschritts, z. B. Kuhns Paradigmentheorie. Ebenfalls in den Blick genommen wird die Medialität, d. h. die Vermittlung von Wissen/Theorie und ihre mediale Bedingtheit.

Das vierte Kapitel, *Raumdiskurse III*, kann paradoxerweise als „praktischer" Teil der Arbeit verstanden werden, auch wenn es dort konkret um komplexe räumliche Metaphern in hochtheoretischen Werken verschiedener Denker gehen soll. Verschiedene Philosophien werden dort auf ihre räumliche Metaphorizität und Konstruiertheit untersucht. Beginnend beim Platonischen Nicht-Ort, der Utopie, wird über das Höhlengleichnis ein Bogen zur Frage gespannt, wie Fiktion erkenntnisleitend werden kann. Die anschließende Kurzdarstellung der Architektur der Vernunft bei Kant wird konterkariert durch die Darstellung der metaphernreichen (und zugleich metaphermtheoretischen) Schrift Nietzsches *Über Wahrheit und Lüge im außermoralischen Sinne* und der Frage nach den Ruinen der Vernunft bzw. ihrer Archäologie.

Einen höheren Abstraktionsgrad erreichen die räumlichen Metaphern in den Theorien Wittgensteins, Foucaults, Derridas und Luhmanns, die diese häufig bewusst einsetzen, um Bilder der Überschreitung von Theorie und Logik zu entwerfen und so ihre eigene Theoriekonstruktion darzustellen und in einem bildlichen Entwurf zu entgrenzen. Damit zeigt dieses Kapitel nicht nur „praktische" Beispiele aus der Philosophiegeschichte, sondern erreicht zugleich die höchste metatheoretische Ebene dieser Arbeit, in der zuletzt unter Zuhilfenahme der behandelten Theorien die Perspektivität der zweiwertigen Logik thematisiert wird.

2. Raumdiskurse I: Raum – Visualität – Bild

2.1 Klassische Raumvorstellungen

Der Raum ist seit der Vorsokratik Gegenstand philosophischer Spekulationen.[1] Von physikalischen und mathematischen Räumen bis zu Daseins-Räumen und fiktiven Räumen, z. B. Utopien, sind alle Ebenen der Räumlichkeit im philosophischen Diskurs behandelt worden. Der Raum und die Geschichte seiner philosophischen Betrachtung und Definition soll in dieser Arbeit nicht der Gegenstand der Untersuchung sein, sondern Raum- und Bewegungs*metaphern* (und deren Anschlussmetaphern wie „Architektur" usw.). Daher wird auf unterschiedliche Raumkonzepte nur dann hingewiesen, wenn sie für den jeweiligen Untersuchungsgegenstand relevant sind. Die Bezüge zwischen verschiedenen geschichtlichen Raumvorstellungen und metaphorischen Verräumlichungen in wissenschaftlichen Theorien lassen sich kaum angeben, da die Metaphern, wie zu zeigen sein wird, sehr einfach strukturiert sind und eher selten auf komplexere Raumvorstellungen oder gar physikalische/realistische Raummodelle zu referieren scheinen. Daher führt eine ausführliche Beschäftigung mit geschichtlichen Raumkonzepten eher zum Unverständnis der untersuchten Metaphern, da diese die Komplexität z. B. moderner Raumtheorie nicht erreichen und nicht benötigen. Die Arbeit an einer generellen Übersicht über Raumkonzepte an sich ist außerdem bereits mehrfach erfolgt.[2]

Der Begriff Raum hat in der Geschichte der Philosophie viele Transformationen und Umdeutungen erfahren. Besonders theologische Vorstellungen („Kosmologie"), technische Entwicklungen, physikalische Erkenntnisse („Kopernikanische Wende") und schlussendlich die „Globalisierung" haben den Raumbegriff kontinuierlich verändert, auch in seinem Alltagsgebrauch. Dabei erleben wir in den letzten Jahren eine Renaissance des Raumes bzw. des Raumbegriffs[3] – während zugleich in

---

[1] Vgl. STRÖKER 1965, 1.
[2] Vgl. WERTHEIM 2000 sowie GOSZTONYI 1976.
[3] MARESCH/WEBER 2002, 7. Siehe auch Maresch (o. J.).

Bezug auf die Medialisierung das Verschwinden des Raumes propagiert wird (Stichwort „Globales Dorf" usw.). Raum wird so in der Postmoderne zur privilegierten Kategorie, die die „Zeit" (und auch das Subjekt) absetzt.[4]

Grob unterscheiden kann man zwei Arten von Raumtheorien: Zum einen absolutistische Raumtheorien, in denen ein Dualismus von Raum und Körper angenommen wird (so z. B. bei Ptolemäus, Kopernikus, Kepler, Galilei, Newton usw.), zum anderen relativistische Raumtheorien, in denen sich Raum aus der „Struktur der relativen Lagen der Körper"[5] ergibt (so z. B. bei Cusanus, Leibniz, Mach usw.).

So wird auch heute, nicht nur umgangssprachlich, Raum häufig als „Behälter" verstanden, der Körper beinhaltet. Diese Auffassung des Raumes als „Mutterschoß" des Seins[6] findet sich schon bei Platon. Ist bei Platon der Ort/der Raum die gestaltlose „Aufnahmestätte"[7] der Körper, ist er bei Aristoteles die fünfte Kategorie.[8] Im Altgriechischen gab es drei Ausdrücke für „Raum": chóra (das Platz bietende Land), diástema (Ausdehnung) und tópos (Ort). „Topos" hat sich mit Aristoteles durchgesetzt.[9]

Der Raum dient als Gefäß oder Behälter, der nach „bestimmten Ordnungsschemata mit Materie" aufgefüllt wird.[10] Raum und Rauminhalt sind klar trennbar, werden als getrennte Substanzen gedacht (ähnlich der Trennung von Form und Inhalt). Diese Substantialität, Endlichkeit und Unabhängigkeit des Raumes ließ sich in der modernen Physik nicht bestätigen – aber unter dem Aspekt Anschaulichkeit liefert diese Vorstellung von Raum bis heute ihre Dienste, wie nicht nur unsere Alltags-, sondern auch unsere Wissenschaftssprache beweist (vgl. vor allem Kapitel 3.1.1.3). Dem diametral gegenüber steht die moderne Auffassung des Raumes, dass die physikalischen Objekte den Raum erst schaffen.[11]

---

[4] Bormann 2001, 239.
[5] Löw 2001, 17.
[6] Platon 1994b, 51. [50c]
[7] Gosztonyi 1976, 79.
[8] Ebd., 90f.
[9] Esposito 2002, 39.
[10] Gosztonyi 1976, Band 2, 1240.
[11] Arnheim 1980, 17. Arnheim geht davon aus, dass der menschliche Geist dazu

Einsteins Relativitätstheorie diente als Impuls für die Kunst und die Wissenschaft, die Statik des Raumes und der damit verbundenen Raumvorstellungen aufzulösen.[12]

Im Alltagsdenken begreifen wir den Raum meist euklidisch als dreidimensional. Newtons Konzept eines absoluten Raumes ist für uns aber auch vorstellbar, da wir es uns metaphorisch im Konzept „Haus-Raum-Gegenstand" versinnbildlichen können. Während Platon den Raum im Timaios als „Amme des Werdens" beschreibt, der als Vorbedingung für die Vermittlung von Idee und Erscheinung eingeführt wird (und von Derrida als undefinierbares „Drittes" beibehalten wird, vgl. Kapitel 5.8.1), radiert Kant die Vorstellung eines absoluten Raumes aus, indem er Raum zu einer Kategorie a priori erklärt, die in der Erfahrung nicht erfassbar sei, sondern dazu diene, Erfahrung erst zu ermöglichen.[13]

Raum als Begriff ist nicht zuletzt von den Möglichkeiten seiner sprachlich-begrifflichen Darstellbarkeit abhängig. Die zu untersuchenden Philosophierichtungen, die sich am aktuellen *Spatial Turn* und *Iconic Turn* orientieren (vgl. Kapitel 2.4 und 4.8), greifen nur wenige, einfache Aspekte des Raumbegriffs auf und benutzen ihn bzw. räumliche Metaphern, um Wissen, Erkenntnis usw. darzustellen. Raum wird klassisch als „Formung des Wissens"[14] gesehen und gedankliche und ideelle Beziehungen durch Projektion in den Raum, durch Analogiebildung, durch sprachbildliche Darstellung erst fassbar und „sichtbar". „Seit den Anfängen der abendländischen Kultur wird vernünftiges Denken durch seine räumliche Gestalt bestimmt: Vernunft ist Form."[15]

„Der abstrakte Raum ist jener Raum, in dem das Räumliche durch Denkoperationen erzeugt oder nachgebildet wird."[16] Da es den abstrakten Raum in der „Realität" nicht gibt, kann er nur mental als Vorstel-

---

neigt, von einfachen zu komplexen (räumlichen) Denkmodellen überzugehen. Für spezielle Teile der Wissenschaften mag das stimmen, aber sowohl in der Alltagssprache als auch im diskursiven „Schnitt" finden sich vermehrt einfache Raumvorstellungen, die uns als solche bzw. als Metaphern mit einer bildlichen Aussage gar nicht mehr auffallen.

[12] LANGE 2001, 7f.
[13] KÖLLER 2004, 22.
[14] THABE 2002, 63.
[15] REICHERT 1996, 1.
[16] GOSZTONYI, 1976, Band 2, 1061.

lung erzeugt werden. Der abstrakte Raum kann dabei in Anlehnung an Wahrnehmungsinhalte anschaulich oder nicht anschaulich sein.[17] Bei Kant ist der Raum beispielsweise Anschauungsform, also eine Form der Erkenntnis.[18]

Ähnlich dem Versuch Schlögels, Geschichte zu verräumlichen („spacing history")[19], soll im vorliegenden Text – mit wesentlich anderer Akzentsetzung – gezeigt werden, wie Philosophie das Denken im Raume entwirft.

2.2 Denkgebäude

Panofsky hat behauptet, die identische Geburtsstunde sowohl der frühscholastischen Philosophie als auch der frühgotischen Architektur entdeckt zu haben.[20] Im Bauprojekt des Abtes Suger für die Kirche Saint-Denis sieht er das erste Werk, in dem die „manifestatio" philosophischer Gedanken in einem realen Gebäude anhängig ist.[21] Dadurch wurde, so Panofsky, erstmals eine Homologie der „Bauteile" einer Kathedrale und scholastischer Abhandlungen erstrebt, also eine ähnliche Strukturierung des Aufbaus eines „Gedankengebäudes" im übertragenen Sinne und eines realen Gebäudes.[22]

Nach Vitruv besteht Architektur aus Theorie[23] („ratiocinatio") und Ausübung („fabricio"), d. h. aus Theorie und Praxis.[24] Die klassischen Kriterien der Architektur, nämlich Nutzbarkeit, Standfestigkeit und Schönheit, sind in der Architektur sowohl in der Theorie (ganz pragmatisch könnte man auch von der Planung oder auch von der theoretischen Grundlagenarbeit sprechen) als auch in der Praxis Leitideen.[25] Das ei-

---

[17] EBD., S. 1062.
[18] EBD., S. 1240.
[19] SCHLÖGEL 2003, 9.
[20] PANOFSKY 1989, 9.
[21] EBD., 26.
[22] EBD., 33.
[23] „Theoroi" waren ursprünglich delegierte (politische) Beobachter in der Antike; „theoria" und „skepsis" wurden ursprünglich synonym für „sehen" und „beobachten" verwandt
[24] BOUDON 1991, 18.
[25] EBD., 20.

gentliche Problem der Architekturwissenschaft liegt in der Beziehung zwischen abstraktem Raum-Denken und sinnlich wahrnehmbarem Raum. Architektur ist also zugleich „gedachter Raum", aber auch Transformation realen Raumes bzw. Schaffung von Innenräumen.[26] Gerade die postmoderne Architektur, die sich von klassischen Formen und Funktionen distanziert, hat diesen Bezug zwischen Architektur und Denken stark gemacht (siehe auch Kapitel 5.8.3).[27] So entstehen entsubstanzialisierte „Konfigurationsräume", die als kulturell stark veränderbar und variabel wahrgenommen werden können. Skizze, Grundriss und Modell sind verschiedene mediale Entwurfsformen der Architektur, die wie das „Denkgebäude" immateriell sein können.[28]

Deutlich von dieser binären Opposition von abstrakter Gedankenarchitektur und „realer" Architektur inspiriert sind die Arbeiten Hendrix'[29] und McCormicks.[30] Beide bevorzugen es, Bezüge zwischen kulturellen Leistungen, z. B. Texten, Theorien oder Sichtweisen, und „realer" Architektur bzw. Raumgestaltung und Perspektivität, z. B. in der Malerei, zu entdecken. Dabei werden häufig exotische bzw. weit zurückliegende Kulturen gewählt, um den wechselseitigen Einfluss von Architektur und Mensch, Wissen und Kultur darzustellen. Architektur ist im einen Fall ein „conceptual tool, an instrument in the development of knowledge", d. h. die reale Welt beeinflusst die Welt des Wissens, der Texte, der Gedanken. Im anderen Fall ist Architektur „a text of human life, history and culture, with an underlying vocabulary taken directly from human thought and experience."[31] Wie in der Bildwissenschaft (vgl. Kapitel 2.5) gibt es also mindestens zwei Sichtweisen: Von Kultur als Grundlage von Architektur und von Architektur als Grundlage der Kultur.

Architektonischen Objekten schreiben wir im Alltag entweder Funktionen oder ästhetische Wirkungen zu. Dabei legt gerade postmoderne Architektur auch großen Wert darauf, eine sichtbare Zeichenhaftigkeit

---

[26] Ebd., 44.
[27] Ebd., 48.
[28] Ebd., 60.
[29] Hendrix 2003.
[30] McCormick 2002.
[31] Hendrix 2003, 1 und 3.

zu etablieren.[32] Wenn wir wie Eco davon ausgehen, dass „in Wirklichkeit alle Kulturphänomene Zeichensysteme sind, d. h. daß Kultur im Wesentlichen Kommunikation ist", können wir nachvollziehen, dass er von einem architektonischen Code spricht, von bestimmten Formen der architektonischen „Kommunikation".[33] Bestimmte Formen stützen sich dabei auf „vorhandene Codifizierungsprozesse"[34], um funktional zu sein. Der gebauten Architektur liegt dabei noch eine andere Zeichenebene zugrunde, das Modell bzw. der Plan – dort berührt die Architektur auch medial direkt die Gebiete der Kunst, der Malerei, der Geographie usw. Eco unterscheidet bei der „Codifizierung der Raumartikulation" zum einen die Raumeinheiten, „Choreme", „deren zweite Artikulationselemente die euklidischen Stoicheia sind", d. h. die Elemente der klassischen Geometrie.[35] Diese Bauregeln gelten im Realen wie im Abstrakten, d. h. die gedachten bzw. Gedankengebäude betreffend.

Der Bau von „Gedankengebäuden" läuft nach eigenen Regeln der Statik: Nach Marx baut die Wissenschaft nicht nur Luftschlösser, sondern baut an bestimmten Stockwerken eines Denkgebäudes, bevor sein Grundstein oder Fundament gelegt wird. So lässt sich auch die häufige Forderung verstehen, erst einmal Grundlagenforschung zu betreiben. Auch Wittgenstein kommt in puncto Statik zu dem seltsamen Ergebnis, dass der Grund seiner Überzeugungen vom ganzen Haus (also dem Gedankengebäude) getragen werde.[36] Laut Popper baut Wissenschaft nicht auf felsigem (also festem) Grund, sie gleicht eher einem Pfeilerbau in einem Sumpf. Der Vergleich beruft sich darauf, dass Wissenschaft Aussagen nur falsifizieren, aber nicht verifizieren könne; insofern gleicht das Fundamt der Wissenschaft einem Sumpf, auf den man bauen muss, dessen Beschaffenheit aber nicht sicher und unveränderlich ist.[37] Dies führt

---

[32] Eco 2002, 297.

[33] Ebd., 295.

[34] Ebd., 308.

[35] Ebd., 326f. Auf der ersten Ebene sind das z. B. Quadrat, Dreieck, Rechteck, auf der zweiten Ebene sind es z. B. Winkel, Gerade, Kurve usw. Die Leisegangschen Denkformen (vgl. Kapitel 4.6) sind demnach nichts anderes als eine Euklidische Formenlehre der Philosophie.

[36] Schöffel 1987, 63.

[37] Ebd., 72.

unweigerlich zur Idee der Theorie als selbsttragender Konstruktion, wie sie beispielsweise bei Luhmann angedeutet ist.[38]

Gebäudemetaphorik bleibt immer sehr abstrakt, sie kennt nur das Bauprinzip Baustein und ein statisches Problem: das Fundament. Details sind unwichtig bzw. nicht realisierbar.[39] Konkret bedeutet das, dass wissenschaftliche Denkgebäude aus einem sehr kleinen Repertoire von Bauteilen schöpfen müssen, also beispielsweise keine Inneneinrichtung kennen. Es handelt sich bei den „Gedankengebäuden" um Metaphern, die eine bestimme Funktion erfüllen: Sie erlauben es, eine Theorie zu „bauen" wie ein Gebäude.

2.3 Sehen – Denken – Perspektivität

Wechseln wir für einen Moment zur räumlichen Wahrnehmung. Interpretationen, Repräsentationen und Weltbilder sind perspektivisch. Dies konnotiert im negativen Sinne, dass Perspektiven nicht mit der „Wahrheit", der „Realität" übereinstimmen, da sie subjektiv, unvollständig oder ausschnitthaft sind.[40] Perspektive (lat. perspicere = genau sehen, gewiss wahrnehmen) bedeutet, dass Wahrnehmungsprozesse dadurch geprägt sind, dass Objekte für Subjekte nur in einem bestimmten Blickwinkel in Erscheinung treten bzw. sichtbar sind.[41] Perspektive dient dabei als Erschließungs- und Funktionsbegriff, der zeigen soll, wie Menschen Vorstellungswelten/Vorstellungen entwerfen. Der Begriff der Perspektive entstammt der Optik und wurde ab dem 15. Jahrhundert in der Malerei angewandt. Ab dem 18. Jahrhundert lässt sich ein vielfältiger Gebrauch auch für epistemische Kontexte nachweisen.[42] Damit verbunden ist der

---

[38] EBD., 75.

[39] EBD., 82.

[40] PLÜMACHER 2002, 31.

[41] KÖLLER 2004, 3.

[42] PLÜMACHER 2002, 33. Der Transfer von Raum und Wissen ist allerdings schon seit der Antike in Gebrauch. Mit dem Begriff der Perspektivität wird auch eine dreidimensionale Sicht auf die Dinge, auch die an sich unräumlichen und abstrakten, eingeführt. Klassische zweidimensionale Abbildtheorien kannten diese Dimension und ihre Nachteile, z. B. die Verdecktheit, nicht. Die Lockeschen „Denkvorstellungen" beispielsweise beziehen sich noch auf ein zweidimensionales Abbild von Wirklichkeit, das im Denken widergespiegelt wird. Hier ist durch die Wahl der

Transfer des Wahrnehmungsvokabulars in den Bereich des Denkens und des Wissens.[43] Unser Vokabular für Erkennen, Wahrnehmen und Wissen ist bestimmt durch einen „Okularzentrismus"[44], d. h. unser Sprechen über diese Bereiche ist an das räumliche Sehen angelehnt, d. h. metaphorisch geformt (siehe dazu auch Kapitel 3.1.1 und folgende).

Ähnlich wie Künstler oder auch Filmemacher wählen auch Wissenschaftler eine Perspektive aus. Am extremsten ist der Unterschied zwischen einer „subjektiven" Blickwinkelbegrenzung, die einen bestimmten Fokus setzt, und einer „objektiven" Vogelperspektive, die zum Ziel hat, alles zu überschauen (oder die zumindest versucht, diesen Eindruck zu erwecken). Subjektivität kann dabei ein Weg sein, Wissen zu erschließen oder zu vermitteln. Im Anschluss an Cassirer und Bergson versucht die moderne Kulturwissenschaft beispielsweise, eine Perspektivenvielfalt gerade erst zu erschließen und zu erhalten, statt sie zu nivellieren und zu „objektivieren". Im Hintergrund steht die Annahme, dass jede Form der Vereinheitlichung von Perspektiven selbst perspektivisch ist.[45]

Whorf ging davon aus, dass die natürliche Sprache einer Kultur eine Perspektive auf die Welt vorgebe, die von Kultur zu Kultur sehr unterschiedlich ausfallen könne. „Jede Sprache vollzieht dieses künstliche Zerschneiden der kontinuierlich ausgebreiteten und fließenden Wirklichkeit in einer anderen Weise."[46] Vernunft, Logik, Denken haben für ihn einen sprachlichen und damit kulturellen Hintergrund. Besonders interessierte ihn, dass in manchen Kulturen anscheinend Symbole mit einer räumlichen Bedeutung aufgeladen wurden, die sie eigentlich nicht

---

medialen Metapher keine „Verdeckung" eines Aspekts durch die Perspektivenwahl möglich, der Nachteil der Denkvorstellung wird in seiner „Schwäche" der Abbildung benannt (die Vorstellung ist also ein Abdruck der Realität, der nicht so real ist wie sein Vorbild). Damit verbunden ist auch die mediale Technisierung des Sehens, siehe auch Crary 1996.

[43] Plümacher 2002, 31.

[44] Krämer 2001, 347. Siehe auch die Beiträge in Levin 1999B.

[45] Plümacher 2002, 42. Siehe auch Gerhardt 1989. Gerhardt beleuchtet den Perspektivismus Nietzsches auch im Hinblick auf den radikalen Konstruktivismus und beschäftigt sich vor allem mit dem Paradoxon der Aussage „Alles ist perspektivisch", die von außerhalb einer Perspektive getroffen werden müsste. Ebd., 265.

[46] Whorf 2003, 54.

hatten, in anderen hingegen nicht.[47] Whorf benutzt in diesem Zusammenhang interessanterweise den Begriff der Synästhesie, der die Vermischung von Sinnesebenen meint. „Indem unser metaphorisches System unräumliche Erfahrungen nach räumlichen benennt, schreibt es Tönen, Geräuschen, Geschmäcken, Gefühlen und Gedanken Eigenschaften wie die Farben, Helligkeiten, Gestalten, Abschattungen, Materialqualitäten und Bewegungen zu, die doch eigentlich nur an räumlich Erfahrenem auftreten."[48] So entstehen seiner Ansicht nach auch imaginäre Räume, also kulturell konstante Vorstellungsräume, wie sie z. B. Eliade für protoreligiöse Gemeinschaften beschrieben hat.

Wittgenstein beschreibt in seinen Philosophischen Untersuchungen das so genannte „Aspektsehen", das die Perspektivität der Wahrnehmung sehr gut illustriert. So verweist Wittgenstein auf Bildbeispiele, die je nach Fokussierung des Betrachters auf den einen oder den anderen Aspekt des Bildes (z. B. Konturen) verschiedene Motive zeigt. Die früher auch „Vexierbilder" genannten Abbildungen, für die in der Moderne vor allem M. C. Escher bekannt war, basieren auf dem Prinzip, dass verschiedene Ebenen des Bildes einmal als fokussierte Figur, einmal als (unbeachteter) Hintergrund fungieren. Je nachdem, welcher Aspekt des Bildes nun betrachtet wird, „springt" das Bild um und man sieht den anderen Teil.[49] Durch Perspektive wird also ein Teil des „Gesehenen" verborgen, durch eine andere Perspektive „entdeckt". Sehen kann also als Interpretieren auf der Basis von logischen und ästhetischen Grundlagen und Erfahrungen gesehen werden.[50] Es gibt also eine Beziehung zwischen Sehen und Denken, die über eine Abbildtheorie hinausgeht. Sowohl für den frühen wie auch den späten Wittgenstein „füllt die Sprache die Welt aus: alles, was in dieser vorkommt, wird von der Sprache erfasst. Die Welt entwirft Wittgenstein als einen Raum, in den alles Gei-

---

[47] EBD., 86f. Whorfs Theorie wurde häufig zu Recht kritisiert und in kulturspezifischen Teilen mittlerweile als falsch widerlegt. So hatte Whorf beispielsweise behauptet, die Hopi würden keine räumlichen Begriffe für Unräumliches benutzen. EBD., 87.

[48] EBD., 97.

[49] RAGER 1997, 114. Vgl. auch ALDRICH 1996, 144f. Das Aspektesehen wurde in der Gestaltpsychologie als Leitdifferenz „Figur/Grund" übernommen.

[50] ABEL 1987.

stige eingehen muss, um Gestalt und damit Existenz anzunehmen.“[51] Das Subjekt fungiert als Grenze der Welt, der objektiven Strukturen. Der späte Wittgenstein denkt das Subjekt als Teil der räumlichen Welt. Damit verändert sich das Verhältnis von Subjekt zu Welt und Wittgensteins Anschauung der Erkenntnisfähigkeit des Subjekts grundlegend. Die Aspektwahrnehmung ist dabei eher objektorientiert, während der Begriff der Perspektive hingegen strukturorientiert ist, also die Weise beschreibt, wie Subjekte Objekte wahrnehmen.[52]

„Heute wird nicht nur in den Kulturwissenschaften, sondern auch in den Naturwissenschaften von unterschiedlichen Objektivierungsstilen bzw. Diskursstilen gesprochen. Diese werden dann keineswegs nur als unterschiedliche Darstellungsformen für identische Inhalte verstanden, sondern als unterschiedliche Denkstile, die zur Ausbildung eigenständiger Sinngestalten führen, deren Wahrheitsgehalt insofern nicht direkt gegeneinander abgewogen werden kann, als sie perspektivisch auf ganz andere Aspekte der jeweils ins Auge gefassten Phänomene Bezug zu nehmen versuchen. Unterschiedliche wissenschaftliche Stile können dementsprechend dann auch als unterschiedliche kulturelle Stile der Weltaneignung verstanden werden.“[53] Symbolische Formen (Cassirer) sind „bestimmte Stile der Weltaneignung“.[54] „Formen sind hier nicht als Behälter für Inhalte zu verstehen, sondern als interpretierende Repräsentationsweisen von ihnen, die ganz bestimmte Aspekte der von ihnen objektivierten und vermittelten Inhalte hervortreten lassen und andere abschatten.“[55]

Seit der Antike ist das Sehen/Wahrnehmen eine Leitmetapher für Erkenntnis und das Denken (z. B. bei Platon). Der Sehsinn wird in der Philosophie als „edelster“, „freiester“ Sinn auserkoren, als Projektionsfläche zu dienen.[56] Griech. „theoria“ meinte ursprünglich soviel wie „geistige Anschauung von etwas“. Die Philosophen beschäftigen sich weder mit den Dingen an sich noch mit den Erscheinungen, sondern mit

---

[51] GEBAUER 2004, 51.
[52] KÖLLER 2004, 9.
[53] KÖLLER 2006, 10.
[54] EBD., 9.
[55] EBD., 7.
[56] KÖLLER 2004, 12.

dem geistigen „Entwurf", den Vorstellungen und damit Bildern von Zusammenhängen.[57] Unsere Sprache enthält immer schon konventionelle Sichtweisen, die wir miterwerben.[58] Diese Perspektivität der Sprache ist uns meist nicht so bewusst wie die Perspektivität des sehenden Wahrnehmens, obwohl beide in ihrer Geschichte verknüpft sind.

Die Eigenbeweglichkeit der Wahrnehmungssubjekte und die damit verbundene Dynamisierung der Perspektive birgt einerseits den Vorteil, mehr Ansichten über ein Thema, neue Erfahrungen und neues Wissen zu Tage zu fördern – zugleich birgt es aber auch das Risiko des Relativismus, da nichts mehr als konstant wahrgenommen wird.[59] Es gibt aber auch Wahrnehmungstraditionen und -gewohnheiten, die als Konstanzmechanismen funktionieren. Dazu gehören bestimmte Wahrnehmungsstile wie auch sprachliche Muster, z. B. die Beobachtung durch ein Mikroskop genauso wie die Einordnung des Wahrgenommen durch ein bestimmtes Vokabular.[60] Bilder und ikonische Zeichen sind keine Abbilder der Realität, sondern erschließen, formen und strukturieren Wahrnehmungsmöglichkeiten.[61] So wie schematisierte Zeichnungen fokussieren visuelle Metaphern besondere Aspekte. Es gibt Objektivierungsstile der Wissenschaft und der Kunst, deren jeweilige Beschaffenheit und Intentionalität man herausarbeiten kann.[62]

Der Habitus-Begriff Bourdieus beschreibt solch ein „System verinnerlichter Muster": „Wie die Zentralperspektive dem Maler ein Raumgerüst vorgibt, in das er die einzelnen Gegenstände einordnen kann, so gibt der Habitus dem Denken ein Strukturgerüst vor, in dem Einzelphänomene verortet werden bzw. nur so objektiviert werden, wie das Gerüst es zulässt."[63] (Vgl. auch Kapitel 4.3)

In der Geschichte der Malerei kann man ebenfalls eine Ablösung der Systemräume durch offene Strukturräume hervorheben, die keinen ein-

---

[57] Ebd., 19.
[58] Ebd., 22.
[59] Ebd., 37.
[60] Ebd., 39.
[61] Ebd., 46.
[62] Ebd., 53.
[63] Ebd., 81f.

heitlichen Sehpunkt oder Fluchtpunkt mehr haben; man kann sie nicht mehr simultan, sondern nur noch sukzessiv wahrnehmen und dabei Details fokussieren. Systemordnungen lassen sich mit totalitären Staatsordnungen vergleichen, Strukturräume mit demokratischen.[64] Der Künstler M. C. Escher machte beispielsweise durch seinen Polyperspektivismus indirekt aufmerksam auf Strukturierungsleistungen von Perspektiven. Auch im Denken und in der Sprache bedarf der Polyperspektivismus der Zeit, um sich sukzessiv zu entfalten (z. B. in der Ironie oder im Derridaschen Spiel mit Perspektiven und Stilen)[65] „Ein Wechsel der Formen führt uns in andere Welten oder zumindest in anders interpretierte Welten."[66]

Metatheoretisch stellt sich die Frage, wie man das Problem der sprachlichen Perspektivität mit perspektivisch vorgeprägten Sprachmitteln darstellen soll. Das betrifft auch Perspektivität im Bereich der Logik (im semiotischen Sinne als Ordnungsstruktur des Denkens und des Zeichengebrauchs).

Ikonische Repräsentionsformen kommen häufig vor: Wir denken z. B. beim Wort „Vogel" an eine nahe liegende, prototypische Vogelart bzw. imaginieren ein typisches Bild oder Bewegungs- oder Verhaltensmuster. So konkretisieren sich Denkbilder in der Sprache nicht nur als dichte Metaphern, sondern mitunter auch als ausführliche Parabeln, Fabeln, Anekdoten, Mythen usw.[67] Das analogische Denken erscheint unter diesen Vorzeichen als wichtige Manifestationsform der Perspektivität und verweist auf allergorisches (Emblematik), bildliches und symbolisches Denken. In der Analogie wird die komplexe Welt abstrahiert bzw. vereinfacht und in Klassen eingeteilt. Dies birgt die Gefahr, Ungleichartiges als identisch zu sehen, also die Differenziertheit zu verlieren. Häufig hilft es aber auch beim Verstehen, neuartige Sachverhalte mit Hilfe von bekannten Vorstellungsbildern zu erfassen.[68]

Mit der Durchsetzung des relationalen Denkens kam auch die Ein-

---

[64] EBD., 95.

[65] EBD., 107.

[66] EBD., 109.

[67] EBD., 142. Der Begriff „Denkbild" stammt vermutlich von der niederländischen Übersetzung des Cartesischen Begriffs „Idee" ab.

[68] EBD., 175ff.

sicht auf, dass das Subjekt keine nur passiv wahrnehmende Instanz sei
– dieser subjektive Anteil der Wahrnehmung kann allerdings nicht vom
Subjekt selbst fokussiert werden, es ist sein „blinder Fleck" (siehe Kapitel 5.9). Die semiotische Fragestellung nach Perspektive (z. B. bei Peirce), die nach sozialen, intersubjektiven Objektivierungsformen und Per-
spektivierungsfunktionen sucht, muss weder die Seite des Objekts noch
des Subjekts bevorzugen.[69] Paradox bleibt, dass der Mensch (und damit
auch die Wissenschaftler) zugleich Schöpfer und Geschöpf der Wissens-
formen zur Weltobjektivierung und Weltaneignung ist. Diese theoretische Herausforderung wird in Kapitel 5 thematisiert werden.

2.4 Iconic Turn/Pictorial Turn

Die Fragestellung der Perspektivität und der Darstellung führt im Falle
der hier behandelten Vorstellungs- und Sprachbilder unweigerlich auch
zum Bildbegriff. Die Begriffe „Iconic Turn"[70] und „Pictorial Turn"[71] versuchen beide das Phänomen zu beschreiben, dass seit den 1990er-Jahren
verstärkt die Bildlichkeit in vielen Facetten untersucht wurde und so
der „Linguistic Turn" scheinbar abgelöst wurde.[72] Zurückzuführen ist
das Interesse an der Bildlichkeit u. a. auf die Verbreitung der visuellen
Massenmedien, das Aufkommen einer „Bilderflut"[73], das Interesse an
Themen wie Sichtbarkeit, Visualisierung, Wahrnehmung (bzw. auch der
Frage nach Realität und Abbildung ebendieser) usw., dem auch das Entstehen der Medientheorie/Medienphilosophie geschuldet ist.

Führte die Fixierung auf sprachliche Symbolsysteme (die von Richard
Rorty in den 1960er Jahren als „Linguistic Turn" prominent gemacht
wurde, der den Begriff zuvor bei Bergmann entlehnt hatte) dazu, dass
alle kulturellen Phänomene als „Text" gelesen wurden, beschreiben die
Begriffe *Iconic Turn* bzw. *Pictorial Turn*, dass die Bilder als nicht-sprach-
liche Zeichensysteme vermehrt zum Gegenstand der Wissenschaften
werden. Bilder werden jedoch häufig nur als materielle „Abbilder" ver-

---

[69] EBD., 235.
[70] BOEHM 1994B.
[71] MITCHELL 1997.
[72] MAJETSCHAK 2002.
[73] WETZEL 2004, 173.

standen, d. h. die philosophische Bilderfrage[74] wurde häufig nur auf äußere Gegenstände beschränkt.[75]

Zwar ist in fast allen Wissenschaften ein großes Interesse an den „Bildern" erwacht, jedoch ist deutlich, dass es zumindest äußerst schwierig ist, eine Grammatik der Bildsprache auszumachen – das liegt nicht zuletzt daran, dass Bilder keiner linearen, chronologischen Form folgen wie die Schrift (mit Ausnahme des bewegten Bildes, d. h. des Films, den man wiederum als chronologischen „Text" lesen kann). Insofern werden die Folgen dieses scheinbaren Paradigmenwechsels sehr unterschiedlich beurteilt – der Status des Bildes, so z. B. Mitchell, liege zwischen „Paradigma" und „Anomalie".[76] Nicht zuletzt weckt die „Wiederkehr der Bilder" auch Misstrauen, „weil sie ein Rückfall in eine überwundene Bildgläubigkeit zu sein scheint."[77]

Während die Verbindung von Kultur/Natur und Text eine lange Tradition hatte (man denke nur an das *„Buch* der Natur") und im Ergebnis einfach darzustellen war – nämlich als Text –, hatten es die Bilder wesentlich schwerer, waren und sind sie doch in der wissenschaftlichen Beschreibung immer noch auf Sprache bzw. Texte angewiesen. Die Bilder für sich sprechen lassen wäre ja keine Wissenschaft[78], genauso wenig wie Versuche, Wissenschaft zu malen, zeichnen oder kartographieren.[79] Daher ist (Bild)wissenschaft, egal in welcher Fachrichtung, immer auf textuelle Darstellung angewiesen, sei es in an sich bildlastigen Wissenschaftszweigen wie der Medientheorie oder auch in an sich bildarmen oder vermeintlich bildarmen Fachrichtungen, die die Rolle des Bildes nunmehr neu bewerten müssen.

---

[74] SCHOLZ 1991. In dieser Fassung des Buches existiert noch ein kurzes Kapitel zu „geistigen Bildern", das jedoch in späteren Auflagen fehlt.

[75] Zur Kritik daran vgl. STEINBRENNER/WINKO 1997B.

[76] MITCHELL 1997, 17.

[77] BELTING 2001, 23.

[78] Daran sollten sich diejenigen erinnern, die moderne Bildmedien in der Lehre benutzen und die Bilder „für sich selbst" sprechen lassen. Immerhin verweist dieses Phänomen darauf, dass es viele bildtechnische Möglichkeiten gibt, die aber didaktisch schlecht genutzt werden.

[79] In dieser Arbeit werden Beispiele beschrieben, die auf diese Techniken hinführen oder hinweisen. Ohne Kon-Texte im wörtlichen Sinne sind sie jedoch in keinem Fall im System „Wissenschaft", sondern im System „Kunst" einzuordnen.

Bilder werden nicht nur vermehrt von der Gesellschaft genutzt und rezipiert, sie schaffen auch Bilder der Gesellschaft, d. h. konstruieren und transportieren Vorstellungen. Bilder können Inhalte in kürzerer Zeit transportieren als Sprache, aber da es keine Grammatik der Bilder gibt, sind sie vieldeutig, bedürfen der Erläuterung.[80] Bilder und Bildsymbole sind international und sprachunabhängig und können universell eingesetzt werden. Sie sind besser erinnerbar als sprachliche Zeichen, daher ist auch das sprachliche Bild eine „mnemotechnisch nützliche Umkodierung"[81] bzw. Hybridform.[82]

Das Verhältnis von „inneren" zu „äußeren" Bildern ist dabei bislang völlig ungeklärt. Man weiß z. B. nicht, ob der Konsum äußerer Bilder, z. B. moderner visueller Medien, die Imagination einschränkt oder diese erst anregt, also zur weiteren Produktion von inneren Bildern führt.[83] Es ist auch unklar, ob innere Bilder individueller als auch „kollektiver Natur" sein können.[84]

Aby Warburg versuchte, bildende Kunst als autonome Sprache zu verstehen. Ähnlich wie Ernst Cassirer glaubte er, dass Kunst logische Strukturen aufweise und erkenntnisstiftend sei.[85] Der Mensch verbinde im mythischen oder symbolischen Denken sich und die Umwelt durch einen „Denkraum" oder auch „Andachtsraum", der Logik und Gefühl verbinde.[86] Nach Warburg ist das Bild nicht nur Erzeugnis einer Kultur, sondern auch kulturerzeugend.[87] Medien wie z. B. Bilder als „In-

---

[80] STRASSNER 2002, 14f.

[81] EBD., 20.

[82] Der momentane Stand der Forschung schließt das Sprachbild aus der Bildersprache größtenteils aus. Vgl. ZIMMERMANN 2000, 25. Vgl. auch Kapitel 2.5.

[83] KRAMER 2001, 18. Ein klassisches Beispiel für die negative Beeinflussung durch äußere Bilder ist das biblische „Bilderverbot", das sowohl für innere als auch äußere Bilder Gottes gilt. Für die positive Beeinflussung siehe das Beispiel der Mnemotechnik und der inneren Visualisierung, die einem realen Vorbild nachempfunden ist (vgl. Kapitel 4.7.1).

[84] BELTING 2001, 21. Der aktuelle Streit um den Einfluss von Computerspielen (= interaktiven Abfolgen von Bildern) auf Jugendliche zeigt z. B. lediglich, dass monokausale Erklärungsversuche medienwirksam, aber meist unwissenschaftlich (oder tendenziös/teleologisch überfrachtet) sind.

[85] BROSIUS 1997, 7.

[86] EBD., 33 und 63.

[87] WIND 1979, 170.

strumente der Welterzeugung" bedingen die kulturelle Wahrnehmung, strukturieren die Kommunikation und stellen damit „Denkwerkzeuge" dar, die „Weltbilder" konstruieren.[88]

Ikonographie im Sinne Panofskys beschäftigt sich mit dem Bildgegenstand, nicht mit der Form.[89] Sie ist deskriptiv und ideengeschichtlich, während die Ikonologie unter Bezugnahme anderer kultureller „Texte" interpretatorisch und vergleichend ist. Warburg war der eigentliche „Propagator" des Begriffs „Ikonologie", auch wenn es diesen schon vorher gab und Warburg ihn Anfang des 20. Jahrhunderts mit unterschiedlichen Bedeutungen versah bzw. die Grenzen zwischen Ikonographie und Ikonologie, philosophischer Ästhetik und Kunstwissenschaft nicht allzu scharf zog.[90] So ist es kaum erstaunlich, dass die flexible Ikonologie Eingang in die Kulturwissenschaften fand, während die rigide programmatische Analysemethode der Ikonographie auf die Kunstwissenschaften beschränkt blieb.[91]

Die modernen Wissenschaftsrichtungen und -diskurse, die dem *Iconic Turn* folgen, referieren sehr häufig auf die vermeintlichen Gründerväter der Bildwissenschaften. Ernst Cassirer hat beispielsweise auf die Wichtigkeit der Anschaulichkeit auch in der wissenschaftlichen Erkenntnis hingewiesen. „Wie der Fortschritt der ‚objektiven' Erkenntnis wesentlich darauf beruht, daß alle bloß sinnlichen Unterschiede, die die unmittelbare Empfindung darbietet, zuletzt auf reine Größen- und Raumunterschiede zurückgeführt und in diesen vollständig dargestellt werden, – so kennt auch die mythische Weltansicht eine derartige Darstellung, eine ‚Abbildung' des an sich Unräumlichen am Raume."[92] Die mythische Raumanschauung nimmt eine „eigenartige Mittelstellung" zwischen dem sinnlichen Wahrnehmungsraum und dem Raum der reinen Erkenntnis ein.[93] Das Bildliche drückt sich vor allem als Räumliches aus, das auch in den Begriffen erkennbar bleibt, deren Bildlichkeit kaum mehr erkennbar ist oder deren bildlichen Sinn wir im Alltagsgebrauch

---

[88] KRUSE 2004, 232.
[89] PANOFSKY 1979, 207.
[90] SCHMIDT 1989, 26ff.
[91] BIALOSTOCKI 1979, 35.
[92] CASSIRER 1973, Band 2, 107.
[93] EBD., S. 104.

nicht mehr bemerken. „Und in der Tat gilt das Kantische Wort, dass Begriffe ohne Anschauungen leer seien, nicht minder für die sprachliche Bezeichnung als für die logische Bestimmung der Begriffe. Auch die abstraktesten Gestaltungen der Sprache weisen noch deutlich den Zusammenhang mit der primären Anschauungsgrundlage auf, in der sie ursprünglich wurzeln."[94] Das Sinnliche der Wahrnehmung schafft es also, im Sprachlichen Ausdruck zu finden. „Vor allem ist es die räumliche Anschauung, an der sich dieses Ineinander des sinnlichen und des geistigen Ausdrucks in der Sprache durchgehend beweist.[...] Noch in den höchstentwickelten Sprachen begegnet diese ‚metaphorische' Wiedergabe geistiger Bestimmungen durch räumliche."[95] Cassirer fasst diese Analogie zwischen Welt und gedanklicher Ordnung und Anschauung allerdings noch als einfaches Abbildungsverhältnis.

„Es ist, als würden alle gedanklichen und ideellen Beziehungen dem Sprachbewußtsein erst dadurch faßbar, daß sie [sic!] sie auf den Raum projiziert und in ihn analogisch ‚abbildet'. An den Verhältnissen des Beisammen, des Neben- und Auseinander gewinnt es erst das Mittel zur Darstellung der verschiedenartigsten qualitativen Zusammenhänge, Abhängigkeiten und Gegensätze."[96] Cassirer betonte auch in anderen Schriften, dass die Sprache logische Relationen durch anschauliche Bilder darstellt.[97] Er forderte daher, dass Erkenntnistheorie und Ästhetik in einer gemeinsamen Theorie der Form bzw. der Formvorstellung verbunden würden.[98]

2.5 Bildwissenschaft

Eine interdisziplinäre Bildwissenschaft, die sich allen Arten von Bildphänomenen widmet, gibt es nicht, auch wenn sie programmatisch seit den 90er Jahren gefordert wird. Sie wäre auch keine eigene Disziplin, sondern eine Zusammenarbeit vieler Fachrichtungen[99], die die klassi-

---

[94] CASSIRER 1973, Band 1, 5.
[95] EBD., 150.
[96] EBD., 152.
[97] CASSIRER 1985A, 93. Siehe auch CASSIRER 1985C, 13.
[98] CASSIRER 1985A, 94. Zur Beziehung Warburg – Cassirer siehe HOFMANN 2004.
[99] Zur Übersicht beteiligter Fachrichtungen vgl. SACHS-HOMBACH 2005A.

schen Bildwissenschaften (z. B. in der Kunstgeschichte) erweitert und einen gemeinsamen „Theorierahmen"[100] sucht.

Der universelle Anspruch dieser Bildwissenschaft wird jedoch häufig beschnitten: „Durch das Kriterium der Materialität sollen vor allem Phänomene wie Sprachbilder oder Vorbilder ausgeblendet werden."[101] Sprachliche Bilder werden also auch hier in eine Nische gedrängt, die nicht primär zu untersuchen sei – trotzdem lassen sich einige Erkenntnisse über materielle Bilder auch auf sprachliche Bilder/Denkbilder anwenden – und sei es im Beschreiben der Differenzen, die materielle Bilder von Sprachbildern unterscheidet.

Das Forschungsprogramm Sachs-Hombachs, eines der bekannteren „Bildwissenschaftler", schließt diejenigen Fachgebiete in die Bildwissenschaften ein, die sich primär mit Bildphänomenen beschäftigen, schließt aber diejenigen aus, die Bilder nur zu methodischen Zwecken benutzen (beispielsweise die Medizin, in der bildgebende Verfahren zu diagnostischen Zwecken genutzt werden). „Als Bildwissenschaften sollen nur diejenigen Disziplinen gelten, die in irgendeiner Form zum theoretischen Verständnis der Bildthematik beitragen, die also in systematischer Weise Aussagen machen über unterschiedliche Bildformen, Bildtypen und Bildverwendungen, über die Verfahren ihrer Herstellung und Bearbeitung, über die Bedingungen ihrer Rezeption und Distribution oder ganz allgemein über den Begriff des Bildes und seiner Stellung innerhalb des wissenschaftlichen Diskurses."[102]

Für die Kognitionswissenschaft, die selber eine interdisziplinäre Richtung ist, sind die wichtigsten Fragen im Hinblick auf Bilder: Wie funktionieren bzw. helfen Bilder bei der Speicherung von Informationen im menschlichen Gehirn? Werden Informationen im Gehirn auch bildlich gespeichert? Gibt es wahrnehmungspsychologische Invarianten, die kulturunabhängig sind?[103]

---

[100] Sachs-Hombach 2005b, 11.
[101] Ebd., S. 13.
[102] Ebd., 13.
[103] Berendt 2005, 22f. An dieser Stelle sei auf die Imagery-Debatte verwiesen, bei der es um die Frage der Grundform der Speicherung von Wissen (bildlich vs. schriftlich) geht. Vgl. hierzu Scholz 1991.

Knieper als Stellvertreter der Kommunikationswissenschaft weist darauf hin, dass Bilder anders als Texte verarbeitet werden. Sie folgten „einer anderen, einer assoziativen Logik"[104]. Dies bedeutet nichts anderes, als dass Bilder nicht wie Texte chronologisch „gelesen" werden, sondern viele konnotative Eindrücke hervorrufen können (solange sie nicht kontextuell klar festgelegt werden). W. J. T. Mitchell wies schon in den 1980er-Jahren darauf hin, dass „unser Bildverstehen fest in sozialen und kulturellen Praktiken verankert sei."[105] Faktoren wie historischer Kontext, Vorwissen, Präsentationskontext usw. sind also hilfreich, die syntaktische und semantische Unbestimmtheit (!) von Bildern zu reduzieren und damit Interpretationswege aufzuzeigen. Man könnte auch von kulturellen, zeitlichen und räumlichen Faktoren sprechen, die die Relativität des Bilderverstehens ausmachen. Bilder lassen sich laut Mitchell kategorisieren in graphische (Gemälde, Zeichnungen, Statuen, Pläne usw.), optische (Spiegel, Projektionen), perzeptuelle (Sinnesdaten, „Formen", Erscheinungen), geistige (Träume, Erinnerungen, Ideen, Vorstellungen, Phantasmen) und sprachliche Formen (Metaphern, Beschreibungen).[106] Diese Einteilung lässt sich aber auch vereinfachen, wenn man in eigentliche, materielle[107] und figürliche, uneigentliche Bilder unterteilt.[108]

Von den fünf Arten der Bildlichkeit, die Mitchell nennt, schließt Knieper die sprachlichen aus seinem Untersuchungsgebiet aus. Sie gehörten zum Untersuchungsgebiet der Linguistik.[109] Knieper verfolgt eine Charakterisierung von Bildlichkeit, die zwar Denkbilder beinhaltet, die jedoch materiell/technisch darstellbar und reproduzierbar sein müssen.

Die hier tragende Unterscheidung in „Abbildcharakter" und „Denkbildcharakter" stammt aus der Ikonologie. „Nach Auffassung des Kunsthistorikers Aby Warburg sind beide Seiten dieses Phänomens miteinander verknüpft. Ab dem Zeitpunkt ihrer indirekten oder direkten

---

[104] KNIEPER 2005, 37.

[105] EBD., 38.

[106] MITCHELL 1990, 20.

[107] Einige Forscher sind der Ansicht, dass die Materialität des Bildes eine marginale Rolle einnimmt. „Es geht um das Phänomen, dass mit dem Bild ein Blick auf eine physikfreie Wirklichkeit eröffnet wird." WIESING 2005, 7.

[108] MITCHELL 1990, 22.

[109] KNIEPER 2005, 38.

Rezeption sind Abbilder immer auch komplexe Quellen für die Rekonstruktion von Denkbildern. Durch die Rezeption entstehen zu jedem Abbild Denkbilder. Allerdings bringt längst nicht jedes Denkbild auch Abbilder hervor."[110]

Die Tendenz der Darstellung geht in der Wissenschaft scheinbar vom Konkreten zum Abstrakten: „Mathematik und Logik sind über einen langen Zeitraum relativ bildarme, um nicht zu sagen bildfeindliche, Wissenschaften gewesen. Sogar die Geometrie hat sich seit dem 19. Jahrhundert in Räume begeben, die man nicht mehr sinnlich wahrnehmen kann."[111] Beispielsweise wurden in der darstellenden Geometrie seit dem 17. Jahrhundert immer differenziertere und genauere Darstellungsverfahren benutzt. Dies bedeutete gleichzeitig einen Verlust an Anschaulichkeit. Zu konstruierende Objekte wurden detailliert und wenig anschaulich gezeichnet/dargestellt, fertige Objekte hingegen z. B. in der anschaulichen Zentralperspektive gezeigt.[112]

Das Bild ist in der Philosophie nicht neu, seine dezidierte methodische Reflexion hingegen schon. „In der Philosophie taucht der Bildbegriff in unterschiedlichen Teildisziplinen auf: In Ästhetik, Erkenntnistheorie, Metaphysik, Philosophie des Geistes und Sprachphilosophie sind je andere Bildphänomene thematisiert. Neben den materiell gegebenen Bildern im engeren Sinne werden ontische Bilder, mentale Bilder, Sprachbilder und ethisch-normative Bilder reflektiert. Die jeweiligen Untersuchungen der Bilder lassen sich methodisch zumeist entweder von zeichentheoretischen oder von wahrnehmungstheoretischen Fragestellungen leiten."[113]

Sachs-Hombach differenziert verschiedene Typen von Bildern: Zum einen sprachliche Bilder, für die „das Phänomen der Metapher als paradigmatisch" gelten soll; es wird keine besondere Qualität dieser sprachlichen Bilder genannt bzw. hinterfragt, warum Sprache bildlich sein kann. Zum anderen nennt er (neben für diese Arbeit unwichtigen Bildbegriffen wie den ethisch-normativen und den darstellenden) noch die

---

[110] Ebd., S. 39.
[111] Schreiber 2005, 68.
[112] Ebd., 69.
[113] Sachs-Hombach/Schürmann 2005, 109.

mentalen Bilder, die in der Philosophie des Geistes in Bezug auf mentale Repräsentation eine große Rolle spielen, und die logischen Bilder (d. h. materielle Visualisierungen von logischen Strukturen, z. B. Karten oder Diagramme).[114] Er markiert die platonische Bildtheorie als den Wendepunkt von einer „kultisch-magischen" zu einer „repräsentationalistischen Bildauffassung".[115] Bei ersterer ist der Bildreferent im Bild anwesend, in letzterer jedoch nicht, das Bild verweist (zeichenhaft) auf ihn. „Insbesondere Kant hob die bildtheoretisch fundamentale Bedeutung der produktiven Einbildungskraft hervor. Im Schematismus-Kapitel der *Kritik der reinen Vernunft* erläuterte er den Schematismus als eine Verfahrensweise der Einbildungskraft, durch die Anschauungen und Kategorien aufeinander bezogen und so bildhafte Vorstellungen gebildet werden können. Eine Radikalisierung des Konzeptes der Einbildungskraft nahm Fichte vor, indem er Wahrnehmungen generell als bildhaft auffasste und den Bildbegriff zum Zentralbegriff der Philosophie erhob."[116]

Im 20. Jahrhundert bekam das Bild im Rahmen symboltheoretischer und semiotischer Ansätze wieder Aufmerksamkeit geschenkt. Eine Reihe von so genannten *turns* (siehe dazu Kapitel 4.8), darunter der *Spatial Turn*, der *Iconic Turn* wie auch der *Cultural Turn* haben der Bildlichkeit eine große Rolle zugewiesen – ohne den *Linguistic Turn* letztendlich ablösen zu können, da das Reden über Bilder immer noch textuell ist (wie auch unsere Metaphern für das Verstehen von Bildern, bspw. das „Bilderlesen").

Blanke u. a. definieren den Unterschied zwischen dem philosophischen und dem semiotischen Ansatz darin, dass die Semiotik auf konkrete Zeichenphänomene zurückgreife. „Sie entwirft ihre Begrifflichkeit, um mit ihr die verschiedensten konkreten *Texte* (d. h. Zeichenkomplexe) analysieren zu können."[117] Die Rückbindung der (an sich abstrakten) Theorie an die praktische Form, nämlich die materiellen Texte/Bilder, ist also das Unterscheidungskriterium. Manche Autoren gehen speziell auf die Piktogramme (pictus, lat. „gemalt" und gramma, gr. „geschrieben")

---

[114] EBD., 110.
[115] EBD., 110.
[116] EBD., 112.
[117] BLANKE/GIANNONE/VAILLANT 2005, 149.

ein, die auch für Neurath eine große Rolle gespielt haben, da sie ikonisch sind, aber zugleich versuchen, durch Bildlichkeit Informationen zu liefern (also nicht einfach nur ästhetisch zu sein bzw. konnotativ). Sie bilden eine Art Bindeglied zwischen den materiellen und den sprachlichen Bildern.

Im Anschluss an Mitchell ist für die moderne Bildwissenschaft nicht nur von Interesse, wie das Visuelle gesellschaftlich konstruiert ist („Visual Culture"), sondern auch, wie die Gesellschaft, wie ihre Systeme, ihre Wissensordnungen visuell konstruiert sind.

3. Theoretischer Zugang zum Raum als Metapher

3.1 Ansatz der Kognitiven Linguistik

„Wer auch immer denkt, *strukturiert* den *Kosmos* seines Bedeutungs-*universums* durch Metaphern; er denkt *über* etwas nach, *schiebt* andere Gedanken *beiseite*, gibt seinen Ideen eine *Form* oder *hängt* sie an einem *Punkte auf* oder verwendet eine *Perspektive*.“[1]

Die von Lakoff und Johnson begründete Kognitive Linguistik misst der Metapher einen nicht zu unterschätzenden Wert im alltäglichen Leben und in der Wissenschaft zu. Statt sie als Gefahr für die Wissenschaft oder Verschleierung der „Wahrheit" zu halten, untersucht sie, wie gesellschaftliche Diskurse, darunter auch die Wissenschaft, sich aufgrund von Metaphern konstituieren bzw. durch Sprachbilder geformt sind. Dem liegt der Gedanke zugrunde, dass Gesellschaft wie auch Wissenschaft durch Bildlichkeit beeinflusst ist.

Der Ansatzpunkt dieser Theorie ist ein konstruktivistischer. Es ist weniger eine klassische Metapherntheorie, die Metaphern als sprachliche Einzelphänomene deutet, sondern eine Theorie, die das menschliche Denken und Handeln als grundsätzlich durch Metaphern strukturiert sieht. Lakoff und Johnson sprechen dabei von „Konzepten" oder „Konzeptsystemen"[2], die Wahrnehmung, Denken und Handeln zu großen Teilen strukturieren und beeinflussen.

Metaphern haben nicht nur einen ornamentalen oder ästhetischen Wert, sondern durchdringen und bestimmen – so die These – unser Denken und Handeln. Da im Alltagsleben diese Konzepte kaum bewusst werden, müssen sie durch Sprachanalyse herausgearbeitet werden. Mit Theorien des Unbewussten usw., die sich nicht wissenschaftlich nachweisen lassen, hat diese Theorie indes keine Gemeinsamkeiten, da sie sich nicht in die Sphäre des „Subjekts" begibt, sondern ähnlich den Kulturwissenschaften Texte und Diskurse untersucht. Die sprachlichen Äußerungen und ihre wiederkehrende Form sind also die Untersuchungs-

---

[1] BUCHHOLZ 2004, 7.
[2] LAKOFF/JOHNSON 2004, 11.

objekte, die Kommunizierenden werden in dieser Betrachtungsweise ausgeklammert.

Anhand des Konzepts „Argumentieren ist Krieg" wird beispielsweise gezeigt, wie die Handlung Argumentieren (also eine Kommunikationsform) „partiell in Begriffen des Krieges strukturiert, verstanden, ausgeführt und diskutiert" wird (also in der Bildlichkeit einer Handlungsform).[3] Unser Reden über Argumentation ist dabei nicht poetisch überformt, so Lakoff, sondern unsere Argumentationshandlungen werden auf die Weise durchgeführt, wie wir sie uns (als „Krieg") vorstellen. Man sucht also nicht metaphorische Reste in der Sprache, die als poetischer Überschuss verblieben sind, sondern untersucht, welche Vorstellungen und wiederkehrende Vorstellungsformen hinter den kulturellen Handlungen und Sprachformen stecken. Metaphern in der Sprache sind für Lakoff nur die Folge davon, dass unser „menschliches Konzeptsystem" schon Metaphern enthält (d. h. metaphorische Bezüge hergestellt hat).

Es ist allerdings kontingent, was für Konzeptsysteme in einer Kultur entstehen bzw. ob sie entstehen. Das Konzept „Zeit ist Geld" beispielsweise findet sich nicht in allen, aber vermutlich in allen kapitalistisch ausgerichteten Kulturen.[4] Wenn also zwei Konzepte wie Zeit und Geld zusammentreffen, kann und wird es so sein, dass eines der Konzepte überlagert wird. Es wird ein Aspekt hervorgehoben, ein anderer dafür verdeckt (siehe Kapitel 2.3). Dabei gibt es sehr subtile Metaphern, wie z. B. die „Röhrenmetapher", die unser Alltagsdenken über Sprache so geformt haben, dass ihre Metaphorizität auf den ersten Blick kaum zu erkennen ist. Dabei werden Ideen als „Objekte" konzipiert, die vom Sprecher in „Gefäße", also Worte, verpackt werden, und in einer „Röhre" zum Hörer „versendet" werden.[5]

Die bisherigen Beispiele, in denen ein Konzept ein anderes bestimmt, nennt Lakoff „Strukturmetaphern".[6] Dagegen unterscheidet er „Orien-

---

[3] EBD., 12f. Beispiele: „Ihre Behauptungen sind *unhaltbar.*" „Er *griff* jeden *Schwachpunkt* in meiner Argumentation *an.*" usw. Das Konzept „Argumentieren ist Krieg" bezieht sich auf das Tertium comparationis „Wettkampf"; es geht also um Gewinner/Verlierer, Krieg /Zerstörung ist nicht das Primäre.

[4] EBD., 16f.

[5] EBD., 18f.

[6] EBD., 22.

tierungsmetaphern", bei denen mehrere Konzepte miteinander wechsel-zeitig in Beziehung stehen. Orientierungsmetaphern deshalb, weil „die meisten von ihnen mit der Orientierung im Raum zu tun haben."[7] (Dem Räumlichen kann dabei ein Wert zugeordnet werden, z. B. „Glücklich-sein ist oben" vs. „Traurig sein ist unten"/„Gut ist oben" vs. „Schlecht ist unten") „Die meisten unserer basalen Konzepte werden nach einer oder mehreren Metaphern der räumlichen Orientierung organisiert."[8] Dies gewährt eine Kohärenz, die es möglich macht, sich in dieser „Sy-stematik" auszudrücken. Wir könnten auch sagen: Grundlegende Kon-zepte der Wahrnehmung und Systematisierung der realen Umwelt (Kör-per-Welt-Beziehung des Menschen) werden abstrahiert und genutzt, um sich im vorgestellten Raum zu verorten bzw. seine Ideen und Gedanken dort „einzuordnen". Obwohl manche Konzeptsysteme interkulturell zu sein scheinen, empfiehlt es sich, seine Reichweite nur auf den uns gut bekannten „westlichen Raum" zu beschränken. Viele Konzepte sind da-bei so eng mit der *dahinter liegenden* Idee verbunden, dass wir uns diese kaum noch unabhängig davon vorstellen können, z. B. den „hohen Sta-tus" (= Macht ist „oben"). Macht, Status, Qualität, Aufstieg, *Vernunft* usw. werden bildlich in Höhe dargestellt (z. B. die Chefetage ist realiter die höchste Etage, man versucht sich also an einem sinnbildlichen *Auf-stieg* auf den Chefsessel). Lakoff scheut sich davor, auf die (empirischen) Grundlagen der metaphorischen Verknüpfungen einzugehen, was einer-seits eine theoretische Schwäche ist, andererseits auch eine kluge Ent-scheidung: Es lässt sich nicht nachweisen, wie Metaphernkonzepte aus dem Alltagsgebrauch ihren Weg in ein kulturelles Inventar finden bzw. gefunden haben. Man kann lediglich die Verfestigungen, also die Texte, wissenschaftlich zu Rate ziehen. Es kann auch zu Konflikten zwischen Konzepten kommen, z. B. wenn „Mehr ist oben" mit „Gut ist oben" kollidiert: „Die Kriminalitätsrate geht nach oben."[9] In diesem Satz ist „mehr" eben nicht mehr „gut", was ansonsten häufig korreliert.

Natürlich können sich kulturelle Wertsetzungen in diesem Punkt sehr

---

[7] EBD.
[8] EBD., 26.
[9] EBD., 32.

unterscheiden. Gilt für den einen „Mehr ist gut", gilt für einen anderen „Weniger ist gut" (man denke an die Redewendung „Weniger ist mehr"). Die Konzeptsysteme hängen also stark an sozialen, kulturellen, gesellschaftlichen sowie kontextuellen Wertsetzungen (auf die allerdings nicht eingegangen wird). Die Raumkonzeptualisierung hängt durchaus von unseren kulturellen Erfahrungen mit dem „realen" Raum ab. Der Mensch lernt früh, seine „Welt" in oben-unten, nah-fern, innen-außen, weit-eng, vorne-hinten usw. zu unterscheiden.[10] Lakoff und Johnson betonen dabei die primäre Rolle der kulturellen Prägung vor der physiologischen/persönlichen Körper-Raum-Erfahrung. So könnte man auch für die Wissenschaft/für Theorien annehmen, dass sie bestimmte kulturelle/ diskursive Vorprägungen hat/haben. Bemerkenswert ist beispielsweise die Abkehr vom Subjekt und seiner Erfahrung und der Schwenk zur Abstraktion, zur „zweidimensionalen" Betrachtung in Systemtheorie, Dekonstruktion, Diskursanalyse usw., über die in Kapitel 5 zu reden sein wird. In „hoher" Theorie wie auch in der Alltagssprache produzieren wir also einen Sprachraum der Dinge, die wir beschreiben, um ihnen eine anschauliche Form und einen Ort zu geben. Dabei werden auch nicht-physische Dinge in Begriffen des Physischen gefasst (wie die folgenden Kapitel zeigen sollen).[11] Selbst ein Blickfeld kann als Gefäß-raum dargestellt werden (so wie auf einem Radargerät der Abtastradius dargestellt wird). Orientierungsmetaphern sind meist wenig ergiebig, da sie sehr abstrakt sind und dem metaphorisch beschriebenen „Objekt" wenig differenzierende Eigenschaften zuschreiben. So produziert die Gefäß-Metapher zwar eine klare Differenz zwischen Innen und Außen des beschriebenen Gegenstandes, führt dessen Beschaffenheit aber nicht weiter aus (dies ist auch ein Merkmal der „Supertheorien" Luhmanns, Derridas usw.: Abstraktion, viel Platz für Konnotation, wenig Denotation; vgl. Kapitel 5.8 und 5.9).[12] Der Mensch kategorisiert seine Umwelt nach „prototypischen" Erfahrungen, d. h. er ordnet nach Familienähnlichkeiten, die wissenschaftlich nicht korrekt sein müssen.[13]

---

[10] EBD., 70f.
[11] EBD., 73.
[12] EBD., 75.
[13] EBD., 86.

3.1.1 Raum- und Bewegungsmetaphern im Überblick

Im Folgenden werden die wichtigsten Metaphernkonzepte vorgestellt, die für das Oberthema „Räumlichkeit" und angeschlossene Themen wie Architektur und Bewegung von Belang sind.

3.1.1.1 Theorien/Argumente sind Gebäude[14]

„Eine Theorie oder ein Argument muss *untermauert* werden."
„Eine Argumentation/eine Theorie *fällt in sich zusammen.*"
„Ein Argument oder eine Theorie wird *konstruiert.*"
„Man legt die *Form* einer Argumentation fest."
„Eine Theorie *stützt* sich auf Fakten."
„Eine Theorie sollte man sogar mit *soliden* Fakten *abstützen.*"
„Die Theorie *steht* und *fällt* mit der Qualität ihrer Argumentationen."
„Eine Theorie sollte nicht *auf Sand gebaut* sein."
„Man baut zuerst ein Theorie*gerüst.*"
„Deine Theorie steht auf einem *wackeligen Fundament.*"
„Der *Aufbau* Deiner Theorie ist etwas seltsam."
„Das Argument kann man noch *ausbauen.*"
„Die Fakten sind *unumstößlich.*"
„Du musst noch einige Punkte deiner Argumentation *verstärken.*"
„Deine Argumente sind nicht *fundiert* genug."
„Meine Theorie *baut* auf folgenden Grundannahmen *auf.*"

Das Konzept „Gebäude" wird hier benutzt, um das Konzept „Theorie" zu strukturieren. Dabei werden jedoch nur Teilelemente von „Gebäuden" benutzt (z. B. Fundament, Außenwände), andere jedoch nicht (Zimmer, Treppenhäuser, Inventar).[15] Es gibt also einen benutzten und einen unbenutzten Teil von Konzeptelementen – und die unbenutzten wären vermutlich auch kaum zweckmäßig nutzbar. So kann man sich bei einigen architektonischen Elementen keine sinnvolle Übertragung

---

[14] Angelehnt an die Beispiele aus: EBD., 59 sowie DREWER 2003, 8.
[15] LAKOFF/JOHNSON 2004, 66.

vorstellen. Obwohl die Verwendung bestimmter Elemente in der Sprache konventionalisiert ist, besteht jedoch immer die Möglichkeit, dass neue Elemente „aktiviert" werden.

3.1.1.2 Eine Argumentation ist eine Reise/ein Weg[16]

Das Argumentieren (beispielsweise innerhalb einer Theorie) wird dabei häufig als Reise, Weg oder Bewegung im Raume dargestellt.

> „Man *tritt an*, etwas zu beweisen."
> „Man *kommt* in der Argumentation zum *nächsten Punkt*."
> „Man *geht* in der Argumentation einen *Schritt weiter/Schritt für Schritt vor*."
> „Man hat ein Diskussions*ziel vor Augen*."
> „Ein Argument *zeigt einen Weg* zu einer Lösung."
> „Man *kommt zu* einem Schluss."
> „Man *kommt* von der Argumentations*linie ab*."
> „Man kann einer Argumentation *folgen* (oder auch nicht)."
> „Man hat mit einer Argumentation *die falsche Richtung eingeschlagen*."
> „Manche Diskutanten *drehen sich* mit ihren Argumenten *im Kreis*."

Eine Überschneidung von zwei Konzepten kann so aussehen (Eine Argumentation ist ein Weg/Eine Argumentation ist ein Gefäß):

> „*An diesem Punkt* ist unsere Argumentation *inhaltlich* schwach."
> „*In* unseren *bis jetzt* gemachten Ausführungen haben wir den *Kern* unserer Argumentation dargestellt."
> „Wenn wir unseren *bisherigen Weg weitergehen*, werden wir *alle Daten* in unserer Hypothese *unterbringen*."[17]

Hier werden sowohl Inhalt als auch Verlauf der Argumentation beschrieben.

---

[16] Beispiele teilweise angelehnt an: EBD., 106f.
[17] EBD., 109.

3.1.1.3 Die Conduit Metapher

Reddy beschrieb als einer der ersten die so genannte *Conduit Metaphor* (engl. Conduit = Kanal, Leitung, Röhre). Er entdeckte, dass in der Sprache bildlich so gesprochen wird, als ob Kommunikation bzw. die Übermittlung von Gedanken/Gefühlen eine Art Transport von Behältern wäre, in die der Sender Inhalt hineinlegen und aus dem der Empfänger den Inhalt wieder herausnehmen könne.[18]

Beschreibt man die Conduit Metapher als Metaphernkonzept nach Lakoff, wird der Herkunftsbereich Transfer/Versand auf den Zielbereich Kommunikation angewandt: Inhalte, also Ideen/Gedanken sind bewegliche Objekte, die in ihrer ursprünglich konstruierten Form beim Empfänger ankommen.

„If thoughts can be ‚inserted', there must be a space ‚inside' wherein the meaning can reside. [...] Words have ‚insides' and ‚outsides'"[19] Er will darauf hinaus, dass wir uns Sprache als direkte Gedankenvermittlung vorstellen, die wie eine Rohrpost funktioniert. Ideen sind also Objekte, die ihre Identität während der Übermittlung bewahren. In der Alltagssprache wird die einfache Metapher der Röhre dahingehend ausgeweitet, dass die „Datenpakete" beschädigt werden oder verloren gehen können, wie es z. B. in der heutigen Rede vom elektronischen „Datenfluss" häufig der Fall ist.

Die Worte selbst sind Datenpakete, die nur als räumliche Form für einen Inhalt dienen, der im Normalfall problemlos vom Empfänger entnommen werden kann. Sprache wird damit verräumlicht, d. h. zum einen in räumlich separierte Formen zerlegt, zum anderen durch den Raum zwischen zwei Kommunikationspartnern bewegt.

Dies ist sicherlich eine einfache Metapher, um das Funktionieren von Kommunikation begreifbarer zu machen, d. h. vor allem zu vereinfachen. Die Anschaulichkeit, d. h. Bildlichkeit und Vorstellbarkeit dieser Metapher ist sehr hoch zu bewerten: Es ist eine räumlich-mechanistische Metapher der Verpackung (innen: Gedanke, außen: „Verpackung" Sprache), die bewegt und verteilt, letztendlich wieder entpackt wird. Ergän-

---

[18] REDDY 1980, 287.
[19] EBD., 288.

zend wird der Inhalt – wie bei einigen Redewendungen zu beobachten – vorher ggf. noch einem weiteren Behälter, dem Gedächtnis/dem Kopf des Senders entnommen, am Schluss in den Kopf des Empfängers aufgenommen oder diesem im schlimmsten Falle „eingetrichtert".

Dies ist zwar eine einfache und verständliche Auffassung von Sprache – nicht zuletzt deshalb haben sich die folgenden Redewendungen vor allem in der Alltagssprache niedergeschlagen –, die aber in keiner Weise mit einem modernen Verständnis von Sprache (und im weitesten Sinne Erkenntnis) mithalten kann.

Probleme der Kommunikation werden in dieser Metapher erstaunlicherweise thematisiert, sind jedoch, wie man sich denken kann, nur Störungen der äußerlichen Form(en), des Transports usw. Dies ist wie man an einigen Beispielen sehen wird, allerdings nur dadurch möglich, dass die einfache Kernmetapher erweitert wird. Genau dies geschieht in der Alltagssprache (und in der so genannten wissenschaftlichen Sprache) auch: Wir mischen viele verschiedene Metaphernkonzepte, wenn wir reden, um einerseits einfachen Zugriff auf den „Inhalt" zu gewährleisten, andererseits stoßen wir mit einfachen Konzepten schnell an Erklärungsgrenzen. Insofern wird man in Alltagssprache wie auch in literarischer und Fachsprache häufig auf Mischungen aus Metaphernbereichen treffen, besonders dort, wo es um „neue" Dinge geht, für die es noch keine gängige Form der Beschreibung gibt.

Selbst der Transport verschlüsselter oder metaphorischer Sprache wird in manchen Idiomen der Conduit-Metapher angedeutet und als möglich dargestellt, auch wenn die Kernmetapher kaum Platz für solch komplizierte Sonderfälle zu lassen scheint. Wie kann man sich z. B. vorstellen, dass der Empfänger auf einmal das falsche „Datenpaket" erhält, wenn es doch nur eine Röhre für Mitteilungen gab? Wie kann die Nachricht noch etwas anderes meinen als die eine klare Aussage, die „enthalten" ist?

Auch wenn aus einer sprachtheoretischen *Perspektive* die Grundannahme der Conduit-Metapher falsch ist und uns angesichts hochtheoretischer Sprachtheorien archaisch vorkommen mag, sind folgende Beispiele im Sinne Lakoffs *lebendige Metaphern*, die in unserer Sprache ein einfaches Alltagsverständnis und ein metasprachliches Reden über Kommunikation ermöglichen bzw. vereinfachen.[20]

Folgende Beispiele für Conduit-Metaphern, die für diese Arbeit in die deutsche Sprache übertragen, angepasst und kommentiert[21] wurden, sind angelehnt an die Liste Reddys.[22] Die Kategorisierungen Reddys waren an sich sinnvoll, die deutschen Idiome lassen sich aber kaum unter die gleichen Kategorien bringen. So ist z. B. die Perspektive der Beschreibung (vom Sender aus, vom Empfänger aus usw.) im Deutschen in den meisten Beispielen variierbar. Wo möglich, wird im Text auf sprachliche Gemeinsamkeiten hingewiesen.

„Du solltest Deine Argumente vor Deinem Chef besser rüberbringen."
„Deine Argumente kommen noch nicht richtig rüber."

Argumente/Gedanken/Gefühle, im Folgenden „Inhalte" genannt, werden zum Empfänger transportiert. Es wird die Möglichkeit einer suboptimalen bzw. schlechten Übertragung angedeutet.

„Der Verkäufer muss die Idee des Produkts dem Kunden näher bringen."

Der Inhalt wird in die Umgebung des Empfängers gebracht.

„Diese Idee habe ich von Dir."

Der Ursprungsort bzw. der Absender des Inhalts wird genannt, ist also nachvollziehbar (wie ein realer „Absender").

„In diesem Moment kamen zum ersten Mal Deine echten Gefühle durch."

---

[20] DREWER 2003, 127.
[21] Übersetzung/Transkription ins Deutsche durch den Autor dieser Arbeit [CFH]. Viele Redewendungen gibt es im Deutschen gar nicht. Für einige gibt es im Englischen einmal mehr, einmal weniger Ausdrucksmöglichkeiten; manche englischen Conduit-Metaphern haben im Deutschen keine Entsprechungen, die dem Conduit-Konzept zuzuordnen wären.
[22] Vgl. REDDY 1980, 311-324.

Der Inhalt muss eine Barriere/einen Filter passieren, von dessen Überwindung der Erfolg der Kommunikation abhängt, aber dessen Beschaffenheit nicht thematisiert wird.

> „Seine Argumente drangen bis zu ihr vor."

Auch hier wird eine Möglichkeit der Behinderung des Transports der Inhalte angedeutet.

> „Seine Präsentation kam gut an."

Vordergründig meint dies, dass der Inhalt gut bewertet wird, implizit jedoch, dass der Inhalt so gut angekommen ist, wie er versandt wurde. Auch hier spielt der problemfreie Transport der Inhalte eine Rolle, wird aber nicht konkret thematisiert.

> „Wenn Du das nächste mal schreibst, schicke mir ein paar bessere Ideen."

Auch wenn hier ein reales, kein virtuelles Medium beschrieben wird, ist hintergründig die Conduit-Metapher zu bemerken: Der Brief als Medium enthält Inhalte/Ideen, deren Qualität offenbar beim (Ver)Sender schon nicht die gewünschte Qualität hatten.

Im Folgenden wird in einigen Beispielen besonders die „Verpackung" der Inhalte thematisiert, die ebenfalls für eine erfolgreiche Kommunikation verantwortlich zu sein scheint:

> „Es ist sehr schwer, diese Idee in Worte zu fassen."

Die Inhalte werden im Inneren der Wort*form* eingefasst, so dass der Empfänger der Nachricht die Idee in ihnen erhalten und erkennen kann – ohne „Verpackung" würde die Idee gar nicht transportfähig sein. Worte sind in diesem Beispiel so etwas wie ein formaler Rahmen für Inhalte. Man bemerkt deutlich, dass das „Innen" der Idee ein adäquates „Außen" der Wortform benötigt.

„Versuche, den Gedanken, den Du hast, in Worte zu fassen/in Worten festzuhalten."

Wiederum ist das Wort der Rahmen der Idee, die in dieser Redewendung jedoch „festgehalten" werden muss, um nicht zu entkommen; noch deutlicher ist „bannen", da es eine magische Handlung beschreibt, nach der die Idee den Bannkreis (d. h. die Wortform) nicht mehr verlassen kann, d. h. beim Sender „eingesperrt" wird und in einer Art „Käfig" zum Empfänger transportiert wird.

„Dieser Absatz ist bedeutungsschwer/bedeutungsschwanger."

Das engl. „to fill something with meaning" hat im Deutschen keine Entsprechung (höchstens wird z. B. ein Text „angereichert" oder mit Bedeutung im Sinne von Gefühlen „aufgeladen"). Im Deutschen wird die Conduit-Metapher mit physikalischen Konzepten (Kraft/Schwere) oder biologischen Konzepten („Schwangerschaft") gemischt. Kern der Metapher ist aber dennoch der Transport von Ideen in einem Innenraum, die bald „zur Welt kommen". Damit wird angedeutet, dass die Verpackung der Inhalte noch nicht geöffnet ist bzw. nicht einfach zu öffnen ist. Das biologische Konzept „Schwangerschaft" fügt zudem dem räumlichen Aspekt einen zeitlichen hinzu.

„Du solltest Deine Ideen in weniger Worte packen."
„Man sollte nie zuviel Inhalt/Bedeutung/Gefühl in einen Satz packen."
„Denn: Der Satz ist sonst überladen!"

Das Verhältnis von Inhalt und „Verpackung" muss adäquat sein. Weder das eine noch das andere darf überwiegen. Werden zu viele Inhalte in einen Satz „gepackt", also eingeschlossen, wird der Satz zu „schwer" bzw. „überladen". Offensichtlich können solche Sätze verständnismäßig nicht mehr „gehoben" werden, da sie zu „schwer" sind.

Wird zu wenig Inhalt in einen Satz „gepackt", passiert das Gegenteil: Der Satz wirkt leer/hohl (siehe Beispiel weiter unten), er gleicht einem leeren Paket, das den Empfänger enttäuscht. Zum räumlichen Aspekt kommt hier wiederum der Aspekt der Schwere/Kraft hinzu.

„Füge den Gedanken anderswo im Text ein."
„Aber: Stopfe ihn nicht dort hinein, wo er nicht passt!"

Einerseits kann das bedeuten, dass auch die Reihenfolge der „Pakete" eine große Rolle spielt, andererseits deutet es auch an, dass Inhalte in alle möglichen Pakete „gesteckt" werden können – was sich dann allerdings auf die Qualität auswirkt.

„Lass die Füllwörter in Deinem Text weg!"

Im engl. kann „to stuff" auch positiv sein, z. B. „to stuff a text with ideas". Im Deutschen scheint dieses „Befüllen" mit Inhalten eher negativ ausgedrückt zu werden.

„Presse/Zwinge Deine Gedanken nicht in die falschen Worte!"

Anscheinend können Inhalte in viele „Pakete" verpackt werden, aber nicht alle dienen dem korrekten Transport des Inhalts, d. h. die Übermittlung des Inhalts wird gefährdet.

„Ich bekomme das nicht in Worte gefasst."
„Diese Idee passt einfach nicht in den Text."

Manche Ideen scheinen nicht in die „genormten Verpackungen" der Sprache zu passen; dadurch wird der Transport verhindert; Nimmt man das Beispiel eines Wissenschaftlers, der eine Entdeckung beschreiben will, dies aber mit den vorhandenen Worten seiner Alltags- und Fachsprache nicht kann, stellt sich die Frage, wie sich Wortneuschöpfungen (Neologismen) und erklärende Metaphern, die hier meist zum Einsatz kommen, sich zur Conduit-Metapher verhalten. Aus der Perspektive der Conduit-Metapher sind sie einfach bessere Verpackungen, die den Transport der Idee überhaupt ermöglichen. Wie bei allen Verpackungen sind sie aber nur das Sekundäre, Äußerliche – was zählt, ist das Innere, d. h. die Idee/der Inhalt. Dennoch wird hier eine Untrennbarkeit von Form und Inhalt zumindest angedeutet.

„Diese Zeilen transportieren ein bestimmtes Gefühl."
„Diese Zeilen übermitteln einen bestimmten Gedanken."

Auch Emotionen werden, wie man sieht, als Inhalt transportiert: „Dieser Text offenbart Gedanken, die ich dem Autor nicht zugetraut hätte." Beim Empfänger wird etwas eröffnet, was er nicht erwartet hat; es fällt auf, dass zwar eine einfache Sender-Empfänger-Situation über eine räumliche Bewegung konstruiert wird, diese aber ggf. komplexer gemacht wird, z. B. indem Sender- und Empfänger-Erwartungen ergänzt werden.

„Der Autor brachte die Idee der Freiheit zu den Menschen."

Hier wird das Bild auf Seiten des Empfängers erweitert: Es können auch mehr als ein Empfänger sein, was das Bild des Kanals und der einen Nachricht deutlich verändert (wobei diese Anpassung der Phantasie des Lesers überlassen bleibt, es sind viele Möglichkeiten denkbar, denen aber meist andere mediale Vorbilder (!) zu Grunde liegen, in diesem Falle z. B. das Radio oder ein politisches Manifest.

„Dieser Aufsatz ist von großem gedanklichem Gehalt/enthält große Gedanken."
„Dieser Brief enthält große Gefühle."

Ist man geneigt, dies Bild auf die Größe des Inhalts im Datenpaket zu beziehen, ist doch eher die Qualität des Inhalts gemeint – der sich in diesem Bild allerdings nicht anders räumlich-quantitativ darstellen lässt.

„Dieser Gedanke taucht in fast jeder Zeile auf!"

Was einerseits positiv bedeuten kann, dass ein Autor einen roten Faden in seinen Text „eingewoben" hat, also eine Kohärenz des Textes dadurch erreicht, dass er einen Gedanken *verfolgt* bzw. von verschiedenen Seiten *beleuchtet*, kann auch andererseits negativ bedeuten, dass ein Gedanke stumpf wiederholt, dass auf ihm „herumgeritten" wird, ohne dass dadurch mehr Sinn bzw. Verständnis entstünde. Die entsprechende Verbildlichung innerhalb des Conduit-Konzepts wäre das Fließband, das immer wieder die gleichen Pakete schnürt und transportiert.

„Sein Gedicht war voller Gedanken über die Menschheit."
„Der Text ist mit Metaphern gesättigt."

Auch hier ist der Text als größeres Element der Rahmen für Inhalte, jedoch verschiebt sich das Bild in Richtung einer chemikalischen Metapher (beispielsweise Sättigung einer Lösung).

„Du gebrauchst hohle Worte!"
„Seine Worte an das Team enthielten keine wichtigen Informationen."

Wenn man kommuniziert, möchte man diesen Fall eigentlich vermeiden: Das Paket, das der Empfänger bekommt, ist leer – es enthält lediglich Worthülsen, die keinen Sinn ergeben. Wir unterscheiden alltagssprachlich auch in oberflächliches, leeres Gerede (in diesem Beispiel gibt es nur Oberfläche, d. h. Außen, kein Innen/Inhalte) und tiefergehende Kommunikation (die die Existenz eines Innen, d. h. von Inhalten voraussetzt).

„Dieses Gedicht mag gefühl*voll* sein, aber zugleich ist es bedeutungs*leer*."

In der Alltagssprache wird offensichtlich unterschieden zwischen Gefühlen und Gedanken als Inhalt. Beide können gleichermaßen und auch in Mischverhältnissen als Inhalt dienen, in beiden Fällen ist die (adäquate!) Fülle an Inhalt positiv, der Mangel an Inhalt negativ (wobei die Überfüllung mit Inhalt wie schon gezeigt auch negativ ist). In der westeuropäischen Wissenschaft (wie auch in der Alltagssprache) dominiert nach wie vor das Bild, dass Vernunft und Emotion verschiedene Inhalte sind, die konkurrieren bzw. nicht oder nur schwer zur gleichen Zeit Inhalt sein können.

„Dieses Gedicht fließt über/sprudelt über vor Kreativität."

Im Gegensatz zur Inhaltsleere kann die Überfüllung der Form mit Inhalt auch positiv sein, wird jedoch trotzdem in einen Kontext mit irrationaler Unbeherrschtheit, d. h. mangelnder Kontrolle des Senders über den Inhalt, den „Verpackungsprozess", verbunden.

„Dieser Gedanke taucht zuerst in Kapitel 3 auf."
„Dieser Gedanke erscheint erst sehr spät in dem besagten Kapitel."

Je größer die Form ist, die „beinhaltet", desto eher besteht die Möglichkeit, dass der Empfänger erst spät einen bestimmten Inhalt auffindet. In beiden Beispielen bestehen zumindest im Deutschen Beziehungen zu anderen Metaphernbereichen, „auftauchen" kann grob gesagt im Bereich der (Meeres)biologie vorkommen, „er-scheinen" steht sicherlich im Zusammenhang mit so genannten „ocularcentric metaphors" oder Lichtmetaphern.

Im Folgenden werden einige Beispiele erörtert, in denen es darum geht, dass der Empfänger Inhalte in sich/in seinen Kopf aufnimmt. Davon hängt dann auch der Erfolg der Kommunikation ab:

„Ich habe herausbekommen, was der Autor an der Stelle meinte."

Noch plastischer als im Englischen (engl. verstehen = to *get* the idea) wird im Deutschen betont, dass das Verstehen ein Akt des Inhalte-ausder-Form-herausnehmens ist. Die Redewendung deutet an, dass Kommunikationsprobleme nicht nur im Datenverlust oder in der Datenbeschädigung bestehen, sondern darin, die Inhalte aus ihrer Form zu lösen oder sie darin zu finden.

„Kriegt Ihr das in Eure Köpfe?"

„Ich werde Euch das eintrichtern, bis Ihr es versteht!"

Die Inhalte, die aus der Transportform gelöst wurden, müssen nun in eine weitere Form, um weiterverarbeitet werden zu können: In den Kopf des Subjekts. D. h. der Kopf ist eine weitere Form, die Inhalte (vorerst) so aufbewahrt, wie sie vom Sender abgeschickt wurden. Der zweite Beispielsatz deutet außerdem darauf hin, dass es wiederum verschiedene Anschlusskonzepte gibt („eintrichtern"), in diesem Fall wird betont, dass z. B. ein Lehrer sicherstellen will, dass alle Schüler in ihrer Form (dem Kopf) die zu lernenden Inhalte haben.

„Exzerpieren Sie die wichtigsten Gedanken aus dem Text."
„Ich habe dem Bericht die wichtigsten Daten entnommen."

Hier werden Inhalte aus der Form (hier dem Text) herausgezogen oder herausgenommen.

„Dieser Hegel-Text ist auf den ersten Blick unzugänglich."
„Der Weg zum Verständnis wird durch … versperrt/ist versperrt."
„Der eigentliche Sinn bleibt (einem) bis zum Ende verschlossen."
„Es gibt einen versteckten Sinn in/hinter diesem Text."

Der Inhalt der Übermittlungsform ist nicht erreichbar, „entnehmbar". Hier wird allerdings eine andere Form der Räumlichkeit veranschaulicht, die eine Barriere oder eine „verschlossene Tür" in das Bild integriert. Der Inhalt lagert quasi in einem verschlossenen oder anderen Raum, der nicht betretbar ist, dessen Inhalt sich allerhöchstens erahnen lässt.

„Die guten Ideen verlieren sich in diesem wirren Text."
„Die guten Ideen werden begraben von Unmengen stumpfsinnigen Geredes."

Auch hier ist der Inhalt räumlich nicht mehr erreichbar, es werden Bezüge zum Labyrinth bzw. zum chaotischen Aufbau einer Form hergestellt. Auch dies ist keine klassische Conduit-Metapher mehr.

Die folgenden Metaphern beschreiben, wie der Autor/Sender Inhalte absondert/verschickt. Die Bildlichkeit wird vom Sender her konstruiert. Man kann bei einigen die Spezialisierung der Conduit-Metapher in eine „Projektil-Metapher" betrachten.

„Ich muss diese geniale Idee noch loswerden."
„Ich will diese Idee erst einmal in Umlauf bringen."

Die Idee, der Inhalt kommt aus dem Autor heraus und soll ein Ziel, einen Empfänger finden. Auch hier kann eine weitere Bewegung des Inhalts zu anderen Empfängern („Umlauf") ergänzt werden.

„Der Assistent brachte eine hervorragende Idee ein."

Hier wird ein Inhalt in eine Diskussion oder einen Entscheidungsprozess, d. h. eine Bewegung von Inhalten, eingefügt. Damit wird das ursprüngliche Conduit-Konzept um andere Teilnehmer und Kommunikationswege erweitert.

„Meine Schwester schüttete mir ihr Herz aus."
„Er goss seinen Ärger über mir aus."

Wie der Kopf die Aufbewahrungsform zu Gedanken zu sein scheint, wird das Herz als Aufbewahrungsort von Gefühlen dargestellt. Da Gefühle in anderen Metaphernkonzepten als irrational, wild und kaum zähmbar dargestellt werden, wird der Inhalt der Emotionen eruptiv ausgegossen, nicht geordnet einzeln verschickt wie in der ursprünglichen Conduit-Metapher. Die Bildlichkeit ist ähnlich, es fällt jedoch auf, dass keine diskreten Transportmedien/-formen benutzt werden – Gefühle werden nicht einzeln transportiert, sondern in „Strömen".

„Der Autor brachte ein paar seltsame Gedanken hervor."

Die Gedanken kommen aus dem Empfänger heraus und stehen dann zur Verfügung, d. h. sie werden nicht explizit an einen Empfänger gesendet. Sie werden in einen räumlichen „Umlauf" außerhalb des Senders gebracht, wo sie vom Empfänger angenommen werden können.

„Er warf mit Argumenten um sich."

Ein Beispiel für relativ ungeordneten Transport vom Absender weg.

„Bring Deine Gedanken am besten sofort zu Papier!"
„Schreib es auf, bevor Dir der Gedanke wieder entwischt!"

Da Gedanken flüchtig sind, sollen sie in eine feste Form gefasst werden. Hier wird die Funktion „Vergessen" des Mediums Gedächtnis/Kopf als Gefährdung der Kommunikation, aber auch die notwendige Formung der Inhalte, thematisiert.

„Es kam kein Wort über ihre Lippen."

Die „Form" des Absenders (der menschliche Kopf, genauer die Öffnung, aus der die Worte kommen) wird absichtlich verschlossen, um Inhalte im Inneren zu behalten und nicht an die Außenwelt abzugeben (also *in* Wortformen, *an* Empfängerformen).

In den folgenden Beispielen werden Inhalte verdinglicht und verortet, werden also Sender/Empfänger-unabhängig und zwischen diesen räumlich positioniert:

„Ich stelle zu Beginn einige Fragen in den Raum."

Inhalte bzw. Fragen nach Inhalten werden zwischen verschiedene Absender/Empfänger verortet („gestellt"). Dort ist der Zugriff für alle in diesem „Raum" befindlichen „Personen" möglich (Raum wie Person können dabei real aber auch abstrakt/virtuell sein).

„Diese Redewendung ist schon seit Jahrhunderten im Umlauf."
„Diese These kursiert seit einiger Zeit."

Inhalte *bewegen* sich unabhängig von Absender und Empfänger im virtuellen Raum, wo ein Zugriff auf sie möglich ist.

„Dieser Gedanke kreist mir schon seit einiger Zeit im Kopf herum."

Inhalte können sich auch innerhalb der Form Gedächtnis/Kopf des Absenders bewegen, womit gemeint ist, dass am Inhalt noch gearbeitet wird. Verortete Gedanken können auch wieder den Weg in das Subjekt finden:

„Er rezipierte die Gedanken Wittgensteins. Er saugte sie förmlich in sich auf."

Die Inhalte werden entnommen und in den Empfänger aufgenommen.[23] Einen direkten Absender gibt es in dem Fall nicht, die Form des Inhalts wird nicht thematisiert.

„Er ließ die Worte auf sich wirken."
„Er ließ sich auf das Argument ein."
„Er nahm die Nachricht gut auf."

Die Inhalte werden vom Empfänger aufgenommen und erzielen eine qualitative Wirkung. Auch hier wird der eigentliche Bereich der Conduit-Metapher, das Versenden und Entnehmen von Inhalten, verändert: Die Inhalte werden aufgenommen, nicht aktiv entnommen.

„Manche Dinge muss man internalisieren/verinnerlichen."

Hier wird der weitere Verlauf der Speicherung der Inhalte thematisiert, nicht mehr der Transport.

---

[23] Das Bild des Aufsaugens tendiert stark in die Richtung einer grammatophagen Metapher, wie auch generell die Idee der „Aufnahme" von Ideen, die einer „Nahrungsaufnahme" gleichkommt. Normalerweise wird das Bild der „Einverleibung" aber um die „Verdauung" des Wissens ergänzt – oder gar des intellektuellen Wiederkäuens, wie es bei Nietzsche heißt.

Reddy führt weitere interessante Metaphern auf, die aber kaum noch einer strengen Definition des Konzepts standhalten können.

> „Wir werden diesem Gedanken mehrfach in dem Text begegnen."
> „Wir werden diesen Gedanken häufiger im Text sehen/zu sehen bekommen."
> „Ich bin auf ein paar interessante Gedanken im Text gestoßen."

Reddy führt einige Metaphern in seiner Liste auf, die rein mediale Prozesse beschreiben, die aber kaum mehr metaphorisch zu nennen sind, weshalb sie hier weggelassen wurden. In diesem Beispiel kann man kaum noch einen „Kanal" oder eine „Form" erkennen – es handelt sich eher um eine Metaphorisierung des Textes als Landschaft, bei dessen Erkundung (also Bewegung „auf" dem Text) man Dinge sieht, findet, ihnen begegnet usw. Das Beispiel sei trotzdem genannt, um andere Möglichkeiten der metaphorischen Verräumlichung aufzuzeigen bzw. auch definitorisch weitere Auslegungen der Conduit-Metapher.

> „Der Sekundärtext legte einige Interpretationsmöglichkeiten im Primärtext frei."

Ähnlich wie die Verben „aufdecken", „enthüllen", „offen legen", „enttarnen", „sich als etwas zu erkennen geben" ist die Freilegungsmetapher eigentlich keine Conduit-Metapher mehr.

Röhrenmetaphern funktionieren als Konzept z. B. dann nicht, wenn Kontexte zum Verständnis gebraucht werden. Es widerspricht dem Röhren-Konzept, dass außerhalb der „Röhre" noch etwas für die Mitteilung Wichtiges wäre. Die Verknüpfung zweier Konzepte bzw. die Erweiterung eines Konzepts, so der Schluss, ist also nicht immer möglich, und wenn möglich, nur partiell. Die Konzepte werden nie identisch oder gleichwertig.[24]

Das Konzept der Gefäßmetapher taucht in vielen Bereichen auf. Der Mensch kann sich selbst auch als begrenztes Behältnis sehen, das von der

---

[24] LAKOFF/JOHNSON 2004, 21.

äußeren Welt getrennt ist. Dieser Innen-Außen-Unterschied wird auch auf viele andere Objekte projiziert. Wir sind in einem Zimmer, wir gehen aus einem Haus heraus, auch wenn die Unterscheidungen und Grenzen nicht immer ganz klar, teilweise fließend sind. Ein schönes Beispiel Lakoffs ist die Waldlichtung: Wann genau ist man auf der Lichtung, wann außerhalb? Lakoff spricht damit eine Grenze der Logik, eine „fuzzy logic" an, die in Kapitel 5.9.3 wieder aufgegriffen wird. Lakoff geht nicht darauf ein, dass die Gefäßmetapher das Pendant zum Substanzdenken sein könnte.

Aus Sicht einer modernen sprachwissenschaftlichen Auffassung ist an der Conduit-Metapher Folgendes problematisch, sofern sie in der Wissenschaft Verwendung finden:[25]

- Wörter und Sätze scheinen objektive und konstante Bedeutungen zu haben, die sprecher- und hörerunabhängig sind
- Das gegenseitige kommunikative Handeln wird in (zeitlich) getrennte Handlungen zerlegt
- Ein Misslingen der Kommunikation scheint in diesem Modell unmöglich; wenn doch, liegt es am Transportsystem, der Röhre, oder der schlechten „Behälter"-Wahl des Sprechers
- Ein Interpretieren des Kommunizierten ist im Normalfall nicht vorgesehen und auch nicht notwendig
- Der Einfluss von Kontextwissen, Situation, Intentionen und Erwartungen usw. wird komplett ausgeblendet

3.1.1.4 Theorien sind Objekte/Maschinen/Gebäude[26]

Der Herkunftsbereich dieses Konzepts können Objekte, zusammengesetzte bzw. konstruierte Objekte sein, aber auch Maschinen oder Gebäude. Der Zielbereich ist „Theorie".

„Sie haben eine Theorie aufgebaut/zusammengestellt."
„Die Theorie setzt sich aus mehreren Teilbereichen zusammen."

---

[25] Vgl. Drewer 2003, 129.
[26] Angelehnt an die englischsprachigen Beispiele aus Lakoff (o. J.).

„Ein Teil der Theorie passt nicht."

„Die Theorie fiel in sich zusammen."

„Die Theorie musste an bestimmten Stellen ausgebessert werden."

„Die Theorie produzierte am laufenden Band Ergebnisse."

„Die Theorie bestand aus beweglichen Teilen."

„Die Wissenschaftler konstruierten die Theorie von Grund auf neu."

„Die Fassade der Theorie wurde von den Gegnern Stück um Stück eingerissen."

„Seine frühen Ergebnisse bilden den Grundstein seiner bekannten Theorie."

3.1.1.5 Ideen sind Wahrnehmungen[27]

Dieses Metaphernkonzept hat insofern mit der Räumlichkeit zu tun, als die visuelle Wahrnehmung natürlich räumlich ist und die Perspektive einer räumlichen Position bedarf. Der Herkunftsbereich Wahrnehmung, bei dem auch die Lichtmetaphorik eine Rolle spielt, wird auf den Zielbereich „Ideen", „Denken" und „Erinnern" angewandt.

„Lassen Sie uns einen genaueren Blick auf Kapitel 1 werfen."

„Er will das Thema von allen Seiten betrachten."

Hier wird Denken als Untersuchen dargestellt. Das Objekt, z. B. eine Idee oder ihre „Form", z. B. ein Text, wird genau angeschaut, d. h. genau überprüft. Natürlich ist die Übertragung hier nahe liegend, da wir Ideen/ Texte tatsächlich lesen, also visuell wahrnehmen. Die Übertragung besteht aber darin, dass die (abstrakten) Ideen auch außerhalb des Leseprozesses (beispielsweise, wenn wir über sie reden, ohne den Text zur Hand zu haben) wie Objekte behandelt werden, die wir virtuell betrachten können, die wir uns von verschiedenen Seiten anschauen können usw. Spätestens hier wird klar, dass wir bei einem realen zweidimensionalen Text nur im übertragenen Sinne die Möglichkeit haben, die Perspektive zu wechseln bzw. den Text von einer anderen Seite zu betrachten.

---

[27] EBD.

„Diese Probleme muss die Forschung beleuchten."
„Seine Theorie warf ein neues Licht auf ein bekanntes Problem."
„Der Entwurf einer solchen Theorie ist eine Illusion/ein Phantasma."
„Aus dieser Perspektive meint man, die Dinge klarer zu sehen."
„Der Sinn dieser Behauptung blieb den meisten Interpreten schleier
haft."
„Das ist der blinde Fleck der Theorie."

Diese Beispiele zeigen, dass wir „Verstehen" mit „guter Sicht" gleichsetzen, Probleme mit schlechter Sicht (bzw. Sichtbarkeit des Objekts) oder „Blindheit". Man kann also grob unterscheiden, ob die Sehkraft selbst eingeschränkt ist (d. h. ob das beobachtende System, Wissenschaftler oder Theorie, defizitär ist), oder das Objekt nicht gut sichtbar ist. Damit Sehen als Verstehen funktionieren kann, muss auch die Beleuchtung stimmen – im Dunklen sieht man (auch metaphorisch) nichts. Die Metaphorik der Sichtbarmachung besteht also zumeist aus Lichtmetaphern („beleuchten", „erscheinen" usw.), die das Objekt qua Beleuchtung erhellen/sichtbar machen. Kreative und neue Ideen werden dadurch markiert, dass sie uns „etwas in einem neuen Licht sehen lassen" bzw. „aus einer neuen Perspektive". Häufig wird auch deutlich ausgesprochen, dass zwar etwas Altes bzw. Altbekanntes thematisiert wird, es jedoch durch eine neue „Herangehensweise" oder die Anwendung einer neuen Theorie/These im „neuen Licht erscheint". Das bedeutet, dass nicht das Objekt sich verändert, sondern die Art, es zu sehen.

3.1.1.6 Ideen sind Objekte[28]

Dieses Konzept ist eng verwandt mit der Conduit-Metapher bzw. ist in gewisser Hinsicht ein Basiselement ebendieser. Der Herkunftsbereich Objekt (der hier auch als eine Art Behälter gedacht wird) wird angewandt auf den Bereich Idee, im weitesten Sinne also ein geistiger Inhalt. Teilweise geht es hier, wie in der Conduit-Metapher, um den Transport dieser geistigen Objekte, jedoch nicht unbedingt im Sinne einer Kommunikation.

---

[28] EBD.

„Wir tauschten unsere Gedanken aus."
„Die Idee ist von mir."
„Die Firma kaufte ihm seine Idee ab."
„Jemand hat eine Idee."
„Diese Idee trage ich schon lange mit mir herum."

Die Nähe zur Conduit-Metapher wird deutlich, wenn der Ursprungsort der Objekte genannt wird: Der Kopf/der Geist. Die folgenden zwei Beispiele zeigen, dass die Ideenobjekte im Geist beinhaltet werden können.

„Ich kriege diese Idee nicht mehr aus dem Kopf."
„Was geht Dir im Kopf herum?"

Ist man „im Besitz" des Objekts „Idee", „hat" man es. Die Beinhaltung des Objekts im „Geist-Container" bedeutet also, dass man über das Objekt verfügen kann. Verstehen wird deshalb auch häufig mit dem „Einverleiben" von Objekten verbunden: „Ich habe es!" Auch „Erinnerung" wird häufig als Aufbewahren von Ideen in einem solchen Geist-Container vorgestellt.

Ist das Objekt im Container angelangt, kann es modelliert werden. Ist das, was einem lediglich „vorschwebt", noch nicht greifbar, und damit auch nicht im Container vorhanden und bearbeitbar, ist dies mit dem verfügbaren, beinhalteten Objekt möglich:

„Ich spiele mit der Idee, nach Honolulu zu fliegen."
„Ich habe diese Idee gedreht und gewendet, bis ich zu einem Ergebnis kam."
„An dieser Idee muss ich noch arbeiten."
„Diese Idee muss ich noch verfeinern."

Bei all diesen Beispielen entsteht, ähnlich wie bei der Conduit-Metapher, der Eindruck, dass die Objekte invariabel und bedingungsunabhängig sind (z. B. von der Wahrnehmung). Lediglich der Geist, der sie beinhaltet, kann sie modellieren und verändern. Der Geist kann auch später Ideen „rekonstruieren" bzw. auch selbst Ideen konstruieren, ist also nicht zwangsläufig auf äußere Objekte angewiesen.

3.1.1.7 Ideen sind Orte/Landschaften[29]

Hier wird der Herkunftsbereich „Ort"/"Landschaft" auf den Zielbereich „Idee" angewandt. Damit ist vor allem gemeint, dass Denken eine Bewegung auf einer vorgestellten „Ideenlandschaft" ist.

> „Ich ließ meine Gedanken schweifen."
> „Das ist ein großer Gedankensprung."
> „Für seine Überzeugungen hatte er bestimmte Beweggründe."
> „Alle Wege führten zum gleichen Ergebnis."
> „Das bringt uns in die falsche Richtung."
> „Unterbrich meinen Gedankengang bitte nicht."
> „Ich kann Dir nicht folgen."
> „Das ist sehr eingleisig gedacht."
> „Dieser Gedanke führt auf eine falsche Fährte."
> „Dieser Gedanke führt in die Irre."

Dieser Weg innerhalb der Gedankenlandschaft hat häufig auch ein Ziel.[30]

> „Wann kommt er auf den Punkt?"
> „Das Ziel der Untersuchung ist Folgendes."
> „Ich kann erahnen, wohin diese Hypothese führen soll."
> „Er ist nah an einer Lösung."

Der Wissenschaftler/der wissenschaftliche Text tritt dabei häufig als Fremdenführer auf, der „einen Weg weist", bestimmte Dinge während der „Reise" durch die „Ideenlandschaft" „zeigt" usw.

---

[29] EBD.

[30] Z. B. im Falle des „Circulus vitiosus" verläuft dieser Weg jedoch immer im Kreise. Der „hermeneutische Zirkel" bzw. die „hermeneutische Spirale" ist ebenfalls eine solche Bewegung, beide sind jedoch wesentlich abstrakter gefasst als die hier vorgestellten Beispiele.

„Das Buch brachte ihn zu einem anderen Verständnis der Philosophie."

In diesem Kontext ist Erinnern als Rückkehr zu einem bereits besuchten Ort darstellbar, Neues/Kreatives als „bahnbrechend" bzw. als Entdeckung neuer Orte.

3.1.2 Vergleich der Konzepte

Im Vergleich ergeben sich folgende Aspekte und Differenzen der drei Konzepte Reise, Gefäß und Gebäude:

> Reise: Die Oberfläche, die durch die Wegstrecke der Argumentation definiert wird, ‚deckt ein bestimmtes Feld ab', und der Inhalt ist das Feld, das die Argumentation abdeckt.
> Gefäß: Der Inhalt ist das in dem Gefäß Enthaltene, dessen Begrenzungen durch die Gefäßoberfläche definiert sind.
> Gebäude: Die Oberfläche wird gebildet durch die Außenmauern und das Fundament, welche ihrerseits das Innere des Gebäudes bilden. Doch anders als bei der Metapher *Eine Argumentation ist ein Gefäß* befindet sich der Inhalt bei der Metapher *Eine Argumentation ist ein Gebäude* nicht *im* Inneren; der Inhalt *konstituiert sich* vielmehr durch das Fundament und ihre Außenmauern. Wir können das an Sätzen sehen wie z. B.: ‚Das Fundament Ihrer Argumentation ist inhaltlich nicht genügend ausgearbeitet, um Ihre Behauptungen zu stützen' und ‚Das Gerüst Ihrer Argumentation hat nicht genügend Substanz, um der Kritik standzuhalten.[31]

Ist also bei der Gefäßmetapher der Inhalt ausschlaggebend, ist es bei der Gebäudemetapher die Festigkeit der Struktur desselben. Die Weg-Metapher hingegen beruht darauf, dass eine große Distanz zurückgelegt werden muss und der Autor quasi als Reiseleiter wichtige Dinge „zeigt" und „beleuchtet".[32]

---

[31] Lakoff/Johnson 2004, 117.
[32] Ebd., 122f.

Nach Lakoff und Johnson basieren Wahrheit und Verstehen immer auf einem Konzeptsystem, das weitestgehend metaphorisch ist. Die Autoren weigern sich damit, dem „Objektivismus" Glauben zu schenken, weisen aber auch das binäre Gegenstück – den „Subjektivismus" – strikt von sich. Sie versuchen vielmehr, einen dritten, einen Mittelweg zu zeigen, eine kulturwissenschaftliche Linguistik, die untersuchen will, wie der Diskurs über das Verstehen der Welt sprachlich konstruiert ist (ohne dabei wirklich eine Metaebene einnehmen zu müssen).[33]

3.1.3 Zur Kritik der kognitiven Metapherntheorie

Die Metapherntheorie Lakoffs und Johnsons erweitert den klassischen Metaphernbegriff um den Erfahrungsaspekt: „Die Metapher ist nicht länger eine rein sprachliche Erscheinung, die bestimmte Betrachtungsweisen auf anschauliche Art und Weise vermittelt, sondern sie ist aktiv an der Verarbeitung von Erfahrungen sowie an der Gewinnung von Erkenntnissen beteiligt."[34] Fokussiert wird die Benutzung der Metapher in der Fachsprache, wobei einige Metaphern auch in die Alltagssprache auftauchen; letztere kann man zudem nicht rigide von der Fachsprache trennen.

Während die Originalität des Lakoffschen Ansatzes häufig in Frage gestellt wurde[35], liegt ihr Hauptvorteil doch darin, die Metapher wieder in den Mittelpunkt der (verdienten) Aufmerksamkeit gestellt zu haben. Sie wird von einer ästhetischen, rein ornamentalen Randerscheinung zur kognitiven Konstante gemacht, die verständnis- und erkenntnisleitend ist. Man kann dann nicht mehr von einer „uneigentlichen Rede" sprechen, sondern von einer Sprache/Begrifflichkeit, die durchaus in der Lage ist, komplizierte Zusammenhänge sprachlich einfach zu „visualisieren" und einfach darzustellen.

---

[33] EBD., 212f.

[34] DREWER 2003, 1.

[35] EBD., 5. Drewer verweist auf einige kritische Arbeiten, die die europäischen Wurzeln des Lakoffschen Ansatzes beschreiben. Auffallend ist sicherlich, dass Lakoffs Buch ohne Zitate (!) auskommt und nur eine marginale Literaturliste aufweist. Zudem fällt die nicht immer wissenschaftliche Begründung der „Thesen", sondern Plausibilisierung durch wenige, meist aber auch noch „schiefe" Beispiele auf.

Zwar ist die Beschreibung von Herkunfts- und Zielbereich der Metapher sinnvoll, in dem ein semantischer Herkunftsbereich (z. B. „Gebäude") einen semantischen Zielbereich (z. B. „Theorie") strukturiert – allerdings ist die Lakoffsche Klassifizierung der verschiedenen Metapherntypen und ihre Abgrenzung zu undifferenziert, um Kategorien oder Prototypen von Konzepten herausstellen zu können. Die Untersuchung von Konzepten und ihrer gegenseitigen Durchdringung mag bei der Untersuchung verschiedenster Diskurse Sinn machen, aber eine grundsätzliche Kategorisierung, die methodisch anwendbar wäre, ist nicht denkbar. Insofern bleibt dieser Teil der These theoretisch diffus und beruft sich auf weite Begriffe bzw. wiederum auf Metaphern.[36] Lakoff und Johnson stellen eine Verbindung zwischen der „Gesamtheit der Denk- und Wissensstrukturen" und der Ebene der sprachlichen Erscheinungen her. „Die auf sprachlicher Ebene feststellbare Metaphorik wird also lediglich als sekundäre Erscheinung angesehen, als sichtbarer Niederschlag metaphorischer Konzeptbildung."[37] Genau dieser Rückschluss auf die zugrunde liegende Konzeptebene wird nicht wissenschaftlich erklärt und gleicht in seiner Grundbehauptung dem (selbst bildgewaltigen, aber wissenschaftlich zumindest schwachen) Konzept der Platonischen Ideen. Rolf empfiehlt, nicht von „konzeptuellen Metaphern" zu reden, da man diese nicht in der Psyche des Menschen nachweisen könne – er empfiehlt, „einfach von den Metaphern zugrundeliegenden Konzeptualisierungen" zu sprechen, so dass die Metaphern im Bereich der Sprache verbleiben.[38]

Drewer verweist darauf, dass nicht nur unsere Rede über Theorien metaphorisch ist, sondern unser Wissen, unser „Konzept" von Theorie zumindest in Teilen metaphorisch strukturiert ist. Wir benutzen diese Metaphern meist unbewusst und intuitiv, was bedeutet, dass sie hoch konventionell sind, und haben auch meist keine Alternativen, um Zusammenhänge anders zu beschreiben.

---

[36] Ebd., 6f.
[37] Baldauf 2000, 117.
[38] Rolf 2005, 241.

Der „metaphorische Wissenstransfer"[39] ist dann erfolgreich, wenn eine Verbesserung des Verständnisses eines Sachverhalts oder eine bessere Handlungsfähigkeit erreicht ist. Es gibt auch den Fall eines negativen Transfers, z. B. wenn eine Metapher verwirrend ist oder ein „falsches" Wissen transportiert.

Es können mehrere Herkunftsbereiche auf einen Zielbereich projiziert werden. Die Definition der Grenzen dieser Bereiche/Konzepte ist jedoch kaum möglich – man kann viele Begriffe verschieden oder mehrfach zuordnen (beispielsweise ist das „aufbauen" eine Tätigkeit, die zum Bereich „Gebäude" gehören kann, aber nicht muss; viele der aufgeführten Metaphern orientieren sich eher an der Körperlichkeit oder an der Gegenständlichkeit von Dingen, nicht zwangsläufig von Gebäuden).

Ausschlaggebend allerdings ist, dass die Metapher nicht mehr nur Stilmittel, sondern Teil des Wissens über den Sachverhalt und seiner Bewertung ist.[40] Die Metaphern sind dabei allgemein verständlich, konventionalisiert und verbreitet. „Neue" Metaphern werden fast immer ad hoc verstanden, was nicht zuletzt daran liegt, dass „erfolgreiche" Metaphern versuchen, Abstraktes so zu „visualisieren", dass sich jeder ein Bild davon machen kann –wobei das Bild dann nicht „richtig" sein muss. Man kann, wenn man alte Begriffe für ein scheinbar neues Phänomen sucht, von „Intellegibilität" oder auch von Anschaulichkeit reden.

Viele Metaphern sind wie gesagt körper-, subjekt- oder raumgebunden. Eine wirkliche Grenze zwischen den Konzepten scheint es dabei nicht wirklich zu geben: Die verschiedenen Konzepte der „Verräumlichung" des Wissens scheinen ineinander überzugehen.

Für einen Konstruktivisten ist dieser Metaphernbegriff leicht in sein Weltbild einzu*bauen*. Für ihn ist Wissenschaft ohnehin nur in Perspektiven möglich, wobei die Metapher die wichtige Aufgabe der Perspektivierung durch Visualisierung bzw. Verbildlichung übernimmt. Hingegen ein Realist/Objektivist würde diesen Metaphernbegriff marginalisieren und seine negativen, unwissenschaftlichen und unsicheren Aspekte hervorheben wollen.[41] Diese metaphernfeindliche Ansicht in Bezug auf

---

[39] DREWER 2003, 9.
[40] EBD., 10.
[41] EBD., 37ff.

Wissenschaft wird zu erläutern sein, beruht sie doch auf der Aristotelischen „Rhetorik". Die Rede von den eigentlichen Dingen, der Wahrheit,
den Dingen an sich, ist mit einem solchen Modell nicht vereinbar, nicht
zuletzt, weil es diese Begriffe als perspektivische Bilder darstellen würde, d. h. als Möglichkeiten (während sie selbst nur funktionieren, wenn
sie als absolut gesetzt werden).

Die analogische Verknüpfung von Wissen führt häufig zur Schaffung
neuen Wissens. Sie ist eine „angeborene Fähigkeit des Menschen, die
sich schon bei Babys empirisch nachweisen läßt."[42] Doch diese Fokussierung auf die menschlichen Fähigkeiten, die Anthropologie und Kognitionswissenschaft liegt mir in dieser Arbeit fern – sie dient eher zur
Illustration der Verbreitung dieser kulturellen Basiseigenschaft.

Die Metapher kann nicht nur, wie man lange annahm, Wissen veranschaulichen und uns damit vor „leeren Begriffen" bewahren, sondern
auch helfen, Hypothesen zu generieren. Im Mittelpunkt des Interesses
dieser Arbeit steht demnach auch, wie verschiedene *Denk-Richtungen*
solche räumlichen Metaphern verwendet haben, um etwas Neues zu
schaffen.

Die kognitive Metapher als Metaphernbegriff deckt viel von dem ab,
was in der Soziologie unter dem Begriff „Leitbild" bzw. bei Bourdieu
unter „Habitus" verstanden wird, und was bei Kuhn „Paradigma" genannt wird: Bei letzterem ist allerdings mehr im Fokus, was sich ändert,
wenn ein Paradigmenwechsel stattfindet, nämlich ein Wechsel der „Ter-
minologiematrix" und der Struktur des Forschungsprogramms.[43] Die
meisten Theorien beschreiben eher, was über eine Zeit konstant bleibt
(vgl. dazu Kapitel 4.8).

Eine Gefahr wissenschaftlicher Metaphern liegt darin, perspektivisch
zu „verfälschen". Der „Highlighting and hiding"-Effekt, den Lakoff
und Johnson beschreiben, besteht darin, dass die Metapher nur wenige Aspekte eines Zusammenhangs hervorhebt, andere jedoch verbirgt
oder „abschneidet".[44] Für ein schnelles Verständnis im Alltagsgebrauch
ist das meist sehr nützlich, doch im wissenschaftlichen Gebrauch kann

---

[42] EBD., 59.
[43] EBD., 68ff.
[44] EBD., 110.

es dazu führen, dass ein Sachverhalt bzw. ein Problem nur einseitig oder „parteiisch" (letzteres auch im aktiven Sinne) dargestellt wird. Somit ist die Metapher nicht ganz zu Unrecht über die Jahrhunderte umstritten gewesen und erfreut sich auch heute eigentlich nur im künstlerischen und kreativen Umfeld einer uneingeschränkt positiven Resonanz.

3.2 Andere Metapherntheorien

Klausnitzer betont die kontroverse Stellung der Metapher in der Wissenschaft, die sich schon in der Aristotelischen Rhetorik widerspiegelt: zwar habe sie eine heuristische Funktion bei der Entdeckung von Wissen, aber bei der eigentlichen *epistéme* sei sie „trügerisch" und „undeutlich".[45] Seit Platon werden die auf die Einbildungskraft wirkenden Figuren der Rhetorik, d. h. auch die Metapher, nicht als wahrheitsfähige Sätze behandelt.[46] Klausnitzer betrachtet die Einstellung gegenüber der metaphorischen Rede in der Wissenschaft über die Jahrhunderte und kommt zu dem Schluss, dass der wissenschaftliche „Ikonoklasmus sich selten gegen metaphorischen Sprachgebrauch generell richtet".[47] Vielmehr wurde die „Verständlichkeit", „Zugänglichkeit" und „Nachvollziehbarkeit" der metaphorischen Sprache positiv bewertet, aber zugleich die metaphorische Rede klar getrennt von der Logik und den wissenschaftlichen Fakten, die sie nicht „verwässern" sollte. Derrida weist in seiner „weißen Metapher" darauf hin, dass der philosophische Diskurs durch die zeitgleiche Tabuisierung und Nutzung von Metaphern seine eigene rhetorische Verfassheit verdeckt hat (siehe auch Kapitel 5.8.4).

Während Donald Davidson und Richard Rorty die Bedeutung der Metapher für die Erweiterung unseres Wissens marginal bewerteten, fanden sich mit Max Black und Mary Hesse in den 1960er Jahren zwei Vertreter der analytischen Philosophie, die der Metapher einen großen Wert bei der Einführung neuer Ideen und Modelle, bei der „metaphorischen Neubeschreibung" von Sachverhalten beimaßen.[48] Hieran knüpft

---

[45] Klausnitzer 2004, 81.
[46] Ebd., 90.
[47] Ebd., 99.
[48] Ebd., 106.

sich die Frage nach dem Neuen in der Wissenschaft und seiner Entstehung. Verwiesen sei auf das erkenntnisproduzierende Schlussverfahren, das Charles Sanders Peirce als „Abduktion" bezeichnet hat.

Es kann sein, dass aus spekulativen Metaphern dauerhafte Modellierungen werden (Hesse), es gibt aber auch einen geradezu didaktisch geplanten Einsatz von Metaphern, die neue Erkenntnisse anschaulich aufzeigen sollen. Im Hinblick auf die Anschaulichkeit der Naturwissenschaften, im Speziellen der Physik des beginnenden 20. Jahrhunderts, kommt Klausnitzer auf den eigentlichen Grund des Wunsches nach Anschaulichkeit zu sprechen: „Wenn dementsprechend ‚Einfachheit' und ‚Vertrautheit' als Parameter der ‚Anschaulichkeit' wissenschaftlicher Darstellungen benannt werden können, lässt sich die Funktion von metaphorischen Ausdrücken und Analogievergleichen präziser angeben: Als nicht-definitorische Bezugnahmen führen sie im Rekurs auf lebensweltlich oder wissenschaftshistorisch vertraute Zusammenhänge Begrifflichkeiten ein, die auf komplexe und noch nicht näher strukturierte Gegenstände und Sachverhalte referieren [...]."[49] In Bezug auf Blacks und Kuhns Thesen wurde sogar die These geäußert, Metaphern seien nicht nur im besten Falle theoriekonstituierend, sondern wissenschafliche Revolutionen seien zugleich metaphorische Revolutionen.[50] Klausnitzer weist auf die begrenzten Möglichkeiten der Metapher hin, hebt aber ihre „diagnostischen" Merkmale hervor: heuristische Richtungsgebung, Hinweisleistung auf Problembereiche sowie Komplexitätsreduktion in neuen Bereichen.

Aristoteles hat als erster die drei Grundfunktionen der Metapher benannt: „ästhetisch-rhetorische Intensivierung, pointiertes Zeigen und semantische Erweiterung."[51] Aristoteles unterscheidet den rhetorischen und den poetischen Gebrauch der Metapher. Beim rhetorischen Gebrauch bringt das Sprachbild dem Zuhörer/Leser eine blitzartige Evidenz, der poetische Gebrauch hebt die Schönheit des Bildes hervor.[52]

Bei Black werden Modell und Metapher in Beziehung gesetzt: Die

---

[49] EBD., 119.
[50] EBD., 121.
[51] SEEBASS 2004, 286.
[52] RUDOLPH 2000, 79.

Metapher verhalte sich zur dichterischen Sprache wie das Modell zur Wissenschaftssprache.[53] Diese implizite Trennung von literarischer Sprache und wissenschaftlicher Sprache ist durchaus anzweifelbar, führt sie doch eine Unterscheidung ein, die in der Sprache selbst wenn überhaupt nur als fließender Übergang zu erkennen ist. Das Modell folge der „Logik der Entdeckung", nicht der „Logik der Beweisführung", sei aber dennoch rational begründet.[54]

Aus Sicht der Wissenschaft wird die Metapher häufig als „Parasit" (Serres) betrachtet, der die Idealsprache „befällt". Der Sicht, dass Sprache ursprünglich metaphorisch sei (Nietzsche, Derrida), steht also die Darstellung der Metapher als Funktionsstörung diametral entgegen. Die Logiker haben in der Folge Quintilians die Metapher als „verkürztes Gleichnis" verstanden: Damit ist sie weder wahr noch falsch, sondern poetisch – und fällt damit aus dem Bereich der Wissenschaft heraus.[55] Auch die ornamentale Funktion der Metapher wurde betont, ihre Funktion allein auf das Erregen von Aufmerksamkeit beschränkt – damit waren „beide" Sprachen, die der Wissenschaft und die der Kunst, klar getrennt.

Da sich Metaphern in bestimmten Bildbereichen bewegen, bilden sich gelegentlich starke Leitmetaphern heraus, die die Wahrnehmung und Erkenntnis in einem Bereich beeinflussen oder strukturieren. Sie werden zu Modellen oder Weltbildern. Laut Black ist jede Metapher sogar die Spitze eines untergetauchten (man könnte ergänzen: oder noch nicht aufgetauchten) Modells.[56]

Es gibt keine einheitliche Metapherntheorie oder Metapherforschung. Rolf spricht in seiner systematisierenden Arbeit von Metapherntheori*en* (statt von *der* Metaphertheorie), um deutlich zu machen, dass es sich um ein heterogenes Feld konkurrierender und größtenteils nicht kompatibler Ansätze handelt.[57] „Mit der Frage nach den kognitiven und kommunikativen Perspektivierungsleistungen von Metaphern kann

---

[53] Ricœr 1986, 227f.
[54] Ebd., 227f.
[55] Schöffel 1987, 8.
[56] Ebd., 165.
[57] Rolf 2005, 2.

man sich erst dann sinnvoll beschäftigen, wenn man sich zuvor darüber verständigt hat, von welchen Sehpunkten her man sich das Phänomen *Metapher* überhaupt objektivieren will."[58] Der Umfang und Inhalt des Metaphernbegriffs kann variieren.

Max Black hat zwei Grundmodelle zur Erfassung von Metaphern definiert, die *Substitutionstheorie* und die *Interaktionstheorie*. Auch diese Modelle sind vereinfachend und lenken unsere Aufmerksamkeit auf bestimmte Grundstrukturen. Die Substitutionstheorie geht davon aus, dass Metaphern auf der Ebene des Wortes erklärbar sind: Ein eigentlich gemeintes Wort wird durch ein anderes ersetzt, welches dann im übertragenen Sinne zu verstehen ist (z. B. *einschlafen* statt *sterben*). Sie funktioniert auch dort, wo Bezeichnungslücken durch uneigentliche Begriffe ersetzt werden, die aber in den eigentlichen Sprachgebrauch übergehen (z. B. *Motorhaube*). Im Grunde geht dieses Modell davon aus, dass die Welt an sich sprachlich abbildbar ist, so dass ohne Probleme und Verwirrungen das eine oder andere Mal ein Begriff durch eine uneigentliche Bezeichnung ersetzt werden kann. Hier wird also davon ausgegangen, dass buchstäbliche Bedeutung und metaphorische Bedeutung theoretisch und praktisch trennbar sind. Die Substituitionstheorie weist der Metapher dabei nur Ähnlichkeitsfunktionen und emotionale Akzentuierungsmöglichkeiten, aber keine heuristischen oder perspektivischen Möglichkeiten zu. Metaphern sind in diesem Modell durch nicht-metaphorische Begriffe oder Beschreibungen ersetzbar oder adäquat paraphrasierbar.[59]

Die Interaktionstheorie sieht Metaphern als „kommunikative Perspektivierungsinstrumente" bzw. als „heuristische Werkzeuge". Betrachtet werden nicht Einzelwörter, sondern komplexe sprachliche Einheiten. Wie z. B. in der kognitiven Metapherntheorie wird eine Determinationsstruktur vorausgesetzt, in der „einer meist sehr grob strukturierten Basisvorstellung (Gegenstandsbegriff) eine präzisierende Erläuterungsvorstellung (Bestimmungsbegriff) zugeordnet wird."[60]

---

[58] KÖLLER 2004, 593.
[59] Vgl. EBD., 594.
[60] EBD., 596.

3.3 Sinnformeln

Sinnformeln sind nach Geideck und Liebert symbolische Formenkomplexe, die für Subjekte, Gruppen oder Kollektive Bedeutung/Sinn für die Bereiche Identität, Geschichte, Gegenwart und Zukunft konstituieren.[61] Es sind kulturelle „Ideen“, die erst die Grundlage bilden für Handlungsmuster usw. Sie bieten „komprimierte Antworten auf existenzielle Grundfragen“.[62] Erstaunlich dabei scheint zu sein, dass Sinn nur für Subjekte „erlebbar“ ist, nur von einem Standpunkt aus etwas Sinn für einen Betrachter macht – jedoch die Sinnformeln kollektiv sind bzw. durch Sprache „objektiviert“. Oft fühlt sich der Akteur durch diese Sinnformeln als Teil einer größeren Sache, einer Gruppe usw. Aus diesem Grunde muss man auch von der Ästhetik der Sinnformeln reden: „Sinnformeln können erst richtig wirken, wenn sie bei den Akteuren eine ästhetische Resonanz erfahren. Dazu ist es notwendig, dass sie emotional ansprechend sind. Wir gehen davon aus, dass Sinnformeln einen imaginativen Kern besitzen, d. h. eine Vorstellung, wie die Identität, die Gegenwart, die Vergangenheit und die Zukunft der Gruppe aussehen sollen.“[63]

Sinnformeln sind meist sprachliche Formen, z. B. Metaphern, Schlüsselwörter, Maximen, Slogans usw., aber auch andere Formen wie Bilder. Die Metapher nimmt mit ihrer Zwischenstellung zwischen Sprache und Bild einen großen Teil der Untersuchungen ein und ist besonders in der Wissenschaft ein beliebtes (und mittlerweile auch in diesem Einsatzbereich reflektiertes) Darstellungsmittel. Es gibt verschiedene Phasen der Suche, der Kontroverse und der Durchsetzung von Sinnformeln. Gerade die Sinnformeln, die nicht mehr hinterfragt werden, sind die, die sich schon durchgesetzt haben und zu kollektiven Denkmustern geworden sind.[64] Sinnformeln wie das soziologische „Leitbild“ hingegen sind zukunftsoffen und bieten Raum für Kontroversen.

---

[61] Geideck/Liebert 2003, 3. Der Begriff „Sinnformel“ erinnert an Leisegangs Denkformen (vgl. Kapitel 4.6), geht jedoch über die rein räumlichen Formen von Metaphern hinaus.

[62] Ebd., 4.

[63] Ebd., 5.

[64] Ebd., 6.

Die hier thematisierten Raummetaphern haben, obwohl es sie seit der Antike gibt, in den 1980er- und 1990er-Jahren eine Art Renaissance erlebt, mittlerweile haben die räumlichen Metaphern und Formulierungen Einzug in fast alle Wissensbereiche gehalten. Kaum eine moderne Arbeit, die ohne die „Verortung" von Gedanken oder die Betrachtung von „Theoriegebäuden" auskäme. Solange niemand fragt, was diese „Verortung" überhaupt bedeuten soll, herrscht offensichtlich großer Konsens über diese Sinnformel.

Siegel spricht über kulturelle „Selbstverständlichkeiten", die von Gesellschaft zu Gesellschaft unterschiedlich und kontingent sind.[65] Die Soziologie und Sozialphilosophie hat häufig versucht, diese „Sinnformeln" und „Denkmuster" theoretisch zu erfassen: Sei es im Begriff der „Anschauungsweise", der aus der *Protestantischen Ethik* Max Webers stammt, oder dem „Habitus", den Pierre Bourdieu eingeführt hat. Letztlich ist mit „Denkmuster" eine „immanente Kombination von Handlungsorientierungen" gemeint[66], die jedoch den Bereich der räumlichen Metaphorik verlässt. Liebert geht davon aus, dass die Wissenskonstruktion in Organisationen ebenso wie bei Individuen und Gruppen teilweise von Metaphern bewerkstelligt wird.[67] Insgesamt richtet er sich eher an den angewandten Wissenschaften und der Wirtschaft aus, zeigt damit aber auch den ungemein wichtigen Faktor des Einflusses von Sprache auf das soziale/wirtschaftliche Handeln. Unterscheidungsmerkmal zwischen Wirtschaft und Wissenschaft ist dabei, dass die Wirtschaft nach neuen, funktionierenden „Sinnformeln" sucht, die ökonomisch effizienter sind – hinterfragt werden müssen diese jedoch nicht, sie werden an ihrem Erfolg gemessen. In der Wissenschaft jedoch ist kein direkter „Erfolg" messbar, hier besteht die Hauptaufgabe der Sprache gerade darin, Hypothesen und Theorien angemessen und anschaulich zu vermitteln, d. h. durch Sprache zu konstituieren. „Metaphern sind nicht einfach sprachliche Phänomene auf der Wortebene, sondern Kategorien unseres Denkens und Erlebens. Sie basieren auf Als-ob-Sprachspielen, aus denen va-

---

[65] Siegel 2003, 17.
[66] Ebd., 18.
[67] Liebert 2003, 83.

riable Weltzugriffe hervorgehen."[68] Olaf Jäkel verweist darauf, dass sich das Sprechen über Wissenschaft bestimmter Metaphorisierungen – und damit meist Vereinfachungen ursprünglich abstrakter und komplexer Sachverhalte – bedient.[69] Jäkel behauptet zwar, dass wissenschaftliche Theorien im Gegensatz zu anderen Systemen wie Religion oder Wirtschaft „im alltäglichen Laiengespräch" nicht oder kaum sprachlich (bzw. sprachlich „reich") thematisiert und damit metaphorisch beschrieben werden. Das ist anzuzweifeln, fällt doch bei den Denkgebäude-Metaphern auf, dass sie fast alle auch im Alltagsgespräch auftauchen. Auch nicht-einfache poststrukturalistische Theorien bedienen sich einfachster und abstrakter geometrischer „Formen", um ihren Gegenstand zu beschreiben und sind damit zumindest ansatzweise „massenkompatibel".

Jäkel findet in den Schriften Aristoteles' zwar eine metaphernfeindliche Einstellung, aber in der Nachfolge auch metaphorische Konzepte wie „Wissenschaft ist Betrachtung", die sich auf den aristotelischen Schlüsselbegriff der „theoria" beziehen. Der Wissenschaftler erscheint in dieser Konzeptualisierung als rein passiver Beobachter.[70] Der moderne Begriff des Beobachters hingegen, z. B. im Konstruktivismus, sieht eine aktive Rolle des Wissenschaftlers vor, dessen „Voreinstellungen" seine Beobachtungen erst generieren. Eine andere Konzeption ist die unter anderem in Descartes' *Discours de la Méthode* beobachtbare metaphorische Konzeption „Wissenschaft ist eine Reise". „Der Wissenschaftler ist ein Reisender auf dem Weg wissenschaftlicher Untersuchung. Wenn auch unterschiedliche Methoden gleichsam als verschiedene Reiserouten wählbar scheinen, tritt doch der Wissenschaftstheoretiker als Pfadfinder mit dem Anspruch auf, ein für allemal die beste Methode gefunden zu haben. Diese empfohlene Methode besteht in einem geraden Weg, der aufwärts führt, hin zur Erkenntnis als dem Reiseziel."[71] Der Fokus des Konzepts liegt auf der geradlinigen Fortbewegung und Reise als *Fortschritt*, deren Ziel eine Art platonischer Aufstieg in die Höhen der Erkenntnis sind.[72]

---

[68] EBD., 85.
[69] JÄKEL 2003, 323.
[70] EBD., 326f.
[71] EBD., 327.
[72] EBD., 328.

Kant verwendet zwei Konzepte, zum einen „Wissenschaft ist eine Entdeckungsreise", zum anderen „Wissenschaft ist Gebäudebau".[73] Ersteres wird als Vormarsch auf bislang unbekanntem Gebiet visualisiert, wobei der Wissenschaftler als eine Art Kartograph des unbekannten Feldes auftritt (vgl. Kapitel 5.2). Das zweite Konzept baut auf diese „Expedition" auf: „Sicheres Gelände auf festem Boden wird zum Zweck der Ansiedlung benötigt, um die es der Wissenschaft zu tun ist. Wissenschaftliche Theoriesysteme sind Gebäude, konstruiert aus Baumaterialien des Wissens."[74] Es muss also ein sicheres Feld gefunden werden, auf dessen festem Untergrund ein Fundament und ein Gebäude nach genauester Planung gebaut werden kann. Die Erschließung des Baugrundes weist auf die „Wichtigkeit geklärter erkenntnistheoretischer Vorbedingungen des Unternehmens"[75] hin, die architektonische Planung des Theoriegebäudes lässt außerdem eine für Kant immens wichtige Trennung von planlosem Bau (unwissenschaftlicher Spekulation) und durchgeplantem Gebäude (fundierter Wissenschaft) zu. Das Konzept blendet allerdings auch Elemente aus, z. B. die Natur und die Konkurrenz wissenschaftlicher Theorien.

Erstaunlich ist, dass auch besonders nüchtern geschriebene Texte wie die Kants nicht metaphernfrei/konzeptfrei sind.[76] Jäkel kommt am Schluss seiner diachronen Untersuchung zu dem Schluss, dass man keine Entwicklung von der metaphernreichen zur metaphernarmen Wissenschaft feststellen kann – wie man mit Blickwinkel auf eine zunehmende „Rationalisierung" der Wissenschaft vermuten könnte.[77] Feststellbar ist allerdings eine zunehmende Selbstreflexivität, die eine Verwendung von metaphorischen Konzepten erklärt, die vereinfachen und bildlich/greifbar darstellen. Zudem bestehen viele verschiedene Metaphernkonzepte nebeneinander.

---

[73] Ebd., 329.
[74] Ebd., 329.
[75] Ebd., 331.
[76] Ebd., 333.
[77] Ebd., 336.

4. Raumdiskurse II: Die Räumlichkeit der Raumdiskurse

4.1 Kognitive Räume

Die Philosophie, insbesondere die analytische Philosophie, hat verstärkt in den 1980er- und 1990er-Jahren versucht, einen Anschluss an die Medizin und die Psychologie aufzubauen, um „Bewusstsein" und „Geist" des Menschen objektiv erklären zu können. Besonders die Wahrnehmung, ihre Grundlagen und Abläufe sowie die „Speicherung" des Wahrgenommenen und des Gelernten fand eine sehr große Aufmerksamkeit, die bis heute nicht abgeklungen ist. Besonders die „Hirntopologie", deren Ergebnisse in den 1980er-Jahren große Enttäuschungen bei Medizinern wie bei Geisteswissenschaftlern hervorriefen – man hatte gehofft, bestimmte Verhaltens- und Wahrnehmungsaktivitäten klar abzugrenzenden Arealen des Gehirns zuschreiben zu können –, verwiesen auf ältere Versuche der „Hirntopographie". Diese „Verortung" des Bewusstseins ist seit einigen Jahren wieder im Aufschwung, da man nicht mehr von diskreten Einheiten, die für Gehirnaktivitäten verantwortlich sind, sondern von räumlichen „Netzwerken", d. h. vom Zusammenspiel verschiedener *Areale* ausgeht, was wiederum ein modernes räumlich-visuelles Modell als Beobachtungsgrundlage voraussetzt.

Diese Theoriebildungen begleitete die Entwicklung immer besserer bildgebender Verfahren in der Medizin, d. h. von räumlichen Visualisierungsmitteln des Körpers und des Körperinneren. Während diese Abbildungsverhältnisse fast ausschließlich materielle oder Computerbilder betreffen, bildeten sich auch Diskurse, die sich mit abstrakten, vor allem sprachlichen Räumen und Bildern befassten. Vor allem in der Psycholinguistik[1] wird erforscht, wie wir Raumerfahrung sprachlich fassen können, in der Psychologie beschäftigt sich ein neuer Zweig damit, die Raumkognition, die Grundlagen der Raumwahrnehmung, zu erforschen.

Eine der wichtigsten und immer noch andauernden Debatten ist dabei die so genannte „Imagery-Debatte", die 1981 von Ned Block als eine der

---

[1] Vgl. WENZ 1997.

„hottest topics" der (jungen) Kognitionswissenschaften bezeichnet wurde.[2] Die der Debatte zugrunde liegende Frage in Bezug auf die menschliche Wahrnehmung ist, wie mentale Repräsentation funktioniert. Die „Piktorialisten", darunter Kosslyn, behaupten, es gäbe sowohl sprachartige als auch bildhafte Repräsentationen im Gehirn – die „Deskriptionalisten" hingegen, darunter Pylyshyn, gehen davon aus, dass es nicht zwei Arten von Repräsentationen im Hirn gebe, sondern alle mentalen Repräsentationen sich auf Sprache zurückführen ließen.[3] Die Deskriptionalisten berufen sich dabei häufig auf eine Anmerkung Gilbert Ryles, dass das „Sich-vor-dem-inneren-Auge-vorstellen" nicht impliziere, dass es tatsächlich auch „innere Bilder" gebe – dies sei eine Metapher.[4]

Insgesamt scheint die Imagery-Debatte einen alten Streit wiederaufleben zu lassen. Geht es hier um die Vorherrschaft von Schrift/Sprache vs. Bildlichkeit, ist der Streit zwischen dem propositionalen und dem anschaulichen Denken in Wirklichkeit viel älter.[5] Auf einer anderen Ebene findet man eine ähnliche Diskussion über die Unterlegenheit, die Gefährlichkeit und die pure Schmuckfunktion der Metapher (siehe Kapitel 3.2).

Schon Edmund Husserl vermied das Wort „Einbildungskraft", da es zu sehr auf den bildlichen Aspekt mentaler Vorgänge hinweist. Er bevorzugte die Begriffe „Vorstellung" oder „Vorstellungskraft", wobei der Vorstellung als mentalem Akt kein Wahrheits- oder Behauptungscharakter zukam.[6] Ein Großteil unseres Wortschatzes über Vorstellungen

---

[2] Vgl. die Übersicht in GOTTSCHLING 2003, 11f.

[3] EBD., 11.

[4] EBD., 17. Häufig wird auch Wittgenstein in diesem Zusammenhang zitiert: „Die Vorstellung ist nicht ein Bild." (WITTGENSTEIN 1995, PU 301). D. h. die Vorstellung ist keine Kopie eines äußeren Gegenstandes. Allerdings geht diese deskriptionalistische Deutung Wittgensteins von einer recht einseitigen „Kopie im Kopf" aus (was nach Ansicht des Autors auch nur eine Vorstellung bzw. eine Metapher ist). Der Streit der beiden Richtungen scheitert teilweise also daran, dass beide „Parteien" feste Vorstellungen und Metaphern ihrer Sichtweise haben. Vgl. SUTROP 2001.

[5] STÖCKL 2004, 6f. Stöckl argumentiert für ein „Miteinander" beider Richtungen, eine Ergänzung von Bild und Text.

[6] SUTROP 2001, 244. Ein Argument gegen die Annahme, die metaphorische Aufladung des Vorstellungsbegriffs würde etwas über die tatsächliche Bildlichkeit von Vorstellungen aussagen, ist der Hinweis darauf, dass auch Nicht-Sinnliches Vorstellungsinhalt sein kann. EBD., 248.

bzw. unsere Gedanken*welt* ist visuell (und damit auch räumlich) strukturiert. Die Visualität der Vorstellungskraft ist in vielen Kulturen sehr betont, was aber nichts über die wirkliche Beziehung von Vorstellung und Visuellem/Bildlichem aussagt. Statt die Vorstellung bzw. das „mentale Bild" als Abbild zu verstehen, sollte man den modellhaften Charakter von Vorstellungen und ihre Beeinflussung durch sprachliche und bildliche Vor-„bilder" miteinbeziehen.[7]

Manche Theorien gehen davon aus, dass z. B. beim Textverstehen ein „Mentales Modell" („cognitive map") erstellt wird. Die internale Perspektive des mentalen Modells ist diejenige, in der wir uns in der Vorstellung an den modellhaften Ort versetzen. Die externale Perspektive meint, dass keine räumliche Relation zum Vorgestellten gewählt wird.[8] Je nach Perspektive fällt die Konstruktion des mentalen Modells unterschiedlich aus.

Die Versuche der Philosophie und der Medizin bzw. Psychologie, interdisziplinär auf diesem Gebiet zusammenzuarbeiten, werden – wie kaum anders zu erwarten – unterschiedlich bewertet. Kaum mehr zu übersehen ist, dass diese Metatheorien selber Modelle (und damit häufig „Bilder" oder „Vorstellungen) entwerfen müssen, um das interdisziplinäre Forschungs*gebiet* bearbeiten zu können. Häufig fehlen dabei im wahrsten Wortsinne *Brücken*hypothesen, die beide Wissenschaftssysteme verbindet. Oft wird auch versucht, den „philosophischen Ideenraum"[9] durch die objektiven Daten des medizinischen/psychologischen Fachbereichs einzugrenzen. Das betont den kreativen Aspekt der Produktion von Vorstellungen (und auch Perspektivwechsel), die mit der Theoriebildung einhergehen. Die Perspektive der Medizin bzw. hier Psychologie setzt dem, so ihre eigene Perspektive, eine rational-ordnende Funktionalität entgegen.

---

[7] SACHS-HOMBACH 1995.
[8] HÖRNIG/CLAUS/EYFERTH 1997.
[9] Vgl. die Ausführungen von BARTELS/VOGELEY auf dem Symposium „Mental Engineering. Von den Vorstellungsbildern bis zur Gehirnforschung." (ZKM, Karlsruhe 2005).

4.2 Raum in der Phänomenologie

In der Phänomenologie wird getreu der Maxime „Zu den Sachen selbst"[10] der Raum als Siedelplatz, d. h. als Fundament zur Konstruktion, als Schutzraum für den Menschen, aber auch als Erlebensraum untersucht. Die Frage, wie und warum der Mensch Wohn- und Schutzräume schafft[11], wie er also seine Umgebung konstruiert, seine sinnliche Umgebung wahrnimmt, sind hier wichtig – und damit manchen Fragestellungen der Soziologie nicht unähnlich. Die Phänomenologie erhebt nicht den Anspruch, von mehr als nur Phänomenen, also Erscheinungen, zu sprechen. Das Erleben steht also im Mittelpunkt, wobei das Erleben der Welt, der Lebensraum, und die Vorstellung der Dinge in den Vordergrund treten.

Dabei wird die Welterfahrung auf das Subjekt, seine Körperbezogenheit hin untersucht. Man könnte auch sagen, der phänomenologische Raum wird aus der Sicht des Subjekts und seiner Erfahrung im Raum erforscht.[12]

Bachelard betont die Einbildungskraft als tiefstes menschliches Vermögen, das es den Menschen ermöglicht, in den Dichtungen aller Sprachen positiv besetzte, intime Räume bzw. Behausungen zu finden, die sich als fiktives „Zuhause" in der Vorstellung erleben lassen. Beispiele dafür sind das Haus, das Nest, die Muschel, der (Schlupf-)Winkel.[13] Neben den materiellen Bildern sind es laut Bachelard vor allem die Vorstellungsbilder und sprachlichen Bilder, die unmittelbar wirken und „geschichtslos" sind. Will man vermeiden, von archetypischen Bildern auszugehen, die universell in uns vorhanden sind, muss man von einer unmittelbaren Wirkung ausgehen, die auf dem kulturellen Vorwissen des Rezipienten und zugleich auf der Ausdrucksstärke und Abstraktheit/ Einfachheit dieser Bilder beruht. Es scheint also, folgt man Bachelard, bestimmte Bautypen von Räumen zu geben, die uns je nach kultureller Prägung ansprechen. Bachelard erklärt diese „transsubjektive Geltung

---

[10] CAPURRO (o. J.)
[11] Vgl. BLUMENBERG 1996B.
[12] Vgl. MERLEAU-PONTY 1966.
[13] BACHELARD 1987, 8. Vgl. dazu auch Kapitel 5.1.1.

des Bildes" jedoch leider nicht wissenschaftlich.[14] Für ihn liegt das Bildliche vor dem Denken, er sieht in Bildern eine Urkraft, die sich nicht
begrifflich einholen lässt. Er zeigt explizit einen starken Bezug zu C.
G. Jungs Archetypenlehre, sein Versuch, sich für die Einbildungskraft
und die Bildlichkeit stark zu machen, verbleiben damit jedoch auf einer
nicht-wissenschaftlichen Ebene.

Einen interessanten Ansatz, der Phänomenologie und poststrukturalistische Theorien zusammenzubringen versucht, ist die Phänomenologie
Bernhard Waldenfels'. Er entwirft eine Phänomenologie des Fremden,
des Anderen in Anlehnung an Merleau-Ponty. Räumliche Metaphern
wie „Grenze", „Schwelle", „Drinnen"/„Draußen" spielen dabei eine
ähnlich wichtige Rolle wie beispielsweise bei Derrida (vgl. Kapitel 5.8).

Die Horizont-Metapher ist wie die Schwellen- und Grenz-Metapher in
der Raumdimension verwurzelt. Grenze und Horizont unterscheidet ihre
unterschiedliche Passierbarkeit. Hinter der Grenze ist etwas kategorial
gleiches bzw. vergleichbares – hinter dem Horizont bzw. auch hinter der
Schwelle nicht.[15] „Ohne Position kein Horizont, der an die Begrenztheit
meiner Perspektive und die Fülle anderer Möglichkeiten erinnert; ohne
Horizont keine Position, die das Eigene vom anderen abhebt."[16] Das
Denken „*der* Grenze" ist auch ein Denken „*an der* Grenze".[17] Waldenfels
greift dieses Thema des „Drinnen und Draußen" bei Derrida auf, wendet es aber auf den zwischenmenschlichen Bereich an.[18] Damit lässt sich
auch der Bereich der aktiven „Ein- und Ausgrenzungsmechanismen"[19],
sowohl zwischen Menschen, aber auch im abstrakten Sinne, z. B. bei der
Kanonbildung, beschreiben.

---

[14] EBD., 9.
[15] SCHÖNING/WEINBERG 2004, 199.
[16] EBD., 204.
[17] WALDENFELS 1990, 28.
[18] EBD., 28.
[19] EBD., 29.

4.3 Soziale Räume

Die „Raumvergessenheit" und ihre Kompensation ist in der Soziologie ein aktuelles Thema.[20] Interessant ist dies auch für die philosophische Betrachtung, da sich beide Systeme historisch wie methodologisch betrachtet in vielen Gebieten berühren und der *Spatial Turn* beide Disziplinen betrifft. In der Soziologie ist in den letzten Jahren anhand der Publikationen zum Thema „Raum" erkennbar, dass ein großes Interesse bzw. ein Nachholbedarf besteht, Verräumlichung in einem konkreten Sinne, klassischerweise in der Architektursoziologie[21], aber auch im abstrakten Sinne zu thematisieren. Schroer beoachtet eine Vermehrung der Raumkonstruktionen, der politischen, urbanen, virtuellen Räume, sogar der Körperräume, die das Interesse der Forschung geweckt zu haben scheint.[22] Diese Raumkonstruktionen, die untersucht werden, können sowohl aus dem wissenschaftlichen Bereich selbst stammen, aber auch aus nicht-wissenschaftlichen Bereichen wie der Kunst, der Religion usw.

Ein Grund für die „Raumvergessenheit" vieler Wissenschaften, hier der Soziologie im speziellen, wird in der „Lebensraum"-Metaphorik des Nationalsozialismus gesucht. Neben der negativen Konnotation der politischen und gewaltsam eingenommenen Expansionsräume, die auf einen realgeschichtlichen Raum referiert, steht der Raum in der Moderne aber auch zunehmend für „Immobilität, Stagnation und das Reaktionäre, für Stillstand, Starre und Festigkeit" – im Gegensatz zur „Zeit", die für „das Mobile, Dynamische und Progressive, für Veränderung, Wandel und Geschichte" steht.[23] Der Raum diente damit lange Zeit nur als Hintergrund der eigentlichen kulturellen Geschehnisse, der in der Postmoderne nach der Zeit seiner geografischen Entdeckung überwunden und entgrenzt werden soll – im Hyperraum der virtuellen Welten, der ortlosen Netzwerke usw.

Die etymologische Bedeutung des Wortes „Raum" geht auf das

---

[20] SCHROER 2006.
[21] Vgl. SCHÄFERS 2003.
[22] SCHROER 2006, 12.
[23] EBD., 21.

„Räumen" zurück, also „einen Platz schaffen" bzw. „einen Siedelplatz schaffen".[24] Dieses Verständnis des Raumes führt uns zurück zu der Unterscheidung verschiedener Raumvorstellungen bzw. -theorien.

In der Beschreibung sozialer Räume – realer wie abstrakter Räume – findet man sowohl implizite als auch explizite Vorstellungen absoluter und relativer Raummodelle, d. h. Orientierungen am „Behälter-Raum" und dem „relationalen Ordnungsraum".[25]

Wie wir im Kapitel zu Luhmann sehen werden (Kapitel 5.9), konstruieren viele Theorien ihre Forschungsobjekte räumlich bzw. ordnen sie räumlich an. Dabei lassen manche Theorien offen, ob sie bewusst räumlich konstruiert sind, aber auch, aufgrund welcher Raumtheorie sie funktionieren. Die Untersuchung der genutzten Metaphorik (siehe auch Kapitel 3.1) verrät dabei oft die zugrunde liegende räumliche Schematik, aber nicht immer ist diese so explizit ausgeführt, dass man sie lückenlos nachweisen könnte.

Neben der Frage, wie Theorien des Sozialen Wissen verorten, ist auch die Frage grundlegend, wie Menschen, Gesellschaften bzw. Kulturen „Raum" als Anschauungsform nutzen. Für Emile Durkheim sind Kategorien wie „Raum", ganz im Gegensatz zu Kants Auffassung, sie wären a priori verfügbar, sozialen Ursprungs, d. h. gesellschaftlich hergestellt. Das hieße, der Mensch würde erst die Kategorien zur Bewertung und Einteilung seiner Umwelt in seiner jeweiligen Kultur und durch Bildung erwerben, statt – wie Kant nahe legt – mit grundlegenden Kategorien/ Maßstäben von vornherein ausgestattet zu sein.

Georg Simmel beschäftigte sich sehr ausführlich mit dem Thema Raum und berücksichtigte sowohl die Auswirkung der räumlichen Gegebenheiten auf das Soziale als auch die „soziale Erzeugung des Raums" durch die Gesellschaft.[26] Simmel konzipiert Raum dabei vornehmlich als „Behälterraum", der als an sich „wirkungslose Form" gesellschaftliche und „seelische Inhalte" transportiert.[27] „Nicht der Raum, sondern die von

---

[24] EBD., 29.
[25] EBD., 47.
[26] EBD., 62. Vgl. SIMMEL 1995A.
[27] LÖW 2001, 58.

der Seele her erfolgende Gliederung und Zusammenfassung seiner Teile hat gesellschaftliche Bedeutung."[28] Der Raum dient hier als psychologisches Schema zur Welterfassung bzw. ist „nur eine Tätigkeit der Seele, nur die menschliche Art, an sich unverbundenen Sinnesaffektationen zu anschaulichen Anschauungen zu verbinden."[29] Dem Raum kommt bei Simmel in einem sehr konkreten Sinne aber auch eine große Bedeutung für das Gemeinschaftsleben, für das Beieinander-Sein zu. Simmel beschreibt dazu die Formen bzw. Lokalitäten des sozialen Lebens, z. B. die Formung gesellschaftlicher Räume wie Kirchen, Kasernen usw., die jedoch für etwas Abstraktes stehen (Religion, Staat usw.).[30]

Die klassische Soziologie verwendet also das Vorstellungsbild des absoluten Raumes, um den Lebensraum als Grundlage für Gesellschaft, aber auch Gesellschaft als Raumkonstrukteur zu beschreiben. In einem eher abstrakten Sinne taucht der Raum ähnlich wie bei Kant als Erkenntnisform auf.

Pierre Bourdieu bedient sich räumlicher Metaphern, um gesellschaftliche Phänomene, Konstanten und Bereiche zu differenzieren. In seinem wohl bekanntesten Werk, „Zur Soziologie der symbolischen Formen"[31], bezieht er sich direkt auf die kulturphilosophischen Ansätze Ernst Cassirers in dessen „Philosophie der symbolischen Formen".[32] Dabei werden philosophische Grundfragen in einem sehr abstrakten soziologischen Rahmen betrachtet. Die Rede ist z. B. von der „Struktur des kulturellen Feldes", vom „intellektuelle[n] Kräftefeld".[33] Im Anschluss an Panofsky gewinnt er den Begriff des „Habitus"[34], der – als Begriff selbst nicht räumlich gestaltet – eine Position zwischen den räumlichen Modellierungen Bourdieus einnimmt. Bourdieu schafft damit einen Vorstel-

---

[28] SIMMEL 1908, 615.

[29] EBD., 616.

[30] Vgl. SIMMEL 1995B.

[31] Vgl. BOURDIEU 2003.

[32] Vgl. CASSIRER 1973.

[33] BOURDIEU 2003, 76.

[34] EBD., 132. Bourdieu geht sehr explizit auf die Verknüpfung von Architektur und Philosophie in Panofskys Vergleich der gotischen Architektur und der scholastischen Philosophie ein. Die verräumlichende Sprache mag daher rühren. Vgl. PANOFSKY 1989.

lungsraum räumlich strukturierter Felder bzw. Diskurse, in denen sich bestimmte Denker, Haltungen, Ideen usw. im Verhältnis zueinander anordnen, ausrichten und sich gegenseitig beeinflussen. Der Habitus wird aber auch beschrieben als „ein System verinnerlichter Muster [...], die es erlauben, alle typischen Gedanken, Wahrnehmungen und Handlungen einer Kultur zu erzeugen [...]."[35] Bourdieu ist es also durchaus möglich, Habitus unräumlich zu definieren, als ein „modus operandi", der als Schema dafür sorgt, dass gesellschaftliche/kulturelle Formen entstehen.

In einer „Verortung" des Heideggerschen Denkens[36] versucht Bordieu, den „politischen Raum", in dem Heidegger sich bekanntermaßen bewegt hat, mit dem „philosophischen Raum", den er besetzt hat, zu vergleichen.[37] Ihn interessiert weniger die ideologische Frage, welcher Gesinnung Heidegger war, sondern seine Stellung innerhalb eines „philosophischen Produktionsfeldes", eines „universitär-akademischen Feldes", einer Professoren-„Landschaft", aber auch eines politischen „Macht-Feldes"[38] und eines „ideologischen Produktionsfeldes"[39] des beginnenden 20. Jahrhunderts. Im Vordergrund steht also nicht die Person Heidegger oder dessen Thesen, sondern die Form, der Habitus, die zu ihrer Entstehung geführt haben. Damit wird das System Philosophie – ähnlich wie bei Luhmann – unter gesellschaftlichen Aspekten untersucht, um eine Art gesonderten Raum, eine Art plastisches „Milieu" beschreiben zu können.

Denker positionieren sich im philosophischen Raum, so Bourdieu, durch Kenntnis desselben, was ermöglicht, „den philosophischen Raum aus[zu]leuchten" und „sich gegenüber den bereits markierten Positionen zu demarkieren"[40], d. h. different zum bislang Verorteten zu sein, sich aber dennoch im gleichen Raum zu platzieren.

---

[35] BOURDIEU 2003, 143.

[36] Vgl. BOURDIEU 2005. Die Thematisierung des Heideggerschen Denkens mag hier nur als Beispiel dienen. Auffällig ist jedoch auch hier die Wahl eines Denkers, dessen Werk vor räumlichen Metaphern voll ist.

[37] EBD., 14.

[38] EBD., 15.

[39] EBD., 34.

[40] EBD., 49.

Nicht ganz klar wird, inwiefern „soziale und mentale Räume"[41] bei Bourdieu zu trennen sind bzw. ob die räumlichen Metaphern ausgearbeitete Schematisierungen soziologischer Metawahrnehmung sind oder gelegentliche räumliche Beschreibungshilfen darstellen.

Bei Luhmann spielt das Thema „Raum" als Untersuchungsgegenstand oder Schema keine große Rolle mehr. Der Blick der Soziologen scheint dabei allerdings auch besonders auf anwendungsnahe Begriffe fokussiert zu sein.[42] Allerdings wird gerade bei Luhmann ein zwar abstraktes, aber doch sehr einfaches räumliches Vokabular eingeführt, das Logik und Räumlichkeit verbindet, wie später noch zu zeigen sein wird (vgl. Kapitel 5.9.3). Luhmann vertritt einen Gesellschaftsbegriff, der unabhängig ist von physischen und territorialen Fragen.[43] Er versucht, das Funktionieren und das Zusammenspiel von Gesellschaft, ihre Denkform, auf hoch theoretischer Ebene zu erklären. Dabei ist er so weit es möglich ist historien- bzw. landesunabhängig, um Grundformen der Gesellschaft im Allgemeinen erkennen zu können (im Gegensatz dazu gehen andere Theorien von einer Vielzahl von „realen" Gesellschaften in Raum und Zeit aus). Insofern kann man Luhmanns Ansatz als „antiregionalistischen" und „radikal konstruktivistischen" ansehen.[44]

Auch für einen sehr abstrakten und theoretischen Ansatz bietet die Soziologie Differenzkriterien, um Räume und Beziehungen zu beschreiben. So ist die Unterscheidung in nah und fern, regional und überregional, vertraut und fremd, auch im Hinblick auf virtuelle Räume, die neuerdings ein Gegensatzpaar mit den „realen" Räumen zu bilden scheinen, der Terminologie der Soziologie vertrauter als der der Philosophie.

Schroer beobachtet beispielsweise, dass ein Problem der differenzierten Beschäftigung mit Raum darin besteht, dass der nahe Raum privilegiert wird, da der fremde, ferne Raum exotisch und feindlich scheint.[45] Dies thematisieren auf einer abstrakten Ebene auch Theorien, die sich

---

[41] EBD., 56.
[42] Vgl. SCHROER 2006, 132.
[43] EBD., 133.
[44] EBD., 47.
[45] EBD., 11.

explizit räumlich gestalten, indem sie beispielsweise die Frage nach „-zentrismen" und vernachlässigten „Rändern" stellen (vgl. Kapitel 5.8), sowohl in geografischer, politischer, ethnischer, aber auch methodologischer Hinsicht. So stellt das Andere und Fremde in einem Diskurs meist prima facie etwas Bedrohliches dar, das auszugrenzen ist. Umgekehrt sucht die Wissenschaft immer nach „Neuland", das es zu entdecken gilt und ohne das man die Weiterentwicklung (d. h. räumliche Veränderung) nicht mehr garantieren kann.[46]

Sloterdijk hat versucht, diese Entwicklung der sozialen Raumvorstellungen in seiner Sphären-Trilogie zu kategorisieren und verweist auf den „Immunsystemcharakter" sozialer „Zellen", die räumlich organisiert sind.[47] Damit werden die Räumlichkeit sozialer Systeme und die Abgrenzungsvorgänge, die darin stattfinden, auf einen weiteren Metaphernbereich, nämlich die Biologie und die Medizin, erweitert.

Damit verknüpft ist auch die Thematik der eskapistischen Räume, die beispielsweise in der Utopie beschrieben werden (siehe Kapitel 5.1.4).

4.4 Literaturwissenschaft und Topographie

Erstaunlicherweise hat sich die Literaturwissenschaft bislang kaum mit der „Verortung" des Wissens – einmal abgesehen von medientheoretischen Themen – beschäftigt. Der Band „Topographien der Literatur"[48] ist ein erster groß angelegter Versuch, Literatur und Ort/Raum wissenschaftlich in Beziehung zu setzen. Er orientiert sich am so genannten *Topographical Turn*, der vor allem von den Kulturwissenschaften protegiert wird. Insofern spricht Böhme auch von einem „Nachholbedarf topographischer Diskursbildung".[49] Dabei ist die Besinnung auf den Raum eine Rückbesinnung auf den Ursprung der Philosophie, auf die „symmetria und symphonia"[50] des abendländischen Logos. War seit dem 18. Jahrhundert die Aufmerksamkeit wissenschaftlicher Betrachtungen häufig

---

[46] Siehe dazu auch die (metaphorische) Unterscheidung fest/flüssig, die Simmel auf die Kultur anwendet. Vgl. SIMMEL 1911.
[47] SLOTERDIJK 2004, 252.
[48] Vgl. BÖHME 2005A.
[49] BÖHME 2005B, XI.
[50] EBD., XII.

auf die Zeitlichkeit gelenkt, erlebt nun die Fokussierung des Raums, der räumlichen Ordnung eine Renaissance.

Böhme sieht Bewegung als diejenige Kategorie, die Raum und Zeit überhaupt erst konstituiert. „Am Unbewegten können wir weder Raum noch Zeit begreifen, ja, nicht einmal sagen, *daß* es ist. Daß aber dem Unbewegten Sein, ja *das* Sein überhaupt zugesprochen wurde, ist eines der größten Verhängnisse der Metaphysik nach Parmenides."[51] Dennoch sind kulturelle Phänomene/Kulturen nur in ihrer zeitweiligen Formung/ Stabilität beobachtbar, in ihrem Wandel, aber auch ihrer jeweiligen zeitlichen und räumlichen Ausformung.

Böhme sieht Kultur als Topo-graphie, als Entwicklung von Ausdrucksformen, Zeichen, Einschreibungen, Raumkerbungen (Deleuze) usw.[52] Topo-graphien werden hier als „semiotisch organisierte[r] Raum", als „Aktionsraum", als „Aufzeichnungssysteme", „Verortungen und Bahnungen", „Raumordnungsverfahren zur Kultivierung, Zivilisierung" gesehen. Im Mittelpunkt stehen jedoch keine abstrakten Räume, sondern Bezüge zu realen Landschaften usw. sowie zu realen Medien und ihren Effekten.

4.5 Der „Denkraum" in der Konstellationsforschung

Konstellationsforschung ist eine von Dieter Henrich entwickelte Methode, in der Theorieentwicklungen und kreative Impulse untersucht werden, die aus dem Zusammenwirken von unterschiedlichen Denkern in einem gemeinsamen ‚Denkraum' [Hervorhebung CFH] entstehen. Für die Rekonstruktion des frühen Deutschen Idealismus entworfen, hat dieser Forschungstyp mit bisher ungekannter Detailliertheit philosophische Entwicklungen aus Briefdokumenten, Rezensionen, Werkfragmenten und erschlossenen Gesprächslagen heraus freigelegt. Zwischen den großen Gestalten und Systemen sucht er auf detektivische Weise nach ‚missing links', verborgenen Weichenstellungen und wechselseitigen Einflüssen.[53]

---

[51] EBD., XIV.
[52] EBD., XVIII.
[53] MULSOW/STAMM 2005, 7.

Der Denkraum der Konstellationsforschung ist also ein vorgestellter Raum, in dem verschiedene Textsorten bzw. Texte, Autor(inn)en und Ereignisse in ihrem Zusammentreffen dargestellt werden, um eine Lage oder Situation zu einer bestimmten Zeit/einer bestimmten Zeitspanne erklärbar zu machen. Dabei sollen die Zusammenhänge zwischen den Elementen wiederum die Bedeutung der einzelnen Elemente verdeutlichen; Zwischenräume und Nischen sollen ausfindig gemacht werden, die durch die Dominanz von Untersuchungsschwerpunkten bislang nicht sichtbar waren oder nicht gesehen wurden. Man kann also sagen, dass die Konstellationsforschung versucht, eine historische Lage zu beschreiben, in der biographische und textuelle Elemente in ihrer Beziehung zueinander neu gewichtet bzw. verortet werden.

> Eine philosophische Konstellation kann man definieren als dichten Zusammenhang wechselseitig aufeinander einwirkender Personen, Ideen, Theorien, Probleme oder Dokumente, in der Weise, dass nur die Analyse dieses Zusammenhanges, nicht aber seiner isolierten Bestandteile, ein Verstehen der philosophischen Leistung und Entwicklung der Personen, Ideen und Theorien möglich macht.[54]

Die eigentlich geplante Anwendung dieses Forschungskonzepts auf (post)moderne und internationale „Denkräume" wurde bislang noch nicht realisiert, dies steht nach Angaben der Forscher um Henrich noch aus.[55]

Schon Max Weber nutze in seiner Methodologie den Begriff „Konstellation", um „in einer historischen Situation das Ensemble von Faktoren namhaft zu machen, auf die sich das historische Erkenntnisinteresse konzentriert."[56] Im Gegensatz zu einer solchen statischen Begrifflichkeit ist Henrich geneigt, den Begriff der Konstellation, den er definiert, in „Di-Kon-Stellation"[57] umzubenennen, um ihrer inneren Dynamik und Differenz Rechnung zu tragen. Er will damit spezifische Dialek-

---

[54] MULSOW 2005, 74.
[55] Vgl. MULSOW/STAMM, 11. Untersuchungen zum Wiener Kreis, sowie zu Foucault und Deleuze sind nach Aussage der Herausgeber geplant.
[56] HENRICH 2005, 28.
[57] EBD.

tiken und Syntheseleistungen bestimmter Denk*richtungen* benennen, beispielsweise die gleichzeitige Affinität zu Ideenkomplexen mit gleichzeitiger Distanzierung von denselben, wie er es am Beispiel Hegels oder Schellings zeigt.

Stamm stellt sich die Frage, inwiefern Konstellationsforschung „ein genuin philosophisches Verfahren" ist.[58] „Konstellationsforschung versteht sich als ein Verfahren der Analyse und Interpretation, dessen Gegenstand ein diachroner philosophischer ‚Text' im weitesten Sinne ist: Das Untersuchungsobjekt ist eine *systematische* Problemanordnung (in diachroner Gestalt) beziehungsweise ein aus dieser Problemanordnung hervorgehender Argumentations- und Theorieverlauf."[59] Bemerkenswert ist, dass die räumliche, im allgemeinen Vorstellungsbereich synchrone Darstellungsweise verzeitlicht wird, indem sie in verschiedenen Zeitebenen, also diachron betrachtet wird. Man könnte sagen, unter Einbeziehung des Faktors Zeit wird der Denkraum zum Darstellungsmittel sowohl synchroner als auch diachroner Betrachtungsweisen: Er kann statische Zusammenhänge wie auch Entwicklungen, also „Bewegungen" darstellen. Durch die Metapher des Denk*raumes* ein wenig verdeckt, wird also versucht, mehr als nur eine räumliche Konstellation darzustellen.

Stamm differenziert deshalb eine interne/statische und die externe/dynamische Betrachtungsweise eines Denkraumes. „Der Denkraum ist, statisch betrachtet, ein abstraktes Kräftefeld konzeptueller und argumentativer Ressourcen, ein Gravitationsfeld von Begriffsformen."[60] Aber „Denkräume ebenso wie die auf sie aufbauenden Konstellationen werden nicht nur als Objekte mit einer internen Entwicklungsgeschichte, als immanent diachrone Entitäten, verstanden. Denkräume entstehen und stehen in Motivationskontexten."[61]

Die eigentlichen Elemente, die den Denkraum konstituieren bzw. in ihm in Beziehung gesetzt werden, können dabei durchaus nicht-begrifflicher

---

[58] STAMM 2005, 31.
[59] EBD., 33.
[60] EBD., 36.
[61] EBD., 36.

Art sein. Der Denkraum wird also auch durch Metaphern gebildet. „Dieses Methodenkonzept geht von der Grundannahme aus, dass die Interpretation von philosophischen Texten, von literarisierten Problemen, Argumentationsverläufen, aber auch von ganzen Theorieentwicklungen etc. unter der Voraussetzung und im Zuge ihrer philologisch-exegetischen Erschließung um eine systematische Perspektive erweitert werden kann: Die Interpretation verlangt die Erschließung und Rekonstruktion eines *Denkraumes*, in den die fragliche Problemstellung oder der argumentative Prozeß gestellt sind. In Analogie zum ‚logischen Raum', der durch einen Begriff eröffnet wird [...], eröffnen Theorieansätze, Modelle und Bilder, aber auch ‚prototheoretische' Metaphern (wie zum Beispiel ‚das Innere und das Äußere') etc. ganze Denkräume. Diese Denkräume werden durch ihren jeweiligen theoretischen beziehungsweise argumentativen Kern *bestimmt*."[62]

Stamm betont die dynamische Räumlichkeit des Konzepts, die genealogische Entfaltung desselben anhand eines „theoretischen Referenzpunkt[es]"[63], begründet die methodische Metapher des Denkraumes aber nicht. Es muss die Frage gestellt werden, ob die Metapher der Konstellationsforschung selbst nur eine prototheoretische ist, da sie ihre räumliche Konzeption häufig selbst durchbricht.

„Konstellationsforschung hat systematisch gesehen zwei Einsatzpunkte: Einen ersten in der nichttrivialen genetischen Erklärung der Ausbildung von Denkräumen aus Motivationslagen, einen zweiten in den nicht ausschließlich analytisch einholbaren Extrapolationen eines dynamisch rekonstruierten Entwicklungspotentials."[64] Der Denkraum ist also zum einen ein absoluter Raum, in dem die Genese innerer Strukturen dargestellt werden kann; er kann aber auch dynamischer Raum sein, der hypothetische und prototheoretische Entwicklungen visualisiert. Stamm unterscheidet in die „systematisch orientierte Analyse" des systematischen Denkraumes, und, wichtiger, des nach außen offenen „Problemraumes", der wesentlich mehr Differenz, Dynamik und Kontingenz (d.

---

[62] EBD., 35.
[63] EBD.
[64] EBD., 39.

h. alternative Entwicklungs- und Deutungsmöglichkeiten) beinhaltet.[65] Die Konstellationsforschung soll nicht nur eine weitere Möglichkeit sein, einen „Denkraum" systematisch zu erschließen, sondern zugleich Problemlagen und Modifikationen des Denkraumes in sich selbst zu erkennen.[66] Man kann hier durchaus methodische Bezüge zur Diskursanalyse erkennen, die – sprachlich betrachtet – ebenfalls räumliche Metaphern nutzt, um Entwicklungen und Bezüge darzustellen. Mulsow spricht offen die Differenz zur Diskursarchäologie an: Letztere halte sich strikt an die „Oberfläche" des Diskurses, die Aussagen, Texte, „Performanzen".[67] Die Konstellationsforschung hingegen „scheue" sich nicht vor einer *Tiefendimension*, die Personen, Motive, Gespräche mit einschließt. Zusätzlich spielt sie auch mit der Dimension des Möglichen, entwirft (kontingente) Plots des Denkraumes.

Neben der systematischen Ausdifferenzierung eines Denkraumes, einer Konstellation, ist auch die „immanente Kritik", die „Transformation", „Überformung" oder gar die zum analytischen Typ der Konstellation entgegengesetzte „synthetische Konstellation" erkennbar, die als „Typologie" für Konstellationen gelten soll.[68] Der Denkraum besitzt eine innere, unsichtbare Ordnung der Wichtigkeit, in der der Mittelpunkt, das Zentrum, die an sich wichtigste, die Ränder eine eher unwichtige Rolle spielen. Doch in der Konstellationsforschung sollen auch die Autoren und Texte, die am Rande verortet waren, in das Gesamtbild miteinfließen. „An den **Rändern** [Hervorhebung CFH] einer Konstellation können sich, verkürzt gesagt, Alternativkonzepte ‚geschützter' ausbilden als im Debattenzentrum. Die Innovation erfolgt von der Peripherie her."[69]. Die Konstellationsforschung versucht zugleich, bislang unbekanntes historisches Material aufzufinden und es in die Konstellation einzufügen, aber auch, „bereits bekanntes Material neu zu beleuchten und zu kontextualisieren."[70]

Die Konstellationsforschung will dabei nicht nur (biographische)

---

[65] EBD., 40.
[66] EBD., 41ff.
[67] EBD., 79.
[68] EBD., 45f.
[69] EBD., 47.
[70] EBD., 49.

„Figurenprofile" liefern – im Vordergrund steht immer noch die „Dokumentenkonstellation".[71] Es scheint, als wolle man neben dem lebendigen biographischen Raum, der die Autoren und Denker zeigt, nun auch die intertextuellen Bezüge sichtbar machen und ihnen Bedeutung zusprechen.

„Hypertrophe, hochgradig ausdifferenzierte Debattenverläufe, wie etwa die in weiten Bereichen der analytischen Philosophie", scheinen sich nicht für die Konstellationsforschung zu eignen – ebenso wenig wie Diskussionen, die noch nicht abgeschlossen sind.[72] Die Konstellationsforschung scheint also einen Blick von außen auf einen „ausgehärteten" Denkraum zu benötigen, der sich nicht mehr von sich aus verändert, jedoch genug Spielraum lässt, um ihn von außen beobachten und modifizieren zu können. Dabei ist die Beobachtung von außen nur eine metaphorische Konzeption.

„Man könnte dafür argumentieren, dass die Opazität eines Denkraumes für diejenigen, die *in* ihm stehen, daraus resultiert, daß diesen Autoren die Differenzerfahrung fehlt, die es ihnen erlauben würde, den besetzten Denkraum von außen zu betrachten."[73] Im Verlauf dieser Arbeit wird noch zur Diskussion stehen, inwieweit eine solche Außenposition überhaupt möglich ist bzw. neue Einblicke bietet. Festzuhalten ist, dass die Konstellationsforschung momentan noch Untersuchungsobjekte präferiert, die die logischen Implikationen und Probleme einer solche „Außenposition" selber noch nicht in Erwägung gezogen haben (siehe dazu auch Kapitel 5.8 und 5.9). Dadurch ist die Konstellationsforschung in der Lage, ein Bild der objektiven Außensicht auf den abgeschlossenen Gegenstand zu entwerfen.

Der Begriff „Denkraum" bleibt bei aller Anschaulichkeit zuletzt ein leerer Begriff, da er nur eine vage Vorstellung davon bietet, in welcher Weise Konstellationsforschung räumlich darstellbar sein will und konsequent sein kann. Die Ergebnisse dieser Methodik jedenfalls sind nicht räumlich repräsentierbar, jedoch die Metaphern des Sehens, der (Un)Durchsichtigkeit und der Räumlichkeit, die selbst in der Sekundärlitera-

---

[71] EBD., 48.
[72] EBD., 58.
[73] EBD., 65.

tur über die Konstellationsforschung genutzt werden, sollen nahe legen, dass es sich um mathematisch genaue Maßstäbe und Phänomene handelt (so z. B. „Opazität" und „Extrapolation"). Der Denkraum selbst erscheint als Koordinatensystem, in dem die Phänomene eingetragen, d. h. „verortet" werden können.

Mulsow weist jedoch auf die Dynamik und die zeitliche/narrative (Plot-)Struktur von Konstellationen hin, die er gegen die Statik von Metaphern abgrenzt. Er nimmt dabei Bezug auf Hayden Whites „Metahistory".

Füssel stellt den Konstellationen und Denkräumen die philosophischen Felder Bourdieus gegenüber.[74] „Soziale Felder stellen sich für Bourdieu als relationale Machtkonfigurationen dar, in denen sich je eigene historisch gewordene soziale Logiken und Regelsysteme ausgebildet haben."[75] Es gehe vor allem um die Autorität, andere leitende Interessen seien lediglich Illusionen. Bourdieu verwirft die Trennung „zwischen internen und externen Faktoren in der Produktion wissenschaftlicher Erkenntnis".[76] Die interne Sichtweise lässt nur den Textkorpus zu, kein soziales Außen, das für die Interpretation nötig wäre. Die externe Sichtweise hingegen rekurriert derart auf die äußeren Umstände, dass der Text nur noch auf seine sozialen Kontexte hin wahrgenommen wird. „Mit Hilfe des Feldbegriffs versucht Bourdieu nun, diese Dichotomie zu überwinden. Für ihn ist die Praxis des Wissenschaftlers, in unserem Fall des Philosophen, weder vollständig autonom noch einseitig durch externe gesellschaftliche Faktoren, wie politische oder ökonomische Imperative, bestimmt, sie ist vielmehr in sich selbst eine genuin soziale Veranstaltung."[77] Bourdieu verweist dabei auf die gleichen strukturalistischen Wurzeln wie Derrida (den man als Internalisten bezeichnen kann), wenn er Bedeutung im wissenschaftlichen Feld durch Differenz erklärt: „Vor dem Hintergrund des differenztheoretischen Axioms, dass ein Element nur innerhalb einer relationalen Struktur, zu deren Konstitution es selber beiträgt, seine Be-

---

[74] Vgl. FÜSSEL 2005, 189.
[75] EBD.
[76] EBD., 190.
[77] EBD., 191.

deutung erhält, müssen auch die Texte und Akteure einer Konstellation nicht als aus sich heraus bedeutungstragend begriffen werden, sondern im Kontext ihrer feldspezifischen Stellung, also nur in Abgrenzung zu anderen Positionen."[78]

Zum Begriff des Feldes entwickelt Bourdieu den Begriff des Habitus, „ein System von Denk-, Wahrnehmungs- und Handlungsschemata"[79], um die sozialen Akteure genauer beschreiben zu können. Auch Füssel fällt auf, dass sowohl Konstellationsforschung („Denkraum", „logischer Raum", Kräftefeld") als auch Bourdieus Feldtheorie „eine starke Betonung räumlicher Metaphorik" teilen.[80] Warum dies so ist, spielt aber auch in ihrer Betrachtung keine Rolle.

Die Konstellationsforschung, so könnte man abschließend sagen, ist sich selbst ihrer Form nicht bewusst. Die verwendeten Metaphern/Bilder zeugen davon, dass dies ein blinder Fleck der Methodik ist.

4.6 Denkform und Denkmodell

Der Begriff der Form (lat. „forma") hat seine Anfänge in der antiken griechischen Philosophie, wo er als „eidos" oder „morphe" auftaucht. Er meint soviel wie die äußere Gestalt, die innere Struktur oder Hohlkörper/Gießform. Damit bildete er einen Gegenbegriff zum Materie-Begriff, mit dem er lange dualistisch verbunden war. Bei Aristoteles ist der Formbegriff aber auch schon in einem abstrakteren Sinne einer Klassifikation von Art oder Gattung verstanden worden, was an die moderne Unterscheidung von Form und Inhalt erinnert, die beispielsweise auf Texte anwendbar ist. Der Begriff der Form ist häufig konkret räumlich definiert und angewendet worden, aber auch im metaphorischen bzw. abstrakten Sinne.

Hans Leisegang hat versucht, Erkenntnis und Logik auf bestimmte Denkformen[81] zurückzuführen, die er als einfache, geometrisch beschreibbare Denkräume und -bewegungen darstellt. Denkformen sind

---

[78] EBD.
[79] EBD., 192f.
[80] EBD., 197.
[81] LEISEGANG 1951.

für ihn, wie man mit Kant sagen könnte, Schemata, mit denen wir unsere Objektwelt ordnen können, die also Erkenntnis überhaupt erst ermöglichen. Sie sind logische Formen, die allen Subjekten gleichsam zur Verfügung stehen und die Vernunft und Erfahrung zusammenzufügen vermögen.[82] Heute teilt man nicht mehr ohne weiteres Kants Annahmen, u. a. da dessen Kategorien bzw. Denkformen eine aristotelische Logik voraussetzen – sie wird als einzige Form der Logik und damit der Strukturierung des Gegenstandes dargestellt. Außerdem ist durch die Wissenschaftsgeschichte mittlerweile deutlich geworden, dass wissenschaftliche Anschauungsformen an ihre Zeit gebunden sind. Die Annahme allgemeingültiger Denkformen ist uns also mittlerweile suspekt geworden, genauso wie die Rückkehr in einen Subjektivismus.[83]

Leisegang versuchte, unterscheidbare historische „Denkformen" herauszuarbeiten, die für ihn die „Gesetzmäßigkeiten des Denkens" darstellen. Eine der ältesten Formen der Gedankenordnung ist für ihn der „Gedankenkreis", also ein zyklisches Schema, das z. B. in mythischen Kreislaufvorstellungen der Zeit, des Vergehens und Entstehens, aber auch im hermeneutischen Zirkel, in Theorien der Konjunkturzyklen usw. wirkt. Die Logik der Unterscheidung zweier Pole wird ergänzt um eine (nicht abschließbare) Bewegung der beiden Pole aufeinander zu, die Begriffe bleiben dynamisch.[84] Die dialektische Denkform, die er davon absetzt, sieht auf den ersten Blick sehr ähnlich aus, führt aber im Endeffekt nicht von der Thesis immer wieder zur Antithesis und zurück, sondern mündet schließlich in der Synthesis, die die beiden ersteren aufhebt. Das passende Bild ist die Spirale (oder der Hegelsche „Kreis von Kreisen", auf den Leisegang hinweist), die nie einfach nur einen Kreis beschreibt, sondern sich auch in eine Richtung entwickelt. Die Dialektik geht damit über die klassische Logik von Sein und Nicht-Sein hinaus, indem sie das Werden als „Drittes" einführt.[85]

Eine seit Platon ebenfalls sehr bekannte Denkform ist die Begriffspyramide – sie steht im direkten Gegensatz zur Dialektik, da sie kein

---

[82] POSER 1999, 25.
[83] EBD., 26.
[84] EBD., 30.
[85] EBD., 33.

Werden, sondern eine scharfe Klassifikation, d. h. scharfe Trennung von Objekten liefert. Die Pyramide dient nicht nur der Schaffung von Kategorien, zur Ordnung des Kosmos, sondern auch der Systematisierung der Wissenschaften selbst.[86] Von der Begriffspyramide unterscheidet sich wiederum die traditionelle „axiomatische Denkform", da sie Aussagen (nicht Begriffe) als unterste Ebene der Begründung des Wissens einführt. Diese werden gesetzt und müssen nicht geprüft werden, da sie als wahr einsichtig sind. Das dahinter stehende Weltbild geht von einer grundlegenden Erkennbarkeit der Welt aus, die nicht mehr thematisiert werden muss/kann.[87] Leisegang versucht darzustellen, dass es nicht nur eine Logik gibt, sondern mehrere. Dem Relativismusvorwurf *entkommt* er dadurch, dass jede Denkform ihr ursprüngliches Gegenstandsgebiet (und wohl auch ihre Zeit) hat. Das Reden über die Denkformen, also die Arten der Logik, ist also eine Art Wissenschaftsgeschichte.[88] Da die „axiomatische Denkform" an die aristotelische Logik gebunden ist, ist es in „reichhaltigeren" logischen Strukturen notwendig, die Urteilsstrukturen ebenfalls anzupassen bzw. zu ergänzen. Mit der Ausweitung der Logik tritt auch eine Relativierung der Denkformen zu Tage; Denkformen sind kreativ veränder- und erweiterbar.[89] Das Problem der Leisegangschen Denkformen ist, dass er annimmt, die „Polylogik" darstellen zu können, ohne eine eigene Logik benutzen zu müssen bzw. eine höherstufige Perspektive einnehmen zu müssen – fragt man von den Denkformen aus, die Leisegang beschreibt, stellt sich tatsächlich die Frage, ob seine Perspektive tatsächlich aus den beschriebenen Denkformen gewonnen werden kann, wie er annimmt.[90]

Karen Gloy hat Leisegangs Denkformen zum Anlass genommen, über die Formen abendländischer Logik, und damit über ihre Kontingenz, nachzudenken. Die Vormachtstellung der binären Logik, die, seit es sie gibt, auch Zweifel an ihrer Richtigkeit auf sich zieht, hat einige weit weniger erfolgreiche Formen wie die Modallogik, die epistemische Logik, verschiedene Arten der dreiwertigen Logik usw. als andere Logikmodel-

---

[86] Ebd., 34.
[87] Ebd., 36.
[88] Füzesi 1999, 45.
[89] Poser 1999, 38.
[90] Füzesi 1999, 49.

le, als „nichtklassische Logiken" nach sich gezogen.[91] Gloy betont die Unvereinbarkeit von wissenschaftlicher Beobachtung und binärer Logik (beispielsweise anhand des Widerspruchs der Doppelnatur des Lichts vs. die Identität eines Objekts mit sich selbst). Sie sieht im Weg vom mythos zum logos und der damit einhergehenden Festlegung auf eine klassische zweiwertige Logik eine Einengung der Perspektive, die der „Unschärferelation" und Perspektivität moderner Wissenschaft nicht mehr Rechnung tragen kann. Die klassische Logik als Form begrenzt also ihre Denkobjekte, die Form ist dem Inhalt nicht mehr angemessen bzw. macht nur einen Aspekt desselben sichtbar. Ein Ausweg aus dieser formellen Beschränkung sind für sie zum einen neue logische Modelle, die das binäre System ergänzen, erweitern oder in bestimmten Fällen außer Kraft setzen, zum anderen aber auch das Analogiedenken.[92]

Patrick Frei verweist hinsichtlich des anschaulichen Denkens, das Leisegangs Denkformen repräsentieren, auf die Bezüge der Denkformen zu Cassirers Philosophie der symbolischen Formen. Beide stellen sowohl die Begriffs- als auch die Anschauungsformen von symbolischen Formen dar.[93] „Formen sind hier nicht als Behälter für Inhalte zu verstehen, sondern als interpretierende Repräsentationsweisen von ihnen, die ganz bestimmte Aspekte der von ihnen objektivierten und vermittelten Inhalte hervortreten lassen und andere abschatten."[94] Ganz im Sinne Cassirers und Panofskys sind also symbolische Formen bestimmte Stile der Weltaneignung, durch Sprache und Sprachbilder geformter Zugang zur Welt. „Heute wird nicht nur in den Kulturwissenschaften, sondern auch in den Naturwissenschaften von unterschiedlichen Objektivierungsstilen bzw. Diskursstilen gesprochen. Diese werden dann keineswegs nur als unterschiedliche Darstellungsformen für identische Inhalte verstanden, sondern als unterschiedliche Denkstile, die zur Ausbildung eigenständiger Sinngestalten führen, deren Wahrheitsgehalt insofern nicht direkt gegeneinander abgewogen werden kann, als sie perspektivisch auf ganz andere Aspekte der jeweils ins Auge gefassten Phänomene Bezug

---

[91] GLOY 1999, 213.
[92] Vgl. EBD., 217.
[93] FREI 1999, 67.
[94] KÖLLER 2006, 7.

zu nehmen versuchen. Unterschiedliche wissenschaftliche Stile können dementsprechend dann auch als unterschiedliche kulturelle Stile der Weltaneignung verstanden werden."[95]

Denken im wissenschaftlichen Sinne kommt ohne Denkformen nicht aus. Letztere besitzen eine „sinnliche Valenz" und referieren nur teilweise auf die „Wirklichkeit".[96] Jörg Maas weist auf den Begriff des Modells im Bezug auf die Denkformen hin und distanziert sich dabei ausdrücklich von Skalenmodellen, die einen „Vorbild-, Abbild, Verweis- oder Nachbildungscharakter" haben.[97]

Der Begriff „Modell" stammt von it. „modello" bzw. lat. „modulus" = „das Maß" ab und meint eine materielle oder abstrakte Nachbildung eines Objekts. „Modul" dient seit dem Mittelalter als architektonischer Begriff und dient beispielsweise in Vitruvs *Baukunst* zur Beschreibung der Symmetrie- bzw. Proportionsverhältnisse.[98] Das Modell ermöglicht es auch, weltanschauliche und ästhetische Vorstellungen zu transportieren und zu tradieren.[99] Man kann zwischen Skalenmodellen, Analogmodellen und theoretischen Modellen unterscheiden. Skalenmodelle sind dabei vergrößerte oder verkleinerte Modelle, z. B. eines architektonischen Objekts, wobei Details weggelassen werden und die Grundstruktur dargestellt wird.

Analogmodelle hingegen versuchen, die Struktur und das Funktionieren eines Objekts genau wiederzugeben, wobei meist versucht wird, aus dem Modell Rückschlüsse auf das Funktionieren des Objekts zu gewinnen.

Während Skalen- und Analogmodelle meist materielle Modelle sind, kann das theoretische Modell nur ein virtuelles, vorgestelltes, im besten Falle versprachlichtes oder visualisiertes sein. Dabei werden die wichtig-

---

[95] EBD., 10.
[96] MAAS 1993, 3.
[97] EBD.
[98] VITRUVIUS POLLIO 1987. Vgl. auch MAHR 2003, 61. Le Corbusiers „Modulor" trägt das „Modell" gleich im Namen.
[99] MAHR 2003, 61. Mahr verweist auch auf den Kuhnschen Begriff der „disziplinären Matrix", der die Weitergabe von symbolischen Verallgemeinerungen, Modellen und Musterbeispielen meint.

sten Eigenschaften des Objekts erfasst und in einem möglichst kleinen bzw. abstrakten Paket von Gleichungen oder Annahmen wiedergegeben, die meist sehr anschaulich sind (man denke an das Bohrsche Atommodell). Seit den 1960er-Jahren wurde der kreative Anteil des „Modellierens" diskutiert, der Modelle in die Nähe von Metaphern rückt, seit den 1980er Jahren wird dazu noch der kognitionspsychologische Aspekt des Modelle-Erstellens erforscht.

Wenn man in der Lage ist, Modelle in der Vorstellung zu konstruieren bzw. in Beziehung zueinander zu setzen, liegt die Vermutung nahe, dass man mit diesen auch „arbeiten" und experimentieren könne. Genau das passiert im so genannten „Gedankenexperiment": Es handelt sich um ein in Gedanken bzw. in der Vorstellung simuliertes Experiment, das sich auf Theorien und Modellvorstellungen stützt. Der eigentliche Vorgang des Experiments, die Beobachtung und der Nachweis, finden allerdings nur in der Vorstellung statt. Der Begriff „Gedankenexperiment" taucht 1811 zum ersten Mal in den Schriften des Naturwissenschaftlers und Naturphilosophen Hans Christian Ørsted auf, um 1900 übernimmt Ernst Mach ihn.[100]

Einerseits ist das Gedankenexperiment ein kreatives und anschauliches Hilfsmittel für diejenigen Experimente, die sich nicht in realen Versuchsaufstellungen durchführen lassen (man denke nur an die Quantenmechanik oder Fragestellungen der Moralphilosophie). Andererseits vermuten viele dahinter die Gefahr, dass die Ergebnisse irrational, unwissenschaftlich und vor allem nicht nachprüfbar sind – hier lässt sich eine Analogie zur Ablehnung der Metapher und des Bildes erkennen, die auch mit den Mitteln der Vereinfachung, Fiktionalisierung und Veranschaulichung arbeiten.

Die einen behaupten also, Gedankenexperimente drängen zum Eigentlichen vor, da sie von realen Störfaktoren und Ungenauigkeiten frei wären – die anderen halten dagegen, dass Gedankenexperimente den Untersuchungsgegenstand derart ausschmücken und fiktionalisieren, dass die Ergebnisse ebenfalls fiktional wären und durch das fiktionale Setting vorbestimmt seien.

---

[100] KÜHNE 2005, 21.

4.7 Mediale Räume

Neuere Richtungen der Philosophie wie die philosophische Medientheorie[101] und die Medienphilosophie[102] beschäftigen sich meist indirekt
mit dem Raum unter dem Aspekt der Medialität. Dabei fallen sofort
Metaphern für die neuen „virtuellen" Räume ins Auge, durch die sich
der Benutzer moderner Kommunikations- und Computertechnik metaphorisch „bewegt". Medienmetaphern, darunter z. B. das „Surfen" (d. h.
Navigieren in einem Raum) im Internet (d. h. einem räumlich gedachten
Netz), kann man als Leitbilder verstehen, an denen sich das „Denken und
Handeln der Mediennutzer" orientiert.[103] Sie sind häufig sehr einfach
gehalten und leicht verständlich, oft Anlehnungen an ältere, gewohn-
te Sprachbilder – was vermuten lässt, dass der Übergang zum Neuen
(hier die neuen Medien) durch bekannte Sprachbilder versinnbildlicht
und der Nutzer schneller daran gewöhnt wird. Medienmetaphern sind
dabei keine Neuheit, sondern sind für alle bekannten Leitmedien, z. B.
das Buch, nachweisbar. Eva Gehring versucht zu zeigen, dass eine frü-
here Präferenz für körperbezogene Metaphern bei modernen Medien
den räumlichen Metaphern gewichen ist. Die Leitmetaphern finden sich
interessanterweise nicht nur auf der Nutzerebene (die Nutzer der neu-
en Medien nehmen die sprachliche Vereinfachung des neuen „Terrains"
meist gerne an), auch die jeweiligen Fachdiskurse über Medien nutzen
dieses bildliche Vokabular.

Dabei entstehen Metaphern für ein und dasselbe Medium, die völlig
widersprüchlich sein können.[104] Einerseits dient bei vielen Medienmetaphern die „traditionelle Raumvorstellung als metaphorisches Orientie-
rungsschema", andererseits wird zugleich von einem Verschwinden der
traditionellen Räume gesprochen.[105] Die Metaphern dienen zur Orientierung in unbekannten, abstrakten, gedachten Räumen bzw. strukturie-

---

[101] Vgl. KLOOCK/SPAHR 2000.
[102] Vgl. HARTMANN 2000.
[103] GEHRING 2004, 10.
[104] Gehring behandelt die drei Internetmetaphern „Datenautobahn" (begrenzter
Raum), „Datenmeer" (begrenzt/ unbegrenzt) sowie „Datennetz" (unbegrenzt).
Zum „Netz" siehe auch Kapitel 5.7.
[105] GEHRING 2004, 14. Vgl. MARESCH (o. J.)

ren ein neues Gebiet räumlich, um die Orientierung und Bewegung in demselben zu erleichtern.

Schaut man weiter in die Vergangenheit, findet man auch andere „Medienräume". Mit dem Boom der Medientheorie und der Kulturwissenschaften in den 1980er- und 1990er-Jahren wurde vor allem ein Thema besonders populär: Die Mnemotechnik, die Kunst des Erinnerns, die es seit der Antike gibt. Yates[106] hatte schon 1966 auf die räumlich orientierte Medialität der Mnemotechnik hingewiesen und ihre antiken Ursprünge bis ins 17. Jahrhundert verfolgt. In den antiken Rhetoriklehren ging es dabei primär darum, beim Aufbau einer Rede das benötigte Wissen in der Erinnerung zu erhalten. Dabei dienten reale Räume, z. B. Säulengänge oder Kirchenarchitekturen, als Vorlage für Vorstellungsbilder, die wiederum als Orte für das zu erinnernde Wissen dienten. Den Bezug zwischen dem vorgestellten Raum/der vorgestellten Architektur und dem Wissen, das es in einer bestimmten Reihenfolge in die Rede einzubauen galt, schaffte dabei eine Technik, die wir heute vereinfachend als „visuell vorgestellte Eselsbrücke" bezeichnen können. Jeweils ein Raumteil oder eine architektonische Besonderheit (z. B. eine Figur) wurde – meist über Wortähnlichkeiten oder andere Hilfskonstruktionen – mit dem zu merkenden Wissen assoziiert. Hatte man nun einen Ort gewählt, der eine gewisse Reihenfolge der Bewegung vorgab, beispielsweise einen Säulengang, konnte man nun der Reihe nach alle markanten Punkte mit dem Wissen verknüpfen, das im Gedächtnis aufbewahrt werden sollte. Der realen Bewegung durch den realen Raum entsprach also die vorgestellte Bewegung durch einen vorgestellten Raum der Erinnerung bzw. des Wissens. Hier stellt sich natürlich die Frage, ob alle Erinnerung räumlich sein müsse.[107] Zumindest, so kann man neutral antworten, wussten schon die antiken Rhetoriklehren, den Ort bzw. Raum als Medium für Erinnerung und Wissen zu nutzen.

Offensichtlich ist jedoch der Eingriff der Medien „in die moderne Episteme".[108] Nicht nur verändern die realen Medien die Art des Schrei-

---

[106] Vgl. YATES 1990.
[107] BAUMGARTNER 2000, 71.
[108] RIEGER 2001, 209.

bens[109], sie bringen auch Metaphern ihrer Nutzung mit sich, die unsere Vorstellungen und unsere Wahrnehmung von Realität beeinflussen.[110] Hinweisen sollte man in diesem Zusammenhang auch auf die Bedeutung der Schrift, des Buches und der Bibliothek für die westliche Kultur.

Derrida hat beispielsweise auf einen Logozentrismus unserer Kultur hingewiesen, also eine Fixierung auf das gesprochene Wort.[111] Er hat dem Logozentrismus einen räumlichen Begriff von Spur, Schrift und Archiv entgegengesetzt. Derrida hat mit der „Umkehrung" des Phonozentrismus der abendländischen Philosophie (vgl. Kapitel 5.8) dem Graphem bzw. der Schrift eine hohe Bedeutung beigemessen. „War die Schrift zuvor Manifestation von Sprache, ist bei Derrida die Sprache dann eine Manifestation von Schrift."[112] Obwohl Derrida Schrift noch linear denkt, hat er gerade durch seine Textexperimente[113] auf die räumliche Ordnung von Texten verwiesen. Groß- und Kleinschreibung, Interpunktion, Absätze, Satzlänge, Verhältnis von Text zu Fußnote, Einrückungen, Zitate oder Kursivierungen „visualisieren grammatische Unterschiede", machen eine innere gedankliche Ordnung des Textes sichtbar.[114] Schrift hat also räumliches „Darstellunspotenzial", das ihrer Intermedialität geschuldet ist: Schrift ist zugleich Sprache und Bild, Symbol und Technik.[115]

Die Möglichkeiten räumlicher Metaphern zeigen sich dort, wo sie sich von realen Medien, Strukturen oder Gebäuden unabhängig machen

---

[109] Das klassische Beispiel der Medientheorie ist die Schreibmaschine Nietzsches, die dessen Schreibstil verändert haben soll.

[110] Das andere klassische Beispiel der Medientheorie ist der „chirurgische Schnitt" der Kamera (Walter Benjamin), der das „Optisch-Unbewusste" der Realität zum Vorschein bringt.

[111] Dies verweist wiederum auf einen Medienstreit, nämlich die alte Schriftdebatte zwischen „Schriftgläubigen" und „Schriftskeptikern". Vgl. DICKHAUT 2005, 297.

[112] KRÄMER 2003A, 158f.

[113] Derrida lässt absichtlich zwei oder mehrere Texte nebeneinander herlaufen und kehrt häufig das Verhältnis Haupttext/Fußnote („Marginalien") um, um eine Vielstimmigkeit des Textes zu erzeugen, das seinem sprachtheoretischen Konzept der sprachlichen und interpretatorischen Polyvalenz entspricht. Vgl. Kapitel 5.8.2.

[114] KRÄMER 2003A, 160. Hierbei handelt es sich um einen Sachverhalt, der den Typographen vermutlich lange vor den Philosophen oder den Medientheoretikern bewusst war – lediglich in einem praktischen Sinne.

[115] EBD., 174.

und als Vorstellungsbilder einen Diskurs bestimmen. Bibliotheken sind so zu metaphorischen Ordnungssystemen eines kulturellen Gedächtnisses, zeitweise zum „Denkmodell von Gedächtnis"[116] überhaupt geworden. Ohne eine solche Ordnungsmetapher, die sich an realen Architekturen und Räumen orientiert, wäre ein „kulturelles Gedächtnis" gar nicht denkbar bzw. vorstellbar.[117] Der Raum spielt allerdings nicht nur in Sprachbildern eine Rolle, es soll nicht der Eindruck erweckt werden, Räume würden ausschließlich virtualisiert und abstrahiert.

4.7.1 Wissensvermittlung

Es gibt seit längerem eine ansteigende Tendenz, vor allem in den Naturwissenschaften, Wissen durch Bilder zu veranschaulichen. Dabei dienen gleichwohl abstrakte Zeichnungen und Schemata, Photographien aber auch Darstellungen und Vorlagen der bildenden Kunst als Veranschaulichungsmaterial bzw. als Wissensvermittler.[118] Es geht also um die Visualisierung von Wissen, die zum einen in Sprachbildern, zum anderen in reinen Bildmedien bzw. auch Hybridformen (Text und Bild, z. B. in Schulbüchern oder PowerPoint-Präsentationen) stattfindet. In den Naturwissenschaften sind Bilder gar anerkannte „Instrumente der Erkenntnis".[119] Wissenschaftliche Bilder sind dennoch keine Abbilder, sondern „visuell realisierte theoretische Modelle bzw. Datenverdichtungen."[120] Wissenschaftliche Gegenstände und Bilder sind heute in vielen Fällen nicht einfach vorhanden, sondern werden (experimentell) erzeugt. Da sie vollzugsorientiert sind, werden sie jedoch noch viel zu selten reflektiert.[121]

Die mit den modernen Medien einsetzende Mischung von Text und Bild ist nicht nur deshalb theoretisch schwer einzuholen, weil es viele Arten der Kombination und Transformation gibt, sondern weil auch ihr Verständnis kulturell durch das jeweils andere geprägt ist. Wir haben

---

[116] DICKHAUT 2005, 305f.
[117] EBD., 308. Zu bestimmten Zeiten dienten auch Tempel, Denkmal, Bibliothek und Museum als räumlich-architektonische Gedächtnismetapher. EBD., 314.
[118] Vgl. KEMP 2003. Vgl. auch BAIGRIE 1996.
[119] BOEHM 2004, 29.
[120] HEINTZ/HUBER 2001, 9.
[121] EBD., 28.

uns angewöhnt, Bilder zu „lesen", d. h. einen Inhalt zu erkennen und zu verstehen, ebenso reden wir von der „Bildhaftigkeit" von Sprache.[122] Die medialen und kulturellen Techniken beeinflussen sich gegenseitig und führen zu Hybridformen. Dabei sollten wir beachten, dass dem Bild bzw. der Bildhaftigkeit (von Sprache) das Vorurteil der „Unwahrhaftigkeit" immer noch anhaftet.[123] Dem Faktum, dass unsere Kultur und unsere kulturellen Medien durchsetzt sind vom „Denken in Begriffen des Sehens und des Bildes", steht gleichzeitig die antike Bildkritik und das religiös fundierte Bilderverbot entgegen, das die Bilddiskussion bis heute nachhaltig negativ beeinflusst (und zugleich immenses Interesse generiert).[124] Die wissenschaftliche Vernunft war in vielen Disziplinen Jahrhunderte lang an das Leitmedium Schrift gebunden, nun werden aber Bilder in verschiedenster Form zum Mittel wissenschaftlicher Darstellung und zugleich zum Mittelpunkt wissenschaftlichen Interesses. Dadurch werden alte mediale und kulturelle Wertehierarchien in Frage gestellt: „Je abstrakter der Code, den eine Kultur verwendet, desto höherwertiger wird diese eingeschätzt."[125] Der Medientheoretiker Vilem Flusser stellte beispielsweise die These auf, das Alphabet habe die Piktogramme verdrängt und heute würden die digitalen Codes die Buchstaben „überholen".[126] Schon das Aufkommen neuer Bildtechniken um 1900 führte zur so genannten „Sprachkritik", andererseits aber auch zur Weiterentwicklung der Möglichkeiten, Wissen bildlich darzustellen. Der Sozialphilosoph Otto Neurath sah beispielsweise im 20. Jahrhundert ein „visuelles Zeitalter", das eine „Reform der kommunikativen Mittel" verlangte.[127] Da der moderne Mensch ein „Augenmensch" sei, versuchte Neurath eine Bildersprache, die Isotypen, zu entwickeln, die auch der breiten Masse Zugang zu Informationen gewähren sollte.[128] 1940 grün-

---

[122] SCHMITZ-EMANS 2003, 195f.
[123] WITTE 2003, 225.
[124] ZIMMERLI 2003, 259f.
[125] HARTMANN 2002, 15.
[126] EBD., 15.
[127] EBD., 24.
[128] EBD., 41. ISOTYPE = International System Of Typographical Picture Education; Piktogramme funktionieren auch interkulturell, da menschliche Sehgewohnheiten ähnlich sind.

dete er im Oxforder Exil das „Isotype Institute", das sich ganz der Aufgabe widmete, konkrete visuelle Codes zu entwerfen, die abstrakt genug und doch intuitiv verständlich sein sollten. Neurath nannte diese Art der Wissensvermittlung ein „visuelles Argument", sein Projekt der Bildersprache sah er als eine „Entbabylonisierung" der Wisssensvermittlung.[129]

4.7.2 Theoriedesign

Im Rahmen der boomenden „Science studies", die sich selbstreflexiv als Metawissenschaft mit der Genese und Entwicklung von Wissenschaft beschäftigen, ist mittlerweile das Bedürfnis entstanden, nicht nur den internen „Aufbau" von Theorien, sondern auch aus einer Art Vogelperspektive ein „Stadtbild" der existenten „Theoriegebäude" anschaulich darzustellen. Chen zeigt, wie Wissen miteinander verknüpft ist und wie diese Beziehung bislang visualisiert wurde und zukünftig visualisierbar ist. Vor allem thematisiert er auch, welche Bedeutung der Visualisierung und damit der Sichtbarmachung von internen und externen Theoriekonstruktionen und Wissensräumen zukommt.[130] Dazu wählt er den Begriff der „scientific frontier", um darzustellen, dass Wissen nur innerhalb von wissenschaftlichen „areas" verortbar und auch wieder auffindbar ist.[131] Sein Anliegen ist also eine „topography of scientific literature" als einer Art Meta-Wissenschaft.[132] Diese Perspektive auf wissenschaftliche „Landschaften" geht, so Chen, auf die metatheoretischen Modelle Thomas S. Kuhns (Paradigmenlehre) und Hayden Whites (Meta-History) zurück. Statt eine theorienimmanente Perspektive einzunehmen, wird hier ein neuer Blickwinkel, eine Art „Vogelperspektive" auf das Forschungsobjekt eingeführt, um die Entwicklung/Historizität und Beziehung/Lage der Theorien zueinander darstellen zu können. Chen nimmt dies zum Anlass, an sich unräumliche Paradigmen zu visualisieren, und dies nicht nur durch sprachliche Bilder, sondern auch durch computer-

---

[129] EBD., 84ff.
[130] CHEN 2003.
[131] EBD., I.
[132] EBD., 3.

unterstützte Grapheme bzw. Darstellungen. „Mapping the dynamics of competing paradigms is an integral part of our quest for mapping scientific frontiers."[133] Chens Anliegen entspricht also einem Denken in größeren Zusammenhängen, wie es auch die Intertextualitätstheorie oder die Systemtheorie tut. Chen betont dabei die Wichtigkeit des „visual thinking", im Abstrakten (Vorstellungsbilder) wie im Konkreten (graphematische Visualisierung, z. B. in der computergestützten „Information visualization", die es ermöglicht, nicht-räumliche und nicht-numerische Konzepte in räumliche bzw. numerische Visualisierungen umzusetzen), vor allem wenn es darum geht, wissenschaftliches „Neuland" zu betreten.[134]

Einen konkreten Versuch der Visualisierung bzw. Kartographierung starteten auch die Forscher der Universität St. Gallen mit dem Forschungsprojekt „Wissensterritorien", um mit Hilfe von Computertechnik und „Computer Aided Design (CAD)"-Programmen Wissenslandschaften darzustellen.[135] Dabei dienen explizit markierte intertextuelle Verweise von wissenschaftlichen Texten auf andere Texte, z. B. durch Zitate, sowie die Nutzung von Links im Internet, um die Beziehungen von Texten untereinander herzustellen.

4.8 Paradigmenwechsel und „Turns"

Der mittlerweile klassische Begriff des Paradigmenwechsels (Kuhn), der nur bedingt räumlich-metaphorisches Potenzial hat[136], wird vor allem in neueren Disziplinen zunehmend vom Begriff des „turns" verdrängt, womit eine neue Theorie der Wissensgenese und ihrer metaphorischen

---

[133] EBD., 5.

[134] EBD., 28.

[135] BUURMANN/ROOVERS 2001, 224.

[136] Kuhn verwendet nur gelegentlich räumlich-visuelle Metaphern, um den „Fortschritt" als Schwellenüberschreitung in einen anderen wissenschaftlichen Raum zu umschreiben. „[W]ährend der Revolutionen sehen die Wissenschaftler neue und andere Dinge, wenn sie mit bekannten Apparaten sich an Stellen umsehen, die sie vorher schon einmal untersucht hatten. Es ist fast, als wäre die Fachgemeinschaft plötzlich auf einen anderen Planeten versetzt worden, wo vertraute Gegenstände in einem neuen Licht erscheinen und auch unbekannte sich hinzugesellen." KUHN 1976, 123.

Darstellung ihren Platz findet.

Der Begriff „turn" verdeutlicht, dass hier neues Denken und Fortschritt als Richtungswechsel innerhalb einer metaphorischen Bewegung gedacht werden. Diese Bedeutung der Bewegung findet sich auch im zugrunde liegenden Begriff des *Fortschritts*, der auf die Metapher der Wissenschaft als Expedition verweist (siehe Kapitel 3.1.1.2). Als metaphorisches Konzept unterscheidet er sich dabei vom Kuhnschen Paradigmenwechsel, der eine Unvereinbarkeit zweier unterschiedlicher wissenschaftlicher Ansätze und damit einen Bruch markiert. In Kuhns Paradigmenkonzept bringt der „jeweils folgende theoretische ‚Neuaufbau' […] stets ein vorhergehendes traditionelles Theoriegebäude zum Einsturz. Er löst alte Paradigma durch ein neues Paradigma ab, sobald es nicht mehr in der Lage ist, neu auftauchende Probleme zu lösen."[137] Man kann die Kuhnsche Metatheorie also wie Bachmann-Medick als Wechsel des Denkgebäudes, also als räumlichen Umzug, oder als Überschreitung einer Schwelle beschreiben, die einen Kontakt zum vergangenen Ort des Denkens nicht mehr ermöglicht.

Bachmann-Medick versucht, eine Geschichte der „(cultural) turns" zu erstellen, um eine Übersicht über das Denken über Wissenschaftsentwicklung zu geben.[138] Der kulturwissenschaftliche Ansatz ist hier insofern produktiv, als die Kulturwissenschaften versuchen, ihr Augenmerk auf „Materialität, Medialität und Tätigkeitsformen des Kulturellen", sowie ihrer prozessualen Entwicklung zu legen.[139] Dadurch sind Entwicklungen leichter erfassbar bzw. metatheoretisch besser darstellbar, tradierte Formen der sprachlichen bzw. terminologischen (und damit u. a. auch metaphorischen) Verwissenschaftlichung bergen in dieser jungen Wissenschaft zudem kaum eine „Gefahr" der einfachen Reduktion auf bestehende Modelle. Der Begriff des „turn" wird dabei kritisch hinterfragt, soll er doch keine „Mode", sondern eine erkenntnisleitende Trans-

---

[137] BACHMANN-MEDICK 2006, 17. Das Wort „turn" wird der deutschen Übersetzung „Wende" vorgezogen, da letzteres mit einer „Kehre", einer einschneidenden Veränderung im Kuhnschen Sinne konnotiert ist; „turn" hingegen zeigt eher einen Richtungswechsel in einer kontinuierlichen Bewegung an. Vgl. EBD., 32.

[138] Diese Art der Metatheorie und mittlerweile Meta-Metatheorie ist auch unter dem Namen „Science studies" bekannt.

[139] BACHMANN-MEDICK 2006, 9.

formierung eines Diskurses/eines Faches bezeichnen.[140]

Turns lenken die Aufmerksamkeit auf die Veränderungen und Bedingungen eines Systems, eines Diskurses bzw. eines „intellektuellen Feldes" (Bourdieu).[141] Dabei wird dem Paradigmen-Konzept Kuhns, das einen (impliziten) „Raumwechsel" vorsieht, ein (relativ explizites) Bewegungskonzept entgegengesetzt, das im Gegensatz zum Kuhnschen Modell die Pluralität von nebeneinander bestehenden und miteinander verbundenen turns darzustellen erlaubt.

Traditionelle „Kohärenzbegriffe" wie Autor, Werk, Identität usw. werden durch plurale Theoriebildung und -entwicklung immer mehr abgelöst von Begriffen und Metaphern (die auch Jargoncharakter haben können), die sich in den einzelnen *Turns* entwickeln, und die dort erkenntnisleitend werden. Um zwischen den Diskursen „manövrieren" und vermitteln zu können, erweitert sich das Vokabular der Wissenschaften zunehmend um Begriffe wie „Diskontinuität, Bruch, Schwelle, Grenze, Differenz" usw., die eine metatheoretische Übersicht von verschiedenen Wissenschaftsräumen und -bewegungen sprachlich möglich machen.[142] Die mit den „turns" verbundenen Beschreibungs- und Metaphorisierungskonzepte tauchen auch in jeweils anderen turns bzw. Bereichen auf und sind kaum ersetzbar bzw. reduzierbar auf traditionelle Begrifflichkeiten. „Zudem scheint es geradezu kennzeichnend für die Kulturwissenschaften zu sein, dass auch die Analysekategorien selbst noch metaphorisiert werden."[143] Zwar verleiht eine solche Metaphorisierung einem turn eine besondere Antriebskraft, doch muss das Analyse- und Erkenntnispotential mit diesem Anschaulichkeitsfaktor wachsen, um eine Theorie auf lange Sicht erfolgreich zu machen.[144]

Der Kulturtheoretiker Frederic Jameson stellte schon Ende der 1980er

---

[140] EBD., 13.

[141] EBD., 14.

[142] EBD., 19.

[143] EBD., 25. Die Beschreibung des „Cultural Turn" wird von Bachmann-Medick beispielsweise auch durch Metaphern aus dem „Spatial Turn" dargestellt. Nicht unwichtig ist auch die Tatsache, dass der „Linguistic Turn" (mit seinen Metaphern) in vielen anderen „turns" immer noch erkenntnisleitend ist (so z. B., wenn wir im Zuge des „Iconic Turn" Bilder „lesen").

[144] EBD., 27.

Jahre fest, dass sich die „moderne" Orientierung an der Kategorie Zeit in der Postmoderne gewandelt hatte: Nun war der Hang zur Verräumlichung deutlich spürbar, was sich auch darin zeigte, dass die diachrone Betrachtungsweise gegenüber der synchronen zurücktrat.[145] Damit erscheint der *Spatial Turn* „als ein Nachfolger des *linguistic turn*, insofern er das Synchrone über das Diachrone stellt, das Systemische über das Geschichtliche, das Sprachsystem über den sukzessiven Sprachgebrauch. Auch im *spatial turn* werden Gleichzeitigkeit und räumliche Konstellationen hervorgehoben und eine zeitbezogene oder gar evolutionistische Vorstellung von Entwicklung zurückgedrängt."[146] Die Verräumlichungstendenz postmoderner Theoriebildung zielt also auf eine Überwindung des Historismus und des evolutionistischen Denkens in Kategorien wie Zeit, Fortschritt und Chronologie.[147] Gleichzeitig ist dies aber auch der Vormarsch des abstrakten Raumes, denn zur selben Zeit wird das Verschwinden des Raumes, nicht zuletzt aufgrund der Globalisierung und Digitalisierung der Welt, konstatiert.

Von kulturtheoretischer Seite bietet die Raumperspektive die Möglichkeit, „das inkommensurable Nebeneinander des Alltagslebens, das Ineinanderwirken von Strukturen und individuellen Entscheidungen, das bisher eher getrennt voneinander untersucht worden ist, nun in der Zusammenschau zu analysieren".[148] Wissensgebiete bzw. Diskurse werden so kartiert bzw. anhand räumlicher Orientierungsmetaphern beschreibbar (z. B. mit Begriffen wie Rand, Grenze, Zentrum, Peripherie usw.), was wiederum dazu führt, dass sie wie echte Räume mit anderen Räumen in Beziehung gesetzt werden können. Der *Spatial Turn* berührt dabei eng den *Iconic Turn* und die Medientheorie bzw. -philosophie, sofern es um die Medialität, Repräsentation oder die Darstellungsweisen in Wissensräumen geht.[149]

---

[145] Ebd., 284.
[146] Ebd., 285.
[147] Ebd., 286.
[148] Ebd., 304.
[149] Ebd., 314.

4.8.1 Die Metapher in den Science Studies

Marianne Hänseler beschäftigt sich in einem Aufsatz damit, wie die Metapher als Fremdkörper in der Wissenschaft und damit auch den Science Studies der letzten Jahrzehnte eine Rolle spielt.[150] Sie rekurriert auf Max Blacks Interaktionstheorie der Metapher, die die Innovationskraft der Metapher heraushebt. Mittlerweile wäre der Ausschluss der Metapher als uneigentliche, unwissenschaftliche Rede einem Einschluss der Metapher, wenn auch als „Fremdkörper" in den Wissenschaften, gewichen.[151] Die von Black betonte Interaktion und Bedeutungsverschiebung zwischen Vorstellungssystemen werde in den heutigen *Science Studies* als Interaktion von Diskursen verstanden und der Metapherbegriff erheblich erweitert (er meint also nicht mehr nur rhetorische Figuren, sondern auch Theorien und Modelle). Wie bei Lakoff/Johnson wird der Begriff des Konzepts eingeführt, um die Trennung von Begriff und Metapher aufzuheben.[152] „Es ist zu beobachten, dass das Konzept der Interaktion als Definition des metaphorischen Prozesses in den neueren Metaphernkonzepten wiederum metaphorisiert wird: nicht nur von Interaktion, sondern auch von *Austausch, Transfer, Zirkulation* sowie *Übertragung* und *Gegenübertragung* ist die Rede."[153] Auf der Ebene des Denkens des Denkens finden sich also auch Metaphern der Bewegung und der (viralen) Einschließung in das System, die konstituierend für die jeweilige Theorie sind und sie im poststrukturalistischen Sinne performativ mitvollziehen. Metaphern verändern dabei einen Diskurs laufend, diese Sicht der Metaphorisierung der Theorie und der Erneuerung der Diskurse ist also nicht kompatibel mit Kuhns Paradigmentheorie. Das Neue bzw. der wissenschaftliche Wandel entsteht also dadurch, dass neue Bilder und Bedeutungen entworfen werden. „Wissenschaftlicher Wandel durch Metaphern entsteht, indem Metaphern aus fremden wissenschaftlichen und nicht-wissenschaftlichen Diskursen Bedeutungen, Ausdrücke, Konzepte, Erklärungsmuster importieren und so semantische und konzep-

---

[150] HÄNSELER 2005.
[151] EBD., 124.
[152] EBD., 125.
[153] EBD., 125f.

tuelle Spannungen innerhalb eines bestimmten wissenschaftlichen Diskurses auslösen, welche zu einem Wandel führen."[154] Die Metaphern, so Hänselers Schluss, werden immer in der Wissenschaft „anregend und irritierend zugleich" sein[155], da sie einerseits einen semantischen und epistemischen Überschuss und damit Neues produzieren, andererseits aber begrifflich nicht fassbar und theoretisch einholbar gemacht werden können, ohne sie aktiv auszuklammern oder zu „zerstören".

---

[154] EBD., 128. Diese Beschreibung der Metapher entspricht der Luhmannschen Systemirritation von „innen". Vgl. Kapitel 5.9.
[155] EBD., 130.

5. Raumdiskurse III: Theoretische Denk- und Entwurfsräume

5.1 Utopie und Fiktion

„Utopie" ist ein relativ junger Begriff der politisch-sozialen Sprache in Deutschland, der erst nach 1800 gebraucht wird. Er entstand in Anlehnung an ein literarisches Werk von Thomas Morus, *Utopia* (1516). Bezeichnet wurde mit dem Phantasienamen „Utopia" nicht nur das Werk, sondern auch der Ort der Handlung, d. h. die dort beschriebene Insel.[1] Zusammengesetzt ist der Begriff aus den beiden griechischen Wörtern „ou" (= nicht) und „topos" (= Ort, Gegend, Land), übersetzt meint Utopie also einen „Nicht-Ort" bzw. ein „Nirgendsland".[2] Die von Morus beschriebene fiktionale Insel wurde zum Prototyp des Idealstaats, in dem ein ideales Gemeinwesen entworfen wird, das frei von Sünden und Lastern ist. Utopisches Denken findet sich aber auch schon in der Antike: Die vermutlich erste Utopie, die *Politeia*, schrieb Platon.

„Utopie" verweist vor allem auf ein literarisches Genre von fiktionalen, positiven oder negativen Zukunftsentwürfen.[3] „Utopie" wurde aber auch als positiver wie auch als negativer Leitbegriff der Geschichtsphilosophie benutzt, beispielsweise als ideologischer, pejorativer Kampfbegriff bei Marx und Engels, dem keine reale Wirkungsmacht zugesprochen wurde. Die ursprünglich philosophische Utopie weist seit ihren Anfängen eine Doppelbewegung auf. Zum einen kann man die Werke markieren, die den fiktiven Entwurf stärker auf die Realität beziehen wollen, zum anderen bilden sich innerhalb des literarischen Genres Uto-

---

[1] Vgl. SCHMIDT 1988. Siehe auch BRUNNER/CONZE/KOSELLECK 1990, 733.

[2] EBD., 752.

[3] Der Verweis des Begriffs auf soziale Gruppen und Institutionen wie z. B. die Münsteraner Wiedertäufer ist historisch belegt, aber längst nicht mehr üblich. EBD., 734. 1611 wurde der Begriff „Utopie" erstmals im englischen Sprachraum lexikalisch durch Cotgrave erfasst. In Deutschland tauchte der Begriff zum ersten Mal in den lexikalischen Werken Frischs (1741) und Zedlers (1742) auf, übersetzt als „Schlaraffenland". In Frankreich wurde „Utopie" 1752 als eigenständiges Wort anerkannt. EBD., 735f.

pie gerade zur Moderne hin viele Subgenres wie Staatsromane, phantastische Reiseberichte, sich realistisch gebende Reiseutopien, Reise- und Bildungsromane sowie Robinsonaden. Allen Utopien gemeinsam ist, dass sie sich möglichst realistisch geben wollen.[4]

Gerade die Fiktionalität der Utopie, der Entwurf eines wahrscheinlichen, aber nicht realen Raumes, ist das für diese Arbeit relevante Merkmal. Eine Insel, ein Staat oder ein Land entsteht in der sprachlichen bzw. metaphorischen Konstruktion und schafft dennoch eine Verbindung zur „Realität".[5]

Einen Sonderfall der Utopien stellen die besonders interessanten Dystopien (Anti-Utopien oder auch schwarze Utopien genannt) dar. Sie entwerfen kein Bild einer Welt oder eines Staates, wie er sein sollte, sondern geben eine Prognose ab, wie es einmal sein könnte, wenn sich negative soziale Tendenzen durchsetzen würden. In Dystopien wird also das zu Vermeidende dargestellt, wodurch allerdings zugleich ex negativo das Positive, das es zu schaffen gilt, angedeutet wird.

5.1.1 Utopie und Gegenwelt

Wie im vorigen Kapitel schon angedeutet, werden die Begriffe „Utopie" und „Gegenwelt" oft miteinander in Verbindung gebracht, wenn nicht sogar synonym gebraucht. Der Begriff „Utopie" scheint mir jedoch umfassender zu sein als der der „Gegenwelt": Ersterer umfasst nicht nur die literarische Gattung, sondern auch geschichtstheoretische und andere philosophische Modelle. Der Begriff „Gegenwelt" wird seltener gebraucht und ist der Utopie nur insofern verwandt, als er einen Teilaspekt der Utopie bildet. Man könnte Gegenwelt auch durch eine andere räumliche Metapher, den „Fluchtraum" ersetzen.

---

[4] EBD., 741.

[5] Vertreter einer nicht-ästhetisch/erkenntnistheoretischen Lesart wie Marx und Engels sahen die Utopie als nicht zu verwirklichende Ideen und somit als geschichtlich und sozial wertlos. Tatsächlich kann sich die utopische (Landschafts-, Stadt- und Sozial-)Architektur völlig von Machbarkeitskriterien befreien, da ihr Konstrukt lediglich als Fiktion „funktionieren" muss, nicht aber als Realisierung. Dennoch ist es einer Prüfung auf Plausibilität durch reale Rezipienten unterworfen. Davon unabhängig gab es auch „Utopisten" unter den Architekten, die den Städtebau revolutionieren wollten. Vgl. EBD., 767.

Gegenwelten sind Räume, in die das Subjekt sich in seiner Phantasie zurückziehen kann. Dabei kann man unterscheiden zwischen einem regressiv-eskapistischen und einem analytisch-kritischen Typ des Diskurses. Erstgenannter schafft Zufluchtsräume bzw. Kompensationsräume für den Leser, letzterer einen Protest oder Gegenraum, der der realen Welt gegenübergestellt wird bzw. diese kritisiert.[6] Vielen literarischen Gegenwelten fehlt jedoch die Doppelfunktion, die eine Utopie ausmacht: Kritik der Realität und Entwurf eines besseren Lebensraumes. Die analytisch-kritischen Gegenwelten können, müssen aber nicht utopisch in unserem differenzierten Sinne sein. Gängige Formen wie Robinsonaden kritisieren auch auf gewisse Weise die Realität, indem sie eine schönere Welt ausmalen, aber sie tun dies regressiv: Sie „musealisieren" vergangene, zerstörte Zustände und machen sie in der Phantasie dem Leser wieder zugänglich. Es wird kein neuer Lebensraum entworfen, wie es ihn vorher nicht gegeben hat. „Gegenwelten" grenzen sich also häufig zur Modernität ab und führen daher in alte Räume zurück.

5.1.2 Logos – Mythos – Utopie

Der Begriff der Utopie, der bislang auf Seiten der Fiktion verortet wurde, stellt einen vor die Frage, wie der virtuelle, fiktive Raum im Verhältnis zum realen Raum steht. Diese binäre Unterscheidung geht zurück auf die Trennung von Wissenschaft und Kunst als auch Logos und Mythos. „Jedes kulturelle Gebilde bzw. Symbolgefüge, das nicht im strengen Sinne Wissenschaft ist, kann [...] als ‚Mythos' angesprochen werden."[7] Geyers implizites Diktum der Trennbarkeit von Wissenschaftssprache und literarischer bzw. Alltagssprache ist heute eigentlich kaum mehr zu halten. In Anlehnung an Derridas Bemühen, die Literarizität der Wissenschaft sichtbar zu machen, ist eine solche Trennung zumindest teilweise in Frage zu stellen. Gerade die Klassiker der Wissenschaft zeigen, dass die Sprache keine natürliche Trennlinie zwischen diesen beiden Bereichen besitzt, dass es nicht eine Sprache der objektiven Erkenntnis und eine der subjektiven Verklärung und Phantasterei gibt. „Dem Mythos selbst

---

[6] Vgl. GROSSKLAUS 1993, 9.
[7] Vgl. GEYER 1996.

ist Vernunft nicht unverträglich, und die Vernunft kann selbst wieder mythisch werden."[8] Auch ist der „Mythos selbst [...] ein Stück hochkarätiger Arbeit des Logos."[9]

In Platons „Politeia", die im kommenden Kapitel untersucht werden soll, kann man mindestens drei Mythen bzw. mythische Erzählungen ausmachen, die innerhalb der eher vom Logos geleiteten Utopie eine alternative Erklärungsinstanz bieten. Innerhalb dieser Utopie ist also ein Wechselspiel zwischen Logos und Mythos (oder um es moderner zu formulieren: ein Wechsel der Beschreibungsebenen) zu erkennen: Was der platonische Sokrates mit Vernunft nicht mehr erklären kann, lässt ihn auf Erklärungsmodelle mythischer Art zurückgreifen, die jedoch stark vom Konsens der Diskussionspartner abhängen (neben den Mythen kann man auch die Gleichnisse zu diesen mythischen, literarischen Erklärungsmodellen zählen).

5.1.3 Platons „Politeia" und das Höhlengleichnis

In den ersten fünf Büchern der „Politeia"[10] beschäftigen sich Sokrates und seine Diskussionspartner mit dem Idealstaat bzw. entwerfen diesen. Die folgenden zwei Bücher definieren, was ein Philosoph ist. Die restlichen Bücher verhandeln die Vor- und Nachteile schon bestehender Staats- bzw. Verfassungsformen.[11] Auffällig an der Konstruktion des „Staates" ist, dass Sokrates zwar die Mythen kritisiert, selbst aber wichtige Teile seiner Argumentation durch Mythen und Gleichnisse begründet, z. B. durch das bekannte „Höhlengleichnis".[12]

Das Höhlengleichnis, dessen Inhalt hier nicht zum wiederholten Male wiedergegeben werden muss, erzählt, wenn man es in Bezug auf die Erkenntnistheorie liest, von einem Perspektivenwechsel, der einen Raum- und Ebenenwechsel beinhaltet. Durch den Wechsel vom Höhlenraum mit seiner indirekten Darstellung der Welt „draußen" gelangt der Beob-

---

[8] JANZ 1983, 363.
[9] BLUMENBERG 1996A, 18.
[10] PLATON 1994A. Die Dialektik von Verbergen und Entbergen ist eine Interdependenz, die nicht zwangsläufig räumlich interpretiert werden muss.
[11] Vgl. RUSSELL 1950, 105.
[12] Platon: Politeia, S. 420-23 (514a-517a).

achter ins Freie, wo er die Welt direkt sehen kann, was man durchaus im übertragenen Sinne als Wechsel von einer sinnlichen zu einer höherrangigen, geistigen Wahrnehmungsperspektive bezeichnen kann.[13]

Das Höhlengleichnis, das Raum, Sicht und Perspektive explizit auf die Erkenntnisfähigkeit des Menschen bezieht, kann auch als Sprachgleichnis gelesen werden. Sprache ist dann eine Art Brille, die uns den Blick auf die Welt ermöglicht. Ein Wechsel der Brille (hier als dunkler Innenraum und heller Außenraum inszeniert) ist zwar möglich, aber ein Entkommen aus dieser „Gefangenschaft" der Sprache gibt es nicht. „Als Menschen vermöchten wir die Funktionen der Sprache für das Denken nicht in einer göttlichen Perspektive vom Sehepunkt *Nirgendwo* sprach- und zeichenfrei ins Auge zu fassen."[14] Diese Interpretation Köllers geht über das klassische Verständnis des Gleichnisses hinaus, da es modernsprachkritisch ist.[15] Whorf legt, so Köller, ein ähnliches Konzept von sprachlicher Relativität vor, das die „Gefangenschaft des Wahrnehmens und Denkens" verdeutlicht. Nach Whorf sind Benutzer verschiedener Grammatiken zu jeweils anderen Wahrnehmungen fähig bzw. an sie gebunden. Es entstehen verschiedene Ansichten von Welt.[16] Man könnte diese Interpretation auch konterkarieren, indem man darauf hinweist, dass in Platons Gleichnis das „Draußen" durchaus vorhanden ist, aber von der Gemeinschaft nicht als Realität akzeptiert wird, während Köllers Deutung eher auf einen Raumwechsel von einer zur nächsten Höhle hindeutet.

Slavoj Zizek referiert in einem ganz ähnlichen Sinn auf Platons Höhlengleichnis. Für ihn stehen die Verschiebung der Perspektive und die Festlegung auf eine Perspektive im Mittelpunkt, was er anhand des Begriffs Parallaxe deutlich machen will. „Die allgemeine Definition der Parallaxe lautet: die scheinbare Verschiebung eines Objekts (die Veränderung seiner Position vor einem Hintergrund) durch einen Wechsel der Beobachterposition, der eine neue Sichtlinie schafft."[17] Er versucht

---

[13] KÖLLER 2004, 171.

[14] KÖLLER 2006, 207.

[15] Chronologisch betrachtet taucht erst im Mittelalter mit den Nominalisten die Kritik der Beziehung von Sprache und Welt auf.

[16] KÖLLER 2006, 210.

[17] ZIZEK 2006, 21

allerdings, die Fixierung der Perspektive positiv zu deuten, da sie dem Beobachter Sicherheit verschafft. „[W]as wäre, wenn wir (im Sinne von Peter Sloterdijks *Sphären*) die Bedeutung der Höhle umdrehten: Auf der Erdoberfläche draußen im Freien ist es kalt und windig, das Überleben ist in Gefahr, so dass die Menschen von sich aus die Höhle gegraben haben, um Schutz/ein Heim/eine Sphäre zu finden. Auf diese Weise erscheint die Höhle als erstes Modell der Errichtung eines Heims, einer sicheren, abgeschirmten Wohnstätte [...]".[18] So wird Perspektivenwahl bzw. Beschränkung der Perspektive positiv gewertet. Man könnte auch im Sinne Luhmanns von einer Vereinfachung der Perspektive reden.

Damit setzt sich Zizek von Lesarten des Höhlengleichnisses und zugleich von Theorien ab, die die Negativität der Höhle und die Positivität des „Draußen" betonen. Gerade die Platonische Inszenierung von Erkenntnis, freier Sicht und erhöhtem Beobachterstandpunkt habe erst Theorien ermöglicht, die die „Höhle" als negativen Ort der Umwertung nutzen. „Als ersten Ansatz teilten Marx, Nietzsche und Freud die gleiche ‚desublimierende' Hermeneutik des Mißtrauens: Eine ‚höhere' Fähigkeit (Ideologie und Politik, Moral, Bewußtsein) wird als Schattentheater entlarvt, welches in Wirklichkeit durch einen Machtkonflikt gesteuert wird, der auf einem ganz anderen, ‚niedrigeren' Schauplatz (Wirtschaftsprozeß, Konflikt unbewußter Begierden) stattfindet."[19]

5.1.4 Mögliche Welten als Entwurfsräume

Platons literarisches Gleichnis bietet nicht nur die Möglichkeit, eine klassische, erkenntnistheoretisch wirksame Vorstellung von Raum, Perspektive und Realität zu beobachten, sondern weist durch ihre eigene Struktur zugleich auf den Bezug zwischen metaphorischer Sprache und Realität hin. Gerade die Tatsache, dass ein Gleichnis in der Lage ist, ein enormes (Selbst-)Reflexionspotential in der Philosophiegeschichte auszulösen, stellt sich quer zur Behauptung einer vermeintlichen Entwicklung von narrativen zu begrifflichen Objektivierungsformen, die auch unter der Wendung „Vom Mythos zum Logos" bekannt ist.

---

[18] EBD., 133.
[19] EBD., 138.

Literarische Formen sind vermutlich deshalb eine fruchtbare Grundlage der Sprachreflexion, da so Gesamtzusammenhänge beobachtbar werden, die bei Wort- und Begriffsanalysen vernachlässigt werden.[20] Es können dynamische Strukturzusammenhänge, nicht nur statische dargestellt werden. Mit der Verschiebung der Kriterien verschiedener Wissenschaftszweige von Wahrheit zu Möglichkeiten/Fiktionen der Wahrheit bzw. auch hin zur Plausibilität[21] von Möglichkeiten[22] verändert sich ebenfalls die Perspektive der Wissenschaften wie auch die Begriffe und Metaphern, die sie nutzen. Und es sind nicht nur die literarischen Formen, die dieses Verhältnis von (sprachlicher) Fiktion und Realität verändern, sondern auch Phänomene wie die Wahrscheinlichkeitsrechnung, wie Elena Esposito in einem Essay beschreibt. „*Fiction* wird so zum Spiegel, in dem die Gesellschaft ihre eigene Kontingenz reflektiert, die Normalität einer nicht mehr eindeutig festgelegten und bestimmbaren Welt."[23] Sie betont die Wichtigkeit dieser „Spiegel", da man als Beobachter zweiter Ordnung Dinge beobachten kann, die man sonst so nie beobachten könnte. Das Platonische Höhlengleichnis thematisiert selbst das Vorurteil, direkte Erfahrung sei lehrreicher, indirekte nur, wenn sie Realität genau widerspiegele.[24] Esposito hält eine Diskussion über Realität/Virtualität bzw. Fiktion, die über eine dualistische Metaphysik hinausgeht, für überaus dringend.[25]

Nicht zuletzt verweist das Reflexionspotential der Möglichkeitsräume und ihre randständige Position im wissenschaftlichen Diskurs darauf hin, dass das Wissen und die Form seiner Darstellung eng mit-

---

[20] Letztere hat Karl Bühler auf Platon Bezug nehmend als „Metzgeranalyse" bezeichnet, da nur tote Teile, nicht aber lebendige Abläufe und Zusammenhänge betrachtet werden. Räumlich betrachtet hieße das, nur punktuell Objekte in einem Raum zu beobachten, nicht aber die Relationen der Objekte im Raum und ihre Bewegungen und Operationen im Raum.

[21] Die Fiktion entbehrt dabei nicht der Logik, wie Charles Sanders Peirce in der logischen Schlussfigur der Abduktion nahe gelegt hat. Er bezeichnet die Abduktion als einzige logische Figur, die eine neue Idee einführt, einen möglichen, plausiblen Schluss entwirft. Vgl. zur Beziehung zwischen Fiktion und Logik HOFFSTADT 2004.

[22] KÖLLER 2006, 33.

[23] ESPOSITO 2007, 18.

[24] EBD., 72.

[25] EBD., 119ff.

einander verbunden sind. Die Hypothese der Kontingenz der wissenschaftlichen Darstellung und die damit meist einhergehende Abwertung „literarischer" bzw. sprachbildlicher Darstellungsformen werden zunehmend angezweifelt. Das „Auftauchen neuer Wissensobjekte und Erkenntnisbereiche" wird „als von der Form ihrer Inszenierung abhängig beschrieben".[26] Man geht also nach einem modernen, narrativen Ansatz des Wissens davon aus, dass zur Ausbildung von Wissen bzw. von Diskursen, rhetorische „Bedingungen" eine große Rolle spielen bzw. die Formung des neuen Wissensbereiches erst ermöglichen. In diesem Ansatz soll verdeutlicht werden, dass Repräsentation von Wissen kein „Vorgang der Stellvertretung" ist. „Vielmehr ist Repräsentation als ein Prozess der Sichtbarmachung und Poiesis zu verstehen, von dem die Existenz eines Objektes in essentieller Weise abhängt. Die Entstehung von Wissen ist damit mit einer geradezu ‚künstlerischen Kreation' von Zeichen, Symbolen und Erzählungen verbunden. Und ‚Forschen' bedeutet das originelle Hervorbringen und Konfigurieren von Modellen, Beschreibungsmethoden, kategorialen Bestimmungen, Anordnungsweisen und Begrifflichkeiten. [...] Dabei entfalten Narrative und Figuren ihre epistemologische Kraft oftmals gerade in jenen Zonen, in denen ein Diskurs auseinander zu brechen droht oder gar aussetzt; an den Stellen, an denen bewährte und disziplinär etablierte Darstellungssysteme verlassen werden müssen oder aber dort, wo eine epistemische Ordnung in eine andere übergeht bzw. bar einer *konvenablen* etabliert werden muss."[27]

Dabei können sich diese „Erzählungen" und metaphorischen Beschreibungen durchaus an klassischen geometrischen Raumfiguren[28] orientieren und so wiederum konstante „Raumnarrative" bilden, die den Denkformen Leisegangs auf einer textuellen Ebene ähneln.

---

[26] MOSER 2006, 11.
[27] EBD., 12.
[28] Vgl. dazu EBD., 13f. und SIMONS 2006.

5.2 Kants Vernunftarchitektur

Eichberger[29] hat bereits die Rolle der Architekturmetaphorik im Werke Kants, vor allem im Kapitel „Architektonik der reinen Vernunft" der „Kritik der reinen Vernunft" extensiv untersucht.

Kant benutzt die Architekturmetapher explizit. „Ich verstehe unter einer Architektonik die Kunst der Systeme. Weil die systematische Einheit dasjenige ist, was gemeine Erkenntnis allererst zur Wissenschaft, d. i. aus einem bloßen Aggregat derselben ein System macht, so ist Architektonik die Lehre des Szientifischen in unserer Erkenntnis überhaupt, und sie gehört notwendig zur Methodenlehre."[30]

Eichbergers These ist, dass sich die Kantische Philosophie nicht ohne Metaphern der Architektur bzw. des architektonischen Entwurfs denken ließe, die Architekturmetaphorik sei methodenleitend bzw. konstituierend für ebendiese.[31]

„Die Transzendental-Philosophie ist *die Idee einer Wissenschaft*, wozu die Kritik der reinen Vernunft den ganzen Plan architektonisch, d. i. aus Prinzipien, entwerfen soll, mit völliger Gewährleistung der Vollständigkeit und Sicherheit aller Stücke, die dieses Gebäude *ausmachen*."[32] Die Ausdrücke „bildlicher, bildentwurfstechnischer, konstruktionstechnischer und darstellungstheoretischer Art"[33] deutet er als Hinweise darauf, dass Kants kritische Philosophie ein Denkgebäude *sei* (nicht *wie* ein Gebäude sei!), dass sie einem architektonischen Plan folge.[34] Die Kritik der reinen Vernunft sei ein architektonisch entworfenes Denkgebäude, zugleich aber eine Abhandlung über den Entwurf von Denkgebäuden, die deren „Bauweise" reflektiert.[35] Eichberger will auf die interessante These hinaus, dass Kant zugleich qua Architekturmetaphorik ein System „baut", in dem er wiederum die „Baupläne" dafür liefert, wie Denkge-

---

[29] EICHBERGER 1999, 14.
[30] KANT 1995. Zitiert als KrV, gefolgt von Sigle und Seitenzahl. Hier KrV (A 832/B 860).
[31] EICHBERGER 1999, 16.
[32] KrV (A 14/B 27)
[33] EICHBERGER 1999, 16.
[34] EBD., 33.
[35] EBD., 17 und 41.

bäude überhaupt „gebaut" werden können – nämlich nur mit Sprache bzw. mit entsprechenden Metaphern. Die Metaphern sind also das eigentliche Baumaterial des Kantschen Systems, wie Sprache auch immer das Baumaterial von Theorien ist.

Eichberger widmet sich also genau der Leitmetaphorik, die er als tragend für die Kritik sieht und weist Tendenzen der Kant-Interpretation zurück, die die Metaphorik komplett aus der Philosophie eliminieren möchten bzw. diese in klassischen Texten allzu gerne ignorieren.[36] Die Kritik der reinen Vernunft ist als Architektonik darstellbar, da die Einbildungskraft sie mit Anschaulichkeit versieht.[37] „Ohne Sinnlichkeit würde uns kein Gegenstand gegeben, und ohne Verstand keiner gedacht werden. Gedanken ohne Inhalt sind leer, Anschauungen ohne Begriffe sind blind. Daher ist es eben so notwendig, seine Begriffe sinnlich zu machen, (d. i. ihnen den Gegenstand in der Anschauung beizufügen), als, seine Anschauungen sich verständlich zu machen (d. i. sie unter Begriffe zu bringen)."[38]

Neben dem metaphorischen „Bau" von Wissensarchitektur verwendet Kant auch die Metapher der Expedition in einen Wissensraum, der „durchmessen" und „kartographiert" wird. „Wir haben jetzt das Land des reinen Verstandes nicht allein durchreiset, und jeden Teil davon sorgfältig in Augenschein genommen, sondern es auch durchmessen, und jedem Dinge auf demselben seine Stelle bestimmt."[39]

Kant schränkt diesen Wissensraum, der erkundbar ist, zugleich wieder ein, indem er auf ein „Außen" des Verstandes hinweist, das gefährlich, kaum einschätzbar und zu überschauen ist.

„Dieses Land aber ist eine Insel, und durch die Natur selbst in unveränderliche Grenzen eingeschlossen. Es ist das Land der Wahrheit (ein reizender Name), umgeben von einem weiten und stürmischen Ozeane, dem eigentlichen Sitze des Scheins, wo manche Nebelbank, und manches bald wegschmelzende Eis neue Länder lügt, und indem es den auf Entdeckungen herumschwärmenden Seefahrer unaufhörlich mit leeren

---

[36] EBD., 29f.
[37] EBD., 54.
[38] KrV (B 76, 77/ A 52)
[39] KrV (A 236/B 294, 295). Vgl. auch EICHBERGER 1999, 56.

Hoffnungen täuscht, ihn in Abenteuer verflechtet, von denen er niemals ablassen, und sie doch auch niemals zu Ende bringen kann.“[40]

Damit wird diese Metapher der Erkenntnis stark relativiert, die Position und Perspektive des Forschenden und Erkundenden (also des Philosophen) auf eine „Insel“ des „reinen Verstandes“ begrenzt. Die Raummetapher verknüpft sich hier (wie sich häufig Metaphernkonzepte verbinden) mit Naturmetaphern – der Raum wird als chaotisch und unbeherrschbar, als veränderlich, im Nebel liegend, nicht begrenzbar beschrieben und ist damit kein fester Grund mehr, den man „durchmessen“ kann.[41]

5.3 Nietzsche: Erkenntnis, Sprache und Vernunftgebäude

Nietzsches kleine Schrift *Über Wahrheit und Lüge im außermoralischen Sinne*, im Jahre 1873 entstanden, aber erst mit dem Nachlass publiziert, bildet eines der zentralsten Dokumente von Nietzsches Sprach- und Erkenntniskritik. Nietzsches Text beginnt mit einem furiosen und bilderreichen Einstieg, in dem die Kontingenz und Marginalität des menschlichen Daseins im Universum räumlich (wie auch zeitlich-evolutionär) beschrieben wird.

> In irgend einem abgelegenen Winkel des in zahllosen Sonnensystemen flimmernd ausgegossenen Weltalls, gab es einmal ein Gestirn, auf dem kluge Thiere das Erkennen erfanden. Es war die hochmüthigste und verlogenste Minute der „Weltgeschichte“: aber doch nur eine Minute. Nach wenigen Athemzügen der Natur erstarrte das Gestirn, und die klugen Thiere mussten sterben.[42]

---

[40] KrV (A 236, 237/B 295, 296) Kant hat dieses Insel-Bild aus dem ersten Buch der Humeschen *Treatise* entliehen, ebenso wie später Hamann.

[41] Diese Metaphorik des natürlichen Untergrundes findet sich z. B. auch in der Neurathschen Floßmetapher (das Floß, das auf hoher See umgebaut wird) und bei Wittgenstein als Sumpfmetapher (Sumpf als schlechter Untergrund, auf dem kaum gebaut werden kann). Beide Metaphern bestärken die Wichtigkeit der Rolle des Fundaments im „Bau“ einer philosophischen Theorie.

[42] NIETZSCHE 1988, 875.

Der Mensch, der sich als Mittelpunkt des Universums fühlt, wird auf einen unwichtigen Punkt im Gesamtraum des Universums minimiert. Nietzsche greift damit zum einen den topos der barocken Eitelkeit/Vergänglichkeit des Menschen auf, zum anderen seine Verwandtschaft mit den „Thieren"; für diese Untersuchung ist es bedeutsam, dass er den Übergang vom geozentrischen zum heliozentrischen Weltbild, also einen Perspektiven- bzw. Paradigmenwechsel darstellt. Der Mensch wird mit dem Eintreten des neuen kopernikanischen Paradigmas aus dem Mittelpunkt des Universums verbannt – womit schnell klar wird, dass der göttliche Konstrukteur des Universums entweder einen Fehler gemacht hat, oder: dass es diesen Konstrukteur gar nicht gibt. Auch wenn die religiösen Hintergründe hier nicht erläutert werden sollen, kann erahnt werden, dass neue Wissensparadigmen Weltbilder bzw. deren Subjekte/Objekte in einem durchaus räumlichen Sinne dezentrieren können.

Nietzsche sieht die Erkenntnisfähigkeit des Menschen im Folgenden ähnlich skeptisch wie z. B. Platon (siehe Kapitel 5.1.3).

> Sie [die Menschen, CFH] sind tief eingetaucht in Illusionen und Traumbilder, ihr Auge gleitet nur auf der Oberfläche der Dinge herum und sieht „Formen", ihre Empfindung führt nirgends in die Wahrheit, sondern begnügt sich Reize zu empfangen und gleichsam ein tastendes Spiel auf dem Rücken der Dinge zu spielen.[43]

Im Anschluss an den Anfangsabschnitt des Textes kann man die tatsächliche Wahrnehmung, ihre Täuschbarkeit usw., deren Problematik viele berühmte Philosophen durchgespielt haben, vernachlässigen. Wichtiger erscheint es mir, auf die Verbindung von Weltbild und den „Illusionen" hinzuweisen. Der Mensch sieht die Dinge durch die Brille seiner Vorstellung der Dinge, die ihm kulturell weitergegeben wurde, die er sich vielleicht auch selbständig erarbeitet hat. Er agiert auf der Grundlage der ihm zur Verfügung stehenden Weltbilder/Paradigmen. Im Gegensatz zu anderen Vorstellungen der Vermitteltheit von menschlicher Erkenntnisfähigkeit ist der Mensch hier nicht passiver Empfänger von „falschen Daten", sondern jemand, der „ein tastendes Spiel" vollführt.

---

[43] EBD., 876.

Nietzsche erklärt die unzureichende Beziehung von Mensch zu Welt qua Sprache wie folgt:

> Was ist ein Wort? Die Abbildung eines Nervenreizes in Lauten. Von dem Nervenreiz aber weiterzuschliessen auf eine Ursache ausser uns, ist bereits das Resultat einer falschen und unberechtigten Anwendung des Satzes vom Grunde. [...] Das „Ding an sich" [...] ist auch dem Sprachbildner ganz unfasslich und ganz und gar nicht erstrebenswerth. Es bezeichnet nur die Relationen der Dinge zu den Menschen und nimmt zu deren Ausdrucke die kühnsten Metaphern zu Hülfe. Ein Nervenreiz zuerst übertragen in ein Bild! Erste Metapher. Das Bild wieder nachgeformt in einem Laut! Zweite Metapher. Und jedes Mal vollständiges Ueberspringen der Sphäre, mitten hinein in eine ganz andere und neue. [...] Wir glauben etwas von den Dingen selbst zu wissen, wenn wir von Bäumen, Farben, Schnee und Blumen reden und besitzen doch nichts als Metaphern der Dinge, die den ursprünglichen Wesenheiten ganz und gar nicht entsprechen.[44]

Nietzsche beschäftigt sich hier nicht mehr nur damit, was wir erkennen oder nicht erkennen können, sondern koppelt Erkenntnis an Sprache, genauer: an Metaphern, die nichts mit den „Dingen an sich" zu tun haben, sondern nur analog/relational zur „Welt" funktionieren. Es nimmt nicht Wunder, dass Derrida später explizit und implizit auf Nietzsches Äußerungen zu Sprache und Erkenntnis Bezug genommen hat: Während Nietzsche noch durch biologische Bilder verdeutlichen will, warum Sprache zwar als „Spiel" in der Welt funktioniert, hebt Derrida später den Spiel-Gedanken hervor, der eine direkte Referenz von Sprache zu „Realität" obsolet zu machen scheint.

> Was ist also Wahrheit? Ein bewegliches Heer von Metaphern, Metonymien, Anthropomorphismen kurz eine Summe von menschlichen Relationen, die poetisch und rhetorisch gesteigert, übertragen, geschmückt wurden, und die nach langem Gebrauche einem Volke fest, canonisch und verbindlich dünken: die Wahrheiten sind Illusionen, von denen man vergessen hat, dass sie welche sind, Metapher, die abgenutzt und sinnlich kraftlos geworden

---

[44] EBD., 878f.

sind, Münzen, die ihr Bild verloren haben und nun als Metall, nicht mehr als Münzen in Betracht kommen.[45]

Nietzsche macht damit auf den Umstand aufmerksam, dass Erkenntnis rhetorisch dargestellt und kanonisiert wird und als „Wahrheit" – wir würden heute eher Wissensparadigma sagen wollen – konsolidiert wird.

Er stellt jetzt sein Handeln als *vernünftiges* Wesen unter die Herrschaft der Abstractionen: er leidet es nicht mehr, durch die plötzlichen Eindrücke, durch die Anschauungen fortgerissen zu werden, er verallgemeinert alle diese Eindrücke erst zu entfärbteren, kühleren Begriffen, um an sie als Fahrzeug seines Lebens und Handelns anzuknüpfen. Alles, was den Menschen gegen das Thier abhebt, hängt von dieser Fähigkeit ab, die anschaulichen Metaphern zu einem Schema zu verflüchtigen, also ein Bild in einen Begriff aufzulösen; im Bereich jener Schemata nämlich ist etwas möglich, was niemals unter den anschaulichen ersten Eindrücken gelingen möchte: eine pyramidale Ordnung nach Kasten und Graden aufzubauen, eine neue Welt von Gesetzen, Privilegien, Unterordnungen, Gränzbestimmungen zu schaffen, die nun der anderen anschaulichen Welt der ersten Eindrücke gegenübertritt, als das Festere, Allgemeinere, Bekanntere, Menschlichere und daher als das Regulirende und Imperativische. Während jede Anschauungsmetapher individuell und ohne ihres Gleichen ist und deshalb allem Rubriciren immer zu entfliehen weiss, zeigt der große Bau der Begriffe die starre Regelmäßigkeit eines römischen Columbariums und athmet in der Logik jene Strenge und Kühle aus, die der Mathematik zu eigen ist. Wer von dieser Kühle angehaucht wird, wird es kaum glauben, dass auch der Begriff, knöchern und 8eckig wie ein Würfel und versetzbar wie jener, doch nur als das *Residuum einer Metapher* übrig bleibt, und dass die Illusion der künstlerischen Übertragung eines Nervenreizes in Bilder, wenn nicht die Mutter so doch die Grossmutter eines jeden Begriffs ist. Innerhalb dieses Würfelspiels der Begriffe heisst aber „Wahrheit" - jeden Würfel so zu gebrauchen, wie er bezeichnet ist; genau seine Augen zu zählen, richtige Rubriken zu bilden und nie gegen die Kastenordnung und gegen die Rei-

---

[45] EBD., 88of. Vgl. zu diesem Bild auch Kapitel 5.8.4.

henfolge der Rangklassen zu verstossen.[46]

Was Nietzsche hier zum einen positiv als Abgrenzung des Menschen vom Tiere ansieht, nämlich das Abstrahieren und Ordnen, wird zugleich als negativ desavouiert: Der logische „Bau der Begriffe", also der Vorstellungsraum, der entsteht, wird einem (wenn auch ebenmäßig konstruierten) „Columbarium", also einem Raum der „toten" Begriffe, gleichgestellt.

Durch die Abstraktion, die logische Ordnung werden die Begriffe so in ein Vernunftgebäude verarbeitet, dass ihr Ursprung, ihre Bildlichkeit und Anschaulichkeit, ihr individueller Ursprung vergessen werden. Nietzsche stellt sich trotzig der Vorstellung entgegen, dass die Sprache der Vernunft und Logik mehr sei als ein tautologisches Spiel, das blind für seine eigenen natürlichen und metaphorischen Wurzeln ist.

Der letzte Satz des Zitats mag einen wiederum an Wittgenstein erinnern, da er die Tautologie logisch wahrer Sätze historisch vorwegnimmt, ist aber zugleich auch die Inspirationsquelle der Deleuzianischen Kritik der Wissensgenese (siehe Kapitel 5.7) sowie der Teleologiekritik der Poststrukturalisten im Allgemeinen.

> Wie die Römer und Etrusker sich den Himmel durch starre mathematische Linien zerschnitten und in einen solchermaassen abgegrenzten Raum als in ein templum einen Gott bannten, so hat jedes Volk über sich einen solchen mathematisch zertheilten Begriffshimmel und versteht nun unter der Forderung der Wahrheit, dass jeder Begriffsgott nur in seiner Sphäre gesucht werde. Man darf hier den Menschen wohl bewundern als ein gewaltiges Baugenie, dem auf beweglichen Fundamenten und gleichsam auf fliessendem Wasser das Aufthürmen eines unendlich complicirten Begriffsdomes gelingt; freilich, um auf solchen Fundamenten Halt zu finden, muss es ein Bau, wie aus Spinnenfäden sein, so zart, um von der Welle mit fortgetragen, so fest, um nicht von dem Winde auseinander geblasen zu werden. Als Baugenie erhebt sich solcher Maassen der Mensch weit über die Biene:

---

[46] EBD., 881f.

diese baut aus Wachs, das sie aus der Natur zusammenholt, er aus dem weit zarteren Stoff der Begriffe, die er erst aus sich fabriciren muss. Er ist hier sehr zu bewundern – aber nur nicht wegen seines Triebes zur Wahrheit, zum reinen Erkennen der Dinge. Wenn jemand ein Ding hinter einem Busche versteckt, es eben dort wieder sucht und auch findet, so ist an diesem Suchen und Finden nicht viel zu rühmen: so aber steht es mit dem Suchen und Finden der „Wahrheit" innerhalb des Vernunft-Bezirkes.[47]

In diesem hoch ironischen Abschnitt vergleicht Nietzsche die Suche nach der Wahrheit mit einem religiösen Weltbild und seinen Implikationen. Der Mensch baut auf nicht festem Untergrund („beweglichen Fundamenten") sein Vernunftgebäude („Aufthürmen eines unendlich complicirten Begriffsdomes"), das eigentlich eine Kirche (Dom) ist, in dem es nicht um Wissen, sondern um Glauben geht. Das Argument der Tautologie wiederholt sich hier in Form des ironischen Kompliments, der Mensch „spinne" seinen Begriffsdom aus feinem Material, das er erst selbst herstellen müsse. Schlussendlich im letzten Satz des Zitats wird deutlich, dass Nietzsche das Vernunftgebäude/den „Begriffsdom" als kontingenten, wenn auch in sich funktionierenden Apparat sieht, der jedoch nur Wahrheit in sich selbst produziert, die aber als geschlossenes Gebäude/System nicht mit der Welt „draußen" korrespondiert.[48]

Nietzsche ist sich im Klaren darüber, dass die Alternative, der künstlerisch schaffende Mensch, der dieser verfestigten, „primitiven Metaphernwelt"[49] entsagt, weniger gedanklichen Halt findet – und auch keine übergeordnete, klare Sicht oder Wahrheit erlangen kann, da diese „mit einem nicht vorhandenen Maassstabe gemessen werden müsste."[50]

Für Nietzsche spielt es im Übrigen keine Rolle, ob eine Metapher sich kulturell durchgesetzt hat bzw. sich in der Geschichte immer wiederholt. „Aber das Hart- und Starr-Werden einer Metapher verbürgt durchaus

---

[47] EBD., 882f.
[48] „Der Forscher nach solchen Wahrheiten sucht im Grunde nur die Metamorphose der Welt in den Menschen". EBD., 883.
[49] EBD., 883.
[50] EBD., 884. Die Derridasche Idee der Unmöglichkeit der Kritik von außen bzw. der Unmöglichkeit einer Position der objektiven Übersicht ist sicherlich von dieser Ansicht Nietzsches inspiriert.

nichts für die Notwendigkeit und ausschliessliche Berechtigung dieser Metapher.“[51] Nietzsche sieht Zeit-, *Raum*- und Zahlenverhältnisse als Formen (man könnte auch sagen: Kategorien) der Erfahrung und damit der Metaphernbildung. Und „nur aus dem festen Verharren dieser Urformen erklärt sich die Möglichkeit, wie nachher wieder aus den Metaphern selbst ein Bau der Begriffe constituirt werden sollte. Dieser ist nämlich eine Nachahmung der Zeit- Raum- und Zahlenverhältnisse auf dem Boden der Metaphern.“[52]

Am Ende stellt Nietzsche dem Wissenschaftler, der versucht, sein Vernunftgebäude mit selbstfabrizierten Ergebnissen zu füllen, den künstlerischen Menschen gegenüber, der die Welt ständig neu sieht und gestaltet.

> An dem Bau der Begriffe arbeitet ursprünglich, wie wir sahen, die *Sprache*, in späteren Zeiten die *Wissenschaft*. Wie die Biene zugleich an den Zellen baut und die Zellen mit Honig füllt, so arbeitet die Wissenschaft unaufhaltsam an jenem grossen Columbarium der Begriffe, der Begräbnisstätte der Anschauung, baut immer neue und höhere Stockwerke, stützt, reinigt, erneut die alten Zellen, und ist vor allem bemüht, jenes in´s Ungeheure aufgethürmte Fachwerk zu füllen und die ganze empirische Welt d. h. die anthropomorphische Welt hineinzuordnen.[53]

Der künstlerische Mensch hingegen findet im „Mythus“ und „in der Kunst“ wirklich Neues, individuelle Formen, neue Zusammenhänge. „Fortwährend verwirrt er die Rubriken und Zellen der Begriffe dadurch dass er neue Uebertragungen, Metaphern, Metonymien hinstellt, fortwährend zeigt er die Begierde, die vorhandene Welt des wachen Menschen so bunt unregelmässig folgenlos unzusammenhängend, reizvoll und ewig neu zu gestalten, wie es die Welt des Traumes ist.“[54]

---

[51] EBD., 884. Auch hier lässt sich die metaphorische Verfestigung bzw. Verflüssigung der Begriffe in Derridas Versuch wieder erkennen, seine Sprache nicht „einrasten“, d. h. verfestigen zu lassen, da genau dann die metaphorischen Ursprünge der Sprache verdeckt würden.

[52] EBD., 886.

[53] EBD., 886.

[54] EBD., 887.

Damit spricht Nietzsche aus, was mittlerweile auch Einzug in die Wissenschaftswelt hält: Die Kunst, der Mythos, die literarische Sprache mögen zwar per definitionem aus der Wissenschaft ausgeklammert sein, aber sie sind an sich von der Sprache und den Objekten der Wissenschaft kaum zu trennen.

5.4 Ruinen der Vernunft

> „Allegorien sind im Reiche der Gedanken
> was Ruinen im Reiche der Dinge."
> W. Benjamin, Ursprung des dt. Trauerspiels

„Die Ruine ist eine Gestalt zwischen Artefakt und Entropie. Die Natur hat ihr Zerstörungswerk noch nicht vollendet, aber die Totalität des Menschenwerks ist zerschlagen. Wir können nun sehr einfach vermuten, dass die Sympathie für die Ruine aus einem Unbehagen an von Menschen gestifteten Totalitäten rührt. Man zieht das Bruchstück dem Ganzen, das Fragment dem System und den Torso der vollendeten Figur vor."[55] Bolz verweist damit auf explizite Gegenprogramme zum systematischen und „totalitären" Bau der Vernunft, z. B. die Romantik. Aber auch in der Moderne und Postmoderne findet man die Ruinierung, die Zersplitterung und Fragmentierung als Stilmittel, als Programm, nicht nur in der Kunst, wo sie als *Montage*, *bricolage* oder auch als *patchwork* auftaucht, sondern auch in der Wissenschaft, in den Medien. Da „theoretisches Denken eine Art Architektur"[56] ist, bleibt es von der natürlichen und willentlichen Ruinierung nicht verschont. Walter Benjamin begrüßte die Zersetzung von Werken explizit, weil er der Meinung war, dass es so möglich sei, dass sich Wissen in den Bruchstellen, Rissen und Höhlungen sammeln könne.[57] Diese bildhafte Rede von der Inkonsistenz und Brüchigkeit von Texten und Theorien fand vor allem in der so genannten Postmoderne Anklang, vor allem in Bereichen, in denen unter der metaphorischen Oberfläche etwas „freigelegt" werden sollte. Dazu ge-

---

[55] Bolz 1996B, 9.
[56] Ebd., 10.
[57] Ebd. Vgl. zu Walter Benjamin Raulet 1996.

hören neben dem Marxismus und der Psychoanalyse vor allem die poststrukturalistischen Theorien. „In diesem Sinne sind der Dekonstruktivismus und die Postmoderne nichts anderes als Ruinenwerttheorien."[58] Die Ruine ist ein ambivalentes Symbol: Sie steht für etwas Vergangenes, das dennoch präsent geblieben ist.[59] Sie verweist auch auf die mutwillige Destruktion oder Störung von Form.[60] Bewusste Verstöße, beispielsweise der Dekonstruktion, kann man als „ruina ruinans" bezeichnen, um deren performativen Charakter zu betonen.[61] „Verstrickung" und „Destruktion" sind zentrale Topoi der (Post)Moderne seit Nietzsche, die z. B. in den Bildern des Labyrinths und der Ruine wiederkehren.[62] Labyrinth steht bei Nietzsche (sowie bei den von ihm inspirierten postmodernen Nachfolgern, z. B. Derrida) für die Verstrickung in Sprache, die Logik bzw. die Vernunft oder auch die Moral. Es sind Denkgebäude, deren Gemachtheit wir ahnen, aber aus denen wir nicht hinausfinden können.[63] Die Spuren der Ruinen/archäologischen Objekte gleicht einer Lektüre, einer Interpretation.[64] Man schließt von einem Rest auf ein Ganzes, von einer Grundmauer auf ein Gebäude, von überlieferten Sätzen auf eine Theorie usw.

Die (metaphorische) Ruine als Zeugnis ehemaliger (Gedanken)Baukunst verweist direkt auf eine Disziplin, die sich mit ihr beschäftigt: „Archäologie" ist beispielsweise „eine von Freuds beständigsten Denkfiguren",

---

[58] BOLZ 1996B, 10f.

[59] SIMMEL 1993, 129.

[60] KOLTER 2002.

[61] EBD., 10.

[62] VAN REIJEN 1991, 129.

[63] EBD., 135. Die Bezeichnung Nietzsches als Philosoph, der mit dem Hammer philosophiert, zeigt allerdings, dass wir unsere Denkgebäude zumindest unwohnlich machen bzw. zerstören können. Wenn wir schon an eine Perspektive aus den „theoretischen Fenstern" unserer „Theoriegebäude" gebunden sind, wollen wir wenigstens die Möglichkeit besitzen, neue Gebäude zu bauen und alte abzureißen – d. h. die wissenschaftliche Landschaft bzw. Architektur zu verändern – und damit auch die Möglichkeiten, Perspektiven zu wählen bzw. zu schaffen.

[64] WEIGEL 2004, 187. Weigel behandelt im Besonderen Aby Warburgs „Bilderatlas Mnemosyne", der eine „Psychohistorie der europäischen Zivilisation archäologisch in Schichten präsentiert". EBD.

um das Bewusstsein zu beschreiben.[65] Der Analytiker hilft dem Analysanden, den „Ausgrabungsort" der „eigenen Erinnerung" freizulegen und aus den ruinösen Resten etwas herauszudeuten. Die Metapher bei Freud dient dazu, „Anschuldigungen der Suggestion und tendenziöser Interpretationen"[66] abzuwehren, indem das Bild einer neutralen, wissenschaftlichen Ausgrabung von (Arte)Fakten dargestellt wird.

„[D]ie technischen Institutionen und medialen Agenturen der Vergangenheitsvermittlung und -überlieferung" sind nicht nur „Träger des kulturellen Wissens um die Vergangenheit", sondern sind auch deren primäre Produzenten.[67] Die Archäologie im eigentlichen wie auch uneigentlichen Sinne (der Begriff taucht explizit z. B. auch bei Foucault auf) weiß um die „topographische und technische Bedingtheit jedes Wissens."[68] „Wissen um die Vergangenheit kann nicht abgelöst von den Medien und Techniken seiner Speicherung und Verarbeitung gedacht werden."[69] Das „reine" archäologische Objekt kann es nicht geben, es ist immer durch „passive Intervention" manipuliert oder deformiert.[70]

Auch wenn Ebeling der Meinung ist, dass Foucault[71] 1966 den Begriff der „Archäologie" nur in spielerischer Weise einführt, um eine Beschreibungsmethode des Wissens zu finden, ist es doch gerade diese Redeweise, die den entbergenden Blick der Foucaultschen Archäologie offenbart: Sie macht Verborgenes sichtbar wie die herkömmliche Archäologie Verborgenes entdeckt und rekonstruiert.[72]

Wie Foucault hatte schon Kant das Wort Archäologie in Bezug auf die Geschichte des Denkens benutzt. Im letzten Abschnitt der *Kritik der reinen Vernunft* wirft Kant „einen flüchtigen Blick auf das Ganze der bisherigen Bearbeitungen" (der Ansätze zu einer Geschichte der Vernunft), die „zwar Gebäude, aber nur in Ruinen vorstellt".[73] Beide ver-

---

[65] ARMSTRONG 2004, 137.
[66] EBD., 143.
[67] EBELING 2004, 15.
[68] EBD.
[69] ALTEKAMP 2004, 212.
[70] EBD., 216.
[71] FOUCAULT 2002.
[72] Vgl. EBELING 2004, 17ff. Foucault benutzte den Begriff „Archäologie" nach 1969 nur noch sporadisch und ersetzte ihn durch den Begriff „Genealogie".
73 KrV (B 880)

räumlichen damit Philosophiegeschichte, die sonst vornehmlich zeitlich bzw. chronologisch gedacht wurde. Diese „Figur der Rückwendung"[74], wie wir sie auch bei Hegel finden, ist nicht nur als Beschreibungsinstrument wertvoll, sondern auch ein Mittel, Neues zu entwerfen.

5.5 Wittgenstein

Wittgenstein ist einer der bedeutendsten Philosophen, die sich mit Sprache und Erkenntnis kritisch auseinandergesetzt haben. Während er noch im *Tractatus logico-philosophicus*[75] einen reduktionistischen Versuch darüber unternahm, wie Sprache die Welt abbilden kann, vollzog er mit den *Philosophischen Untersuchungen*[76] einen Bruch mit seiner frühen Philosophie, indem er Sprache als soziale Praxis, die aus Sprachspielen besteht, verstand. Er tauschte die Exaktheit der rigiden, aber häufig tautologischen Analysesprache des *Tractatus* gegen die „Vielfalt der Sprachspiele"[77], die sich nicht mehr klassifizieren lassen, sondern nur noch durch lose „Familienähnlichkeiten" zueinander in Beziehung treten.

Besonders auffällig an den *Philosophischen Untersuchungen* ist zum einen ihre inhaltliche Neuheit, die aber mit einer strukturellen/stilistischen korreliert ist: Wittgenstein legt eine Sammlung von Bemerkungen vor, die nicht nur von literarischer Qualität sind, sondern eine „neue Form der Darstellung"[78] bieten: Dem Denken in vagen Relationen und Strukturähnlichkeiten entspricht die formal schnell erkennbare lose Form der Bemerkungen, die nicht mehr nur chronologisch lesbar sind, sondern auch untereinander Bezüge aufbauen. So entsteht ein Informationsnetz (statt eines Informationsflusses), in dem der Leser Themen „folgen" kann. Die neue Schreibweise in Bemerkungen bzw. Aphorismen kann man als wesentlich für Wittgensteins Methode betrachten[79]: Die Fragmentarisierung des Textes und damit der einzelnen Denkbil-

---

74 SCHNEIDER 2004, 81.
75 WITTGENSTEIN 1995B.
76 WITTGENSTEIN 1995A.
77 HUEMER 2006, 9.
78 EBD., S. 11.
79 CAVELL 2006, 51ff.

der/Denkräume, die häufig nur aus rhetorischen Fragen bestehen, bilden kein System mehr, sondern lösen sich völlig vom früheren Gedanken der chronologischen Analysierbarkeit und Erklärbarkeit. Im Gegensatz zu anderen literarischen Ansätzen der Philosophie (z. B. einer literarischen Form, die sich von Nietzsche über Heidegger bis zu Poststrukturalisten wie Derrida nachweisen lässt) wird allerdings das Wort „durch den Hinweis auf seine alltägliche Verwendung aus seiner metaphysischen Gefangenschaft"[80] befreit.

Neuere Untersuchungen versuchen zu ergründen, inwiefern Fiktionen und kontrafaktisches Wissen ernstzunehmende Erkenntnismöglichkeiten des Menschen darstellen.[81] Zwar können diese „Erkenntnisse" nicht wahr oder falsch sein, aber sie vermitteln Relationen und Verbindungen bzw. machen strukturale Zusammenhänge zuallererst sichtbar.

Wittgenstein selbst hat in kleineren Bemerkungen immer wieder darauf hingewiesen, dass er „Gleichnisse" entwerfe, sogar mit Nietzsche darin übereinstimme, dass der Philosoph ein Dichter sein müsse.[82] Allerdings hielt er auch den Tractatus für literarisch, was dieser im Hinblick auf die Metaphorik sicherlich auch ist.[83] Die für Wittgenstein zu allen Zeiten anhängige Frage war, worüber man philosophisch etwas sagen kann – und worüber man lieber schweigen sollte. Oder in einer modernen Version: Was man „nur" zeigen bzw. anschaulich machen kann.

Im Tractatus entwirft Wittgenstein ein Bild der Grenze von Logik, Welt und Beschreibbarkeit:

Die Logik erfüllt die Welt; die Grenzen der Welt sind auch ihre Grenzen. Wir können also in der Logik nicht sagen: Das und das gibt es in der Welt, jenes nicht. Das würde nämlich scheinbar voraussetzen, dass wir gewisse Möglichkeiten ausschließen, und dies kann nicht der Fall sein, da sonst die Logik über die Grenzen der Welt hinaus müßte; wenn sie nämlich diese Grenzen auch von der anderen Seite betrachten könnte. Was wir nicht den-

---

[80] EBD., 51f.
[81] HUEMER 2006, 18f.
[82] SCHALKWYK 2006, 86f.
[83] Zu Wittgensteins Verhältnis zur Literatur und dem Aufgreifen seiner Ideen in der Literatur siehe PERLOFF 1996.

ken können, das können wir nicht denken; wir können also auch nicht *sagen*, was wir nicht denken können.[84] [5.61]

Wittgenstein entwirft damit ein äußerlich ähnliches Bild vom System Wissenschaft/Philosophie wie Derrida, also ein System, auf das keine Metasicht möglich ist. Allerdings deutet Wittgenstein an, durch seinen Text dennoch über diesen hinausgelangt zu sein, wie er nicht nur in verschiedenen Briefen, sondern auch im Tractatus selbst beschreibt:

> Meine Sätze erläutern dadurch, daß sie der, welcher mich versteht, am Ende als unsinnig erkennt, wenn er durch sie – auf ihnen – über sie hinausgestiegen ist. (Er muß sozusagen die Leiter wegwerfen, nachdem er auf ihr hinaufgestiegen ist.) Er muß diese Sätze überwinden, dann sieht er die Welt richtig.[85] [6.54]

Die Idee der Stufenleiter und des Aufstiegs hat in der Philosophie eine lange Tradition, wird doch in solchen metaphorischen, räumlichen Kategorien des oben/unten meist ein Qualitätsunterschied gemessen. In der räumlichen Kategorie ist hier darstellbar, wie der Mensch nach Überwindung eines gedanklichen Hindernisses mit einer gedanklichen Leiter die alte Sichtebene hinter sich lassen kann. Wenn auch der frühe Wittgenstein keineswegs andeutet, dass er die höchste und damit allmächtige Perspektive „von oben" erlangt hat, stellt sich für die Philosophie trotzdem immer wieder die Frage: „[W]o ist dann der Ort, von dem aus man eine absolut klare und beherrschende Sicht der Arbeitsweise und Struktur unserer Sprache hat?"[86] Und vor allem: Wo bzw. an welchem Denkgebäude (oder Hindernis?) ist diese Leiter angelehnt? Wittgenstein hat in den Philosophischen Untersuchungen die Metapher der Leiter nicht mehr fortgeführt, aber das Grundkonzept der Sichtbarkeit/Übersichtlichkeit beibehalten:

---

[84] WITTGENSTEIN 1995B, 67.
[85] EBD., 85.
[86] SCHALKWYKN 2006, 89.

Es ist eine Hauptquelle unseres Unverständnisses, daß wir den Gebrauch unserer Wörter nicht *übersehen.* – Unserer Grammatik fehlt es an Übersichtlichkeit. – Die übersichtliche Darstellung vermittelt das Verständnis, welches eben darin besteht, daß wir die „Zusammenhänge sehen". Daher die Wichtigkeit des Findens und des Erfindens von *Zwischengliedern.*
Der Begriff der übersichtlichen Darstellung ist für uns von grundlegender Bedeutung. Er bezeichnet unsere Darstellungsform, die Art, wie wir Dinge sehen. (Ist dies eine ‚Weltanschauung'?)[87] [§122]

Wittgenstein verweist damit auf die Wichtigkeit, dass ein System wie die Philosophie auch imstande sein muss, seine inneren Relationen und Perspektivismen zu erkennen und darzustellen. Die „Zwischenglieder", die man auch als Kriterien der Beobachtung benennen könnte, müssen nicht nur gefunden, sondern auch erfunden werden – ein kreativer Prozess. So ist z. B. das hier benutzte metaphorische Konzept der Räumlichkeit und Sichtbarkeit ein solches Kriterium, um Erkenntnis darstellbar zu machen.

Gerade medien- und kulturorientierte Richtungen der Philosophie haben es sich in den letzten 20 Jahren zur Aufgabe gemacht, möglichst neue Perspektiven und Positionen zu finden, die einen *scheinbar* erhöhten Punkt oder zumindest einen neuen Blickwinkel, eine neue Perspektive hergeben.
Wittgenstein macht diese Unübersichtlichkeit zu seiner Stärke, nicht indem er sie verstärkt (diesen Vorwurf könnte man z. B. Derrida machen), sondern indem er versucht, Strukturen, Ähnlichkeiten und Bezüge zu erkennen und zum Hauptaugenmerk zu machen. Er nennt die Bemerkungen im Vorwort zu den Philosophischen Untersuchungen „eine Menge von Landschaftsskizzen", die auf „langen und verwickelten Fahrten" durch ein „weites Gedankengebiet" entstanden sind.

Unsere Sprache kann man ansehen als eine alte Stadt: Ein Gewinkel von Gäßchen und Plätzen, alten und neuen Häusern, und Häusern mit Zubauten aus verschiedenen Zeiten; und dies umgeben von einer Menge neuer

---

[87] WITTGENSTEIN 1995A, 302.

Vororte mit geraden und regelmäßigen Straßen und mit einförmigen Häusern.[88] [§18]

Philosophie wäre demnach eine Kartographie der Sprache/des Denkens, eine Reise durch die Philosophiegeschichte, die als Ort/Raum dargestellt wird. Wittgenstein denkt ebenso in der Architekturmetaphorik die Entstehung des Sprachgebäudes, seine Genese, mit.

> Die Sprache ist ein Labyrinth von Wegen. Du kommst von *einer* Seite und kennst dich aus; du kommst von einer andern zur selben Stelle, und kennst dich nicht mehr aus.[89] [§203]

Das Labyrinth gehört sicherlich zu den exotischen kulturellen Bauwerken (siehe Kapitel 5.7), macht aber am ehesten deutlich, dass es beim Metaphernfeld der Architektur selten nur um statische Bauwerke oder deren Aufbau geht, sondern auch um die Entdeckung derselben, die Reise/Bewegung durch diese Bauwerke, die Ausmessung der Verhältnisse zwischen verschiedenen Bauwerken bzw. die Auflösung klassischer Baustrukturen usw. Man könnte auch von einer philosophischen Spurensuche reden.

Was hat diese anschauliche Metaphorik nun für Konsequenzen? Der Philosoph, der sich Sprache als Stadt imaginiert, mag ein verkleinertes Analogie-Modell zur Hand haben – doch kann er damit „arbeiten"? Wittgenstein gibt darauf an anderer Stelle eine indirekte Antwort:

> Denk dir ein Landschaftsbild, eine Phantasielandschaft, und in ihr ein Haus – und jemand fragte „Wem gehört das Haus?" – Es könnte übrigens die Antwort darauf sein: „Dem Bauern, der auf der Bank davor sitzt." Aber dieser kann sein Haus dann, z. B., nicht betreten.[90] [§398]

Selbst wenn der Philosoph sich selbst verkleinern und in diese Landschaft projizieren würde, müsste er feststellen, dass es nur eine Modell-

---

[88] EBD., 245. Vgl. dazu die vom Abriss bedrohte Stadt in Descartes' *Discourse*.
[89] EBD., 346.
90 EBD., 405.

welt ist, die nur so weit funktioniert, wie sie von ihm selbst ausgestaltet wurde. Für die Architekturmetaphorik bedeutet dies, dass Denkgebäude kein wirkliches Innenleben haben, keine Einrichtung – man kann sie nicht betreten. Sie weisen nur analog Genese, Struktur oder Relation zu anderen Gebäuden auf, das ist ihre (äußerliche) Funktion.

5.6 Foucault

Raum, Perspektive und Sichtbarkeit sind Begriffe, die bei Foucault in vielerlei Hinsicht explizit und implizit eine große Rolle spielen. Damit steht er in einer gewissen Tradition: Die Denker des Strukturalismus und später des Poststrukturalismus wendeten sich „der Entdeckung der räumlichen Logiken, den vielfältigen Spielen von Positionen und der Erkundung der Schwellen möglicher Raumbeziehungen"[91] zu. Es wird bewusst ein räumliches, fast „theatralisches Szenenbild" des Denkens entworfen, in dem eine „Topo-Logik", eine geographische Terminologie eine große Rolle spielt. Dadurch wird eine bewusste Terminologie der Verräumlichung des Denkens, von Beziehungen, von Strukturen eingeführt (bspw. Drinnen/Draußen, Horizont, Schwelle, Grenze, Position, Feld, Territorium, Gebiet, Boden, Horizont usw.[92]). Mit der Verräumlichung geht einher, dass die Elemente keinen substantiellen Wert mehr an sich haben, sondern durch ihren Platz in der Struktur einen Wert bekommen.[93] Gleichzeitig wird die Veränderbarkeit der Strukturen mit in den Blick genommen, d. h. die Beweglichkeit und Verschiebbarkeit der Elemente. Der Vorteil dieses Wechsels der Terminologie und der dahinter liegenden theoretischen Annahmen lag darin, dass die in den Augen der (Post)Strukturalisten überkommenen Begriffe des Subjekts, aber auch des statischen Substanzdenkens ersetzt werden konnten. Halt gab von nun an eine dynamische Raumvorstellung, nicht mehr die Perspektive und Terminologie eines Subjekts oder einer starren Ordnung.

Foucaults Anliegen ist das der Sichtbarmachung bislang ungesehener oder kaum sichtbarer Ereignisse oder Strukturen, insofern ist er ein

---

[91] Dosse 1997, Band 2, 535.
[92] Vgl. Ebd., 537.
[93] Vgl. Ebd., 536.

„visueller Historiker".[94] Er nutzt nicht nur die Methode des Perspektivenwechsels und des Vorher-Nachher-Bildes, er zeigt auch historische, mediale Techniken des Sichtbarmachens auf.[95]

In der Literatur der Moderne sieht Foucault eine Suspendierung der Zeitlichkeit, der Chronologie. Die Sprache ist für ihn zu einer „Sache des Raumes" geworden.[96] „Nicht deshalb ist der Raum in der heutigen Sprache die bedrängendste aller Metaphern, weil man von nun an nur noch auf ihn zurückgreifen kann, sondern weil sich die Sprache von Anbeginn im Raum entfaltet, sich in ihn hineinschiebt, in ihm ihre Wahlen trifft, ihre Figuren und ihre Übertragungen entwirft."[97] Das heißt, dass der Raum bzw. das Visuelle eine positive Neubewertung erfährt und zur begrifflichen Neuschöpfung und Metaphorisierung genutzt wird.

Foucaults *Archäologie des Wissens* dient der Beschreibung von „architektonische[n] Einheiten der Systeme", die Foucault „beweglich machen" will, d. h. in denen ein „Denken der Diskontinuität" stattfinden soll (Schwelle, Bruch, Einschnitt, Wechsel, Transformation usw.).[98]

Den Raum in seiner Reinheit erscheinen zu lassen, in dem sich die diskursiven Ereignisse entfalten, heißt nicht, zu versuchen, ihn in einer Isolierung wiederherzustellen, die nichts zu überwinden vermöchte; heißt nicht, ihn in sich selbst zu verschließen; es heißt, sich frei zu machen, um in ihm, und außerhalb seiner, Spiele von Beziehungen zu beschreiben.[99]

Foucault tangiert auch den Bereich der Logik, wenn er den paradoxen Ort, beispielsweise im „Denken des Denkens", beschreibt, der weder „innen", noch „außen" ist.[100] Das „Denken des Außen", das zur Paradoxalität führt, korrespondiert mit den Versuchen Derridas, das System Philosophie zu entgrenzen (vgl. Kapitel 5.8).

---

[94] RAJCHMAN 2000, 41.
[95] EBD., 42. In „Überwachen und Strafen" beispielsweise rückt er die Wichtigkeit der visuellen Macht in Bezug auf Gefängnisarchitektur in den Mittelpunkt.
[96] FOUCAULT 2003B, 168.
[97] EBD., 169.
[98] FOUCAULT 2002, 12.
[99] EBD., 45.
[100] FOUCAULT 2003A.

Doch Foucault hat, anders als beispielsweise Derrida, diese räumlichen Begriffe nicht weiter ausgearbeitet und in einem philosophischen Konzept „verankert". Viele seiner Begriffe sind demnach im Visuellen und Räumlichen angesiedelt, allerdings häufig ohne expliziten Bezug zu einer konkreten Idee. Der Foucaultsche Begriff des „Dispositivs" beispielsweise versucht, am „Kreuzungspunkt von Medien und Raum anzusetzen [...]. In ihm verbinden sich die Ebenen des Diskurses und der ‚Subjekte' mit einer raumzeitlichen Konditionierung dieses Verhältnisses."[101] Ähnlich dem Begriff „Habitus" Bourdieus bezeichnet er zwar auch räumliche Verhältnisse, aber nicht ausschließlich. Es ist gedacht als ein „Netz" von diskursiven und nicht-diskursiven Elementen, ein „Spiel von Kräfteverhältnissen".[102]

5.7 Vom teleologischen Labyrinth zum Deleuzianischen Rhizom

Eco unterteilt drei Arten von Labyrinthen, die auch als Metaphern für Sprache und Verstehen sowie Wissen genutzt werden.[103] Das erste ist das klassische bzw. lineare Labyrinth[104], das nur einen Weg bzw. auch nur einen Ein- und Ausgang kennt. Ein Beispiel ist das Labyrinth von Kreta, das den Weg zum Minotaurus darstellt. Diese strukturell einfachste Art des Labyrinths funktioniert trotz der Tatsache, dass man sich nicht verlaufen kann, nach dem Prinzip des Umwegs. Die Bewegung durch das Labyrinth erfolgt konz*entrisch*, die Richtung pendelt und führt beständig am Zentrum vorbei. Das Labyrinth ist nach außen begrenzt und stellt einen eigenen Raum dar, der nicht nach außen eröffnet werden kann. Das Labyrinth ist selbst der Ariadnefaden, der einem Knäuel ähnelt. Diese Art des Labyrinths ist teleologisch deutbar, z. B. auch im religiösen Sinne: Das Labyrinth als Erlösungsweg, die Mitte (mitsamt Minotaurus) bietet die Möglichkeit der Überwindung des Bösen bzw. der Kehrtwendung, der Ariadnefaden wird zum Symbol des Telos, der

---

[101] BRAUNS 2007, 8.
[102] EBD., 50.
[103] ECO 1985.
[104] EBD., 125.

Rückkehr bzw. Rettung. Der zweite Typ des Labyrinths ist der Irrgarten bzw. der Irrweg, der wesentlich komplexer strukturiert ist.[105] Als manieristische Erfindung der Renaissance bietet der Irrgarten Wahlmöglichkeiten an Wegen, was impliziert, dass man sich auch verlaufen kann. Diese Art Labyrinth ist in der Moderne meist phobisch besetzt, es benötigt keinen Minotaurus im Zentrum, da die Bedrohung von der Gefahr des Sich-Verirrens ausgeht (insofern wäre hier der Ariadnefaden sinnvoll).

Der dritte Typ des Labyrinths ist nach Eco das Netz, der Mäander bzw. das Rhizom.[106] Das Rhizom hat keinen Mittelpunkt und kein Außen (bzw. ist nach außen offen), jeder Punkt des Netzes ist mit jedem anderen verbindbar. Das Rhizom ist im Unterschied zu den beiden ersten Typen ein Gedankenlabyrinth bzw. ein virtuelles Labyrinth. Daher dient diese Art des Gedankenlabyrinths auch bis heute häufig zur Beschreibung der „Wissenskartierung" bzw. der räumlichen Beschreibung von Wissensrelationen (man denke an die Diderotsche/D´Alembertsche Encyclopédie oder auch an das Internet). Hier wird die räumliche Ausweglosigkeit eben nicht durch einen geschlossenen Raum, sondern durch einen offenen, unbegrenzten Raum erzeugt. „[I]n einem Rhizom ist Blindheit die einzige Art des Sehens (lokal), und Denken heißt, nach dem Weg zu tasten."[107]

Der wohl bekannteste philosophische Versuch, das Labyrinth bzw. das Rhizom als räumliche bzw. Bewegungsmetapher zu nutzen, stammt von Deleuze und Guattari.[108] Kritikpunkt ist die binäre Logik bzw. das teleologisch-restriktive Wissenssystem, das – typisch für den Poststrukturalismus – angegriffen wird. Dabei werden gleichzeitig drei Metaphernkonzepte genutzt, die Wissen und Denken als zu kartographierendes Land, als wachsenden Baum und als entstehendes Buch beschreiben. Allen dreien gemeinsam ist, dass sie entstehende Strukturen beschreiben.

---

[105] EBD., 125.

[106] EBD., 126.

[107] EBD., 127.

[108] DELEUZE/GUATTARI 1992. Das darin enthaltene Kapitel „Rhizom", das wegen der besseren Übersetzung zitiert wird, wurde bereits 1977 in Einzelform veröffentlicht: DELEUZE/GUATTARI 1977.

Die klassische Wissenschaft wird von Deleuze und Guattari als Baum dargestellt, der „Pfahlwurzeln" hat, die sich dichotomisch verzweigen.[109] Dem setzen die beiden die „Mannigfaltigkeit" oder auch „Vielheit" des „Rhizoms" entgegen, also die biologische Metapher des Knollengewächses, das für ein nicht-binäres Werden steht.[110] Das Rhizom unterliegt dabei dem „Prinzip der Konnexion und Heterogenität. Jeder Punkt eines Rhizoms kann (und muß) mit jedem anderen verbunden werden. Das ist ganz anders als beim Baum oder bei der Wurzel, bei denen ein Punkt, eine Ordnung, festgelegt ist."[111] Die damit beschriebene Struktur oszilliert zwischen Konstruktion und Auflösung, räumlicher Annäherung und Distanzierung. Deleuze vermeidet daher auch alle Metaphern, die statisch sein könnten und greift auf räumlich-bewegte Metaphern der Natur zurück, z. B. der „Wucherung" (Pflanze) oder der „Meute" (Tierreich). So gilt für das Rhizom auch das „Prinzip des asignifikaten Bruchs": „Ein Rhizom kann an jeder Stelle unterbrochen oder zerrissen werden, es setzt sich an seinen eigenen oder an anderen Linien weiter fort."[112]

„Das Rhizom ist eine Anti-Genealogie."[113] Es lässt sich nie einem generativen oder statischen Strukturmodell zuordnen. Es bietet nie ausschließlich einen Zugangs- oder Anfangspunkt.

Das philosophische Projekt Deleuzes und Guattaris ist eine metaphorische Denkbewegung, die neue Vorstellungen von Sprache, Logik und Wissenschaft zu etablieren versucht. Begrifflich wird dies als „Re-Nomadisierung" (d. h. Beweglichmachen), „De-Territorialisierung" (Raumverschiebung), „Nicht-Stillstand" gefasst, was gewisse Bezüge zum „Fließen" als Denkbewegung im Skeptizismus erkennen lässt.

Das Rhizom will das klassische baumartige, genealogische, lineare und binäre Organisationsmodell von Wissen ersetzen durch ein relationales, entstrukturiertes, in dem es nur vage und flüchtige Verbindungen und

---

[109] DELEUZE/GUATTARI 1992, 14f.

[110] EBD., 16. Auch hier steht also der topos der Überwindung der binären/klassischen Logik im Mittelpunkt (siehe dazu auch Kapitel 5.8 und 5.9).

[111] EBD., 16.

[112] EBD., 19.

[113] EBD., 21.

Vernetzungen gibt.[114] Insofern werden die „Tausend Plateaus" (nicht nur der Titel, auch der innere Aufbau des Buches ist eine performative Durchführung des rhizomatischen Projekts) auch häufig als textuelle Vorwegnahme des Internets bzw. heterogener virtueller Räume gesehen. „Das nomadische Denken verlässt die geschlossenen Begriffsräume der ‚klassischen' Wissenschaft und begibt sich denkerisch wieder ins Offene und Voraussetzungslose. Wie die nomadische Wissenschaft stellt das nomadische Denken eine Form reiner Äußerlichkeit dar."[115]

5.7.1 Perspektiven auf die Philosophiegeschichte

Deleuze hat – betrachtet man sein Gesamtwerk – versucht, die philosophiehistorische Praxis seiner Zeit in Büchern über Philosophen wie Spinoza, Leibniz, Hume, Kant, Nietzsche, Bergson, Foucault (aber auch über Schriftsteller wie Kafka) subversiv zu unterlaufen. Für ihn ist Philosophiegeschichte repressiv, da sie den Blick auf einen Denker, eine Theorie zu arretieren versucht. Eigene Blickwinkel, z. B. des wissenschaftlichen Nachwuchses, würden damit zurückgewiesen.[116] Seine Motivation bestand darin, diese Sichtweisen aufzubrechen, das klassische Bild zu dezentrieren, zu verschieben, ein „Anderes" des jeweiligen Denkens aufzuzeigen, das im Widerspruch steht (und damit auch unbemerkte Brüche in Theorien). Das ähnelt der Vorgehensweise einiger anderer poststrukturalistischer *Quer*denker wie z. B. Foucault oder Derrida.

Foucault bezeichnete Deleuze einmal als „Theatermann", seine Werke als „theatrum philosophicum".[117] Für Deleuze war es wichtig, Philosophie und ihre Geschichte als ein Werden darzustellen, nicht als starre Konstruktion. „Die Philosophie ist Werden, nicht Geschichte; sie ist Koexistenz von Ebenen, nicht Abfolge von Systemen."[118] Die künstliche Systematierung, Chronologisierung und Ordnung der Philosophiegeschichte macht ihre Akteure zu Marionetten, die an unsichtbaren Fäden geführt werden. Deleuze versucht, diese unsichtbare Teleologie aufzu-

---

[114] LINDEMANN 2002, 215.

[115] EBD., 219.

[116] Vgl. SCHNEIDER 1996, 104f.

[117] Vgl. EBD., 106.

[118] DELEUZE/GUATTARI 2000, 68.

heben und jedem Denker wieder den Raum zu lassen, den er einnehmen möchte/kann, mit der Konsequenz, dass unter Umständen keine Chronologie und Synchronizität mehr geschaffen wird, die Figuren nicht mehr auf derselben „Bühne", im selben Raum, spielen.[119]

Die Theatermetapher Foucaults beschreibt also nicht *eine* Inszenierung der Philosophiegeschichte, sondern eigentlich ihr genaues Gegenteil, das Auseinanderfallen in viele gleichzeitige Stimmen, a-teleologische Bewegungen und Schauplätze. Mit diesem beweglichen, dynamischen Begriff von Philosophie lassen sich Modelle der externen Beeinflussung nicht verbinden: Da die Akteure nicht mehr wie Marionetten in einem abgegrenzten Bühnenraum „geführt" werden, ist ihr „Spiel" mit Begriffen wie „Einfluss", „Kausalität" oder „Bewusstwerden" bzw. mit externen, verborgenen Instanzen nicht mehr erklärbar. Dazu gehören vor allem verschiedene Arten der politischen Geschichtsauffassung (wie z. B. die materialistische Geschichtsauffassung). Man könnte sagen: Die einzige Politik, die Deleuze auf der philosophischen Bühne zulässt, ist der Liberalismus.[120]

Ein philosophisches Werk, so auch Foucaults Überzeugung (Deleuze wie Foucault waren Schüler Jean Hyppolites, was man hier erkennen mag), dürfe nicht als Gegenstand fixiert werden, sondern in seinen Möglichkeiten (und auch Lücken, Brüchen, Unzulänglichkeiten) eröffnet werden.[121] Philosophie als Denken ist für Deleuze also eine ziellose, unbegrenzte Bewegung, die eine Vielheit von Räumen erschließt.

Das Bild des Denkens hält nur fest, was das Denken rechtmäßig beanspruchen kann. Das Denken beansprucht ‚nur' die Bewegung, die bis ins Unendliche getrieben werden kann. Was das Denken in rechtlicher Beziehung beansprucht und auswählt, ist die unendliche Bewegung oder die Bewegung des Unendlichen. Sie ist es, die das Bild des Denkens konstituiert.[122]

---

[119] Vgl. SCHNEIDER 1996, 108.
[120] Vgl. EBD., 109.
[121] Vgl. EBD., 114.
[122] DELEUZE/GUATTARI 2000, 44.

Deleuze wagt also mit seiner Einstellung keinen Sprung „hinter" das Denken, wie es viele „Theorien des Verdachts" getan haben, sondern einen Sprung in das Denken, in den Strom des Denkens hinein. Schneider nennt dies das „Immanenzpostulat" Deleuzes.[123] Deleuze will das Denken beweglich machen bzw. erhalten, indem er davon abrät, der klassischen Methode der Lektüre und des Verstehens zu folgen. Bei dieser würde das Buch „als eine Schachtel, die auf ein Innen verweist"[124] verstanden, in der man nach vermeintlichen Signifikaten sucht.[125] So würde man lauter Behälter in- und aufeinander stapeln, letztendlich nur „das Buch des Buchs" schreiben, ohne je an die (vermutete) Bedeutung zu gelangen, die man doch suchte.[126] Er rät zu einer kreativen Art des Denkens und Verstehens, die dem Äußeren zugewandt ist und den Verbindungen bzw. „Strömungen" folgt, die die Dinge verbinden.

Serres, der sich wie die meisten so genannten Poststrukturalisten ebenfalls auf den Saussureschen Strukturalismus bezieht, sieht im netzförmigen Denken „Determinations-flüsse". Für ihn ist Wissen ein „netzförmiges Diagramm", in dem die Punkte Thesen darstellen, die über Wege in Beziehung zueinander stehen. Es gibt keine privilegierten Punkte oder „Zentren", wie bei Saussure kommt den Einzelelementen nur Bedeutung durch ihre Beziehung zu den anderen Elementen und ihre Konnektivität zu.[127] Auch Serres verweigert sich einer „Einbahnstraßenlogik" bzw. logischer Notwendigkeiten bzw. einer linearen Logik.[128]

5.8 Räumliche Metaphern in der Philosophie Derridas

Derridas Dekonstruktion lässt sich kaum mehr als Theorie im klassischen bzw. normativen Sinne beschreiben, sie sperrt sich sogar aktiv/performativ dagegen. Köpper spricht deswegen von *Denkbewegungen*[129], obgleich das Vokabular Derridas vielmehr von architektonischen,

---

[123] Vgl. SCHNEIDER 1996, 118.
[124] Vgl. dazu die Behälter-Metapher, Kapitel 3.1.1.3.
[125] DELEUZE 1993, 18f.
[126] EBD., 18f.
[127] SERRES 1999, 155.
[128] EBD., 156.
[129] Vgl. KÖPPER 1999.

räumlichen, grafischen und Formbegriffen durchzogen ist. Diese werden allerdings regelmäßig aus ihrer Statik gerissen, indem ihnen Aktivitäten oder Wechselbeziehungen, Veränderungen und „Kraftdifferenzen" zugewiesen werden. Häufig werden auch andere Metaphernbereiche, z. B. biologische, beigemischt. Dynamisch wirkt auch der eigentliche Aufbau Derridascher Texte, die absichtlich die Grenze zwischen wissenschaftlichem und literarischem Schreiben verwischen, was sich in Experimenten mit verschiedenen Parallelmontagen, Subtexten, „Erzählsträngen", Genre-Mixen usw. zeigt.

Derridas Text „Tympanon" enthält beispielsweise zwei parallel laufende Texte, die die Metapher des Rahmens, die im Text verhandelt wird, räumlich-typographisch und damit performativ widerspiegelt.

Diese Experimentierfreudigkeit Derridas darf aber nicht darüber hinwegtäuschen, dass der Metaphernbereich, den Derrida zur Beschreibung seines immer wiederkehrenden Hauptthemas wählt, ursprünglich statisch ist: Derridas frühe Schriften, die die Sprachphilosophie und „Erkenntnistheorie" erneuern sollten, geben in ihrer detaillierten Reflektiertheit preis, worum es Derrida insgesamt geht: Die Philosophie neu zu denken, ihre Grenzen zu bestimmen, d. h. sie vorstellbar zu machen und zugleich neu zu formen; vor allem heißt es aber: den Denker dieser Form wiederum zu „verorten", ihn in seiner perspektivischen Sicht darzustellen und diese Position immer wieder in Frage zu stellen und zu verändern.

Das räumliche Vokabular, das anhand einiger Beispiele analysiert werden soll, weist darauf hin, dass Derrida Philosophie, Logik, Struktur etc. ganz ähnlich wie Heidegger[130] auch explizit als Raum bzw. räumliche Bewegung denkt. Die Metapher der „Verortung" ist also kein zufälliges Produkt, sondern ein bewusstes und an Heideggers Vorbild orientiertes Mittel, die Philosophie, ihre Grenzen und ihr „Inneres" neu zu denken.

Eine große Rolle spielt dabei das strukturalistische Denken der 60er-Jahre, das Derrida aufgreift und modifiziert, vor allem zurückgreifend auf die sprachorientierten Werke de Saussures, Kristevas, Levi-Strauss'

---

[130] Auf die Heideggersche Metaphorik der Lichtungen, Holzwege usw., die auf etymologische „Wurzeln" z. B. der griechischen Sprache zurückgehen, kann an dieser Stelle nicht eingegangen werden.

usw. Der Strukturbegriff (lat. *structura* = „Bauart") beschreibt Sprache als Form, nicht mehr als Substanz. Redet man also von der Struktur von Sprache oder Wissen im strukturalistischen Sinne, meint man eine Form, die wandelbar ist und deren Teile voneinander abhängen: eine Form, die „fest" (und damit beobachtbar/beschreibbar), aber auch „flüssig" sein kann. Im strukturalistischen Denken hat jedoch jede Struktur ein Zentrum, das sie organisiert und festigt.[131] In der Sprachtheorie waren diese *archimedischen Punkte* z. B. „transzendentale Signifikanten" bzw. „finale Signifikanten", die die Interpretationsmöglichkeiten von Sprache an einem gewissen Punkt abschlossen und somit eine zumindest teilweise „Verfestigung" ermöglichten.

Das „Spiel der Zeichen", das Derrida proklamierte, geht darüber weit hinaus, verflüssigt gewissermaßen diese Struktur und treibt sie ins Unendliche. Dennoch: Eine Struktur ohne Zentrum, so auch Derrida, sei nicht denkbar.[132] Derrida war sich im Klaren darüber, dass eine unter anderem auch politische Geste der Negation von Strukturen oder Machtzentren nicht denkbar ist, ohne gleichzeitig einen oppositionellen „Raum" zu eröffnen, der den negierten Raum spiegelt. Vielmehr versuchte Derrida, die bestehenden Strukturen, z. B. der Philosophie, nach außen zu öffnen, zu entgrenzen und dadurch allmählich zu „entkernen".[133] Vermutlich ist es diesem Punkt der nicht-einfachen Oppositionalität geschuldet, dass die Dekonstruktion derart erfolgreich wurde.

Wie anhand der Derridaschen Sprachphilosophie schon angedeutet, wird das Sprachspiel als oszillierende und nicht abschließbare Struktur gesehen. „Die Abwesenheit eines transzendentalen Signifikats erweitert das Feld und das Spiel des Bezeichnens ins Unendliche."[134] Derrida ist durchaus bewusst, dass Sprache und damit Interpretation ständig dazu tendiert, „Zentren" auszubilden, d. h. Interpretationsgewohnheiten

---

[131] Foucault hat ebenfalls das Zentrum in *Überwachen und Strafen* unter dem Aspekt der „Machtausübung" gedeutet, z. B. in Bezug auf Gefängnisarchitektur.

[132] DERRIDA 1997A, 422.

[133] DOSSE 1996, Band 2, 35. Wobei man anmerken muss, dass die strukturalistischen Denker, z. B. Roland Barthes, zum Teil auch die Idee der Strukturauflösung in Angriff genommen hatten, nur nicht in dieser Konsequenz. Vgl. CULLER 1999, 25.

[134] DERRIDA 1997A, 424.

zu verfestigen. Er selbst hat daher viele seiner Neologismen, wie z. B. die *différance* später nur noch spärlich eingesetzt, um ein „Einrasten" des Sinns zu verhindern. Derrida geht es also darum, die verfestigten „Zentren" (d. h. sprachlich-kulturelle „Unbeweglichkeiten") wieder zu verflüssigen, so dass neue, kreative Zusammenhänge beobachtbar werden. Er bildet also keinen oppositionellen Raum zum Bestehenden, noch sprengt er im negativen Sinne die bestehenden Strukturen – wie der Name Dekonstruktion (aus Konstruktion und Destruktion) schon sagt, ist die Derridasche Philosophie kein Abrissunternehmen ungeliebter Denkgebäude.

Derrida sieht das Schreiben als „eine nicht beherrschbare Praxis der Bedeutungsproduktion und den Text als ein nicht begrenzbares Gewebe."[135] Diesem Bild der unendlichen, unbegrenzbaren Öffnung stellt Derrida nun (durchaus bewusst im Sinne einer Aporie) ein Bild der Schließung/ der Abgeschlossenheit des philosophischen Systems gegenüber. Damit macht Derrida seinen eigenen Standpunkt klar: Dieser muss innerhalb der Philosophie liegen. Derridas nachvollziehbare These ist es, dass man keinen Standpunkt außerhalb der Philosophie einnehmen kann, um über sie oder ihre Elemente zu urteilen.[136] Derrida versucht zwar, die Hierarchien und Grenzen der geschichtlich gewachsenen Strukturen zu verschieben und aufzulösen, ist aber dennoch „gefangen" im System der Philosophie. In Bezug auf eine „Überwindung der Metaphysik" bzw. eine Überwindung der „-zentrismen", die für Derrida eine große Rolle spielt, bedeutet dies die Einnahme einer skeptischen Position bzw. metatheoretischen Kapitulation: im Hinblick auf das Konzept der lebendigen Metaphern könnte man auch sagen, dass wir über die metaphorische Sprache nicht hinausgehen können.

„Daß Derridas Philosophie der Metaphysikkritik keine nicht-metaphysische sein kann, darf [...] nicht verkannt werden – und wird von

---

[135] BÜRGER 2000, 165.

[136] Auch die in einem späteren Kapitel untersuchte Systemtheorie Niklas Luhmanns beschreibt, dass Systemkritik immer von innen kommt, aber einen äußeren Standpunkt der Kritik vortäuscht. „Die Protestkommunikation erfolgt zwar *in* der Gesellschaft, sonst wäre sie keine Kommunikation, aber so, *als ob es von außen wäre.*" LUHMANN 1998, 853.

Derrida selber auch nicht bestritten."[137] Daher kann Dekonstruktion auch nicht mehr als Metakritik auftreten, also „von oben herab" beurteilen, sondern muss sich jeweils in die zu bearbeitenden Gebiete hinein begeben. Vielleicht ist diese Einsicht dafür ausschlaggebend, dass Derrida auch keine neuen Denkgebäude mehr baut (die möglichst hoch sein müssten, um eine gute Übersicht zu haben), sondern zweidimensionale, grafisch abstrakte Bilder entwirft.

„Die Dekonstruktion hat notwendigerweise von innen her zu operieren, sich aller subversiven, strategischen und ökonomischen Mittel der alten Struktur zu bedienen, sich ihrer strukturell zu bedienen, das heißt, ohne Atome und Elemente von ihr absondern zu können."[138] Damit legt Derrida quasi die Begrenztheit seiner philosophischen Raumnahme offen dar – um zugleich zu eröffnen, dass dadurch das Spiel mit den bestehenden Elementen des Systems unendlich viele neue Konstruktionsmöglichkeiten des Systems beinhaltet. Damit wendet er sich implizit gegen alle Theorien, die einen äußeren, objektiven Standpunkt „vortäuschen" bzw. ihre Beobachterposition nicht preisgeben; oder aus der Sicht einer „Logik des Verdachts" formuliert: die Beobachterposition absichtlich nicht preisgeben, um den Schein der Objektivität zu wahren.

Dekonstruktion wird also nicht von außen an die Philosophie und ihre Geschichte herangetragen oder ihr aufgesetzt, sondern ist schon in der Grundstruktur der Philosophie und Metaphysik eingeschrieben.[139] Derrida wählt das mehrdeutige Wort *tympanon* (u. a. = „gespannte Leinwand"; *tympan* = „Schließrahmen"), um die Arbeit, die *Randgänge* an der *Grenze* der Philosophie zu beschreiben. Derrida interessieren also die Ränder der Philosophie, die sie von anderen Systemen (wie man nach Luhmann sagen könnte) trennt. Es geht zum einen um das Aufweichen dieser Grenzen, das „Ausfransen" dieser Ränder, zum anderen aber auch um die Möglichkeit, eine andere Perspektive zu ermöglichen.

Wenn die Philosophie ihrerseits immer mit Nicht-Philosophischem, ja auch mit dem Anti-Philosophischen in Beziehung bleiben wollte, mit den Prak-

---

[137] TEWES 1994, 125.
[138] DERRIDA 1996, 45.
[139] DERRIDA/BENNINGTON 1994, 46.

tiken und Kenntnissen – seien sie empirisch oder nicht –, die ihr Anderes konstituieren, wenn sie sich diesem durchdachten Einvernehmen mit ihrem Äußeren gemäß konstituierte, wenn sie es immer verstand, in ein und derselben Sprache über sich selbst und anderes zu sprechen, kann man dann, mit all der gebotenen Präzision, einen nicht-philosophischen Ort ausmachen, einen Ort der Äußerlichkeit oder der Andersheit, von dem aus man noch *über die Philosophie* sprechen kann?[140]

Die Frage ist kaum zu beantworten: Zwar kann man behaupten, Derrida habe das System Philosophie dadurch irritiert, dass er Techniken der Literatur, der Soziologie usw. implementiert habe (was höchst ungewöhnlich und analytisch zunächst kaum erfassbar und problematisch war), aber er hat dadurch keinen theoretischen „Ort" geschaffen, der in dem Sinne übergeordnet oder außerhalb wäre, um einen besseren Überblick zu gewähren. Er hat vielmehr versucht, eine an sich paradoxe Selbstbeobachtung und rigorose Selbstreflexion der Philosophie durchzuführen – allerdings eine, die sich ihrer Grenzen und ihrer paradoxalen Beschränkungen bewusst ist.

Ihm war auch bewusst, dass nicht nur die systemische Philosophie *vor* der Dekonstruktion Probleme hatte – so wie man häufig die Probleme in der Vergangenheit sucht und ihnen etwas Neues entgegensetzt –, sondern auch die Auflösung der bestehenden Strukturen in der Philosophie (die er ja zum Teil wirklich erreicht hat) Gefahren birgt.

> Kann man über die Philosophie [...] sprechen, ohne sich damit – mit diesem Anspruch auf Einheit und Einzigartigkeit – schon die uneinnehmbare, majestätische Totalität einer Ordnung diktieren zu lassen? Wenn es nicht mehr nur eine Randzone gibt, gibt es dann noch eine Philosophie, die Philosophie?[141]

Dem logozentrischen, ethnozentrischen Philosophiesystem als rigidem Machtsystem steht hier ein aufgelöstes Gebilde entgegen, das seine Grenzen zu anderen Bereichen, seine Techniken und vor allem seine

---

[140] DERRIDA 1999, 15.
[141] EBD., 19.

Legitimation anders bzw. neu rechtfertigen muss. Die Philosophie muss gezwungenermaßen ihre Ziele, ihre Grenzen, ihre Gebiete neu ordnen bzw. neu verorten.

Derrida erinnert daran, dass nach der „Logik der Randzone […] jenseits des philosophischen Textes nicht ein weißer Fleck, eine unberührte, leere Randzone, sondern ein anderer Text beginnt, ein Gewebe von Kraftdifferenzen ohne jedes aktuelle Bezugszentrum".[142] Damit bezieht er sich auf die Intertextualitätstheorie Julia Kristevas, die von einer strukturellen Bezugnahme von Texten auf andere Texte ausgeht (z. B. durch Zitate oder andere, implizite Verweise), die also die Verknüpfung und *Poiesis* von Texten aus Texten behandelt. Demnach sind philosophische Texte ähnlich wie literarische Texte von anderen Texten abhängig und bilden dadurch ein höchst komplexes Feld, das nicht klar zu begrenzen ist, und im Falle Derridas auch nicht vor anderen Systemgrenzen abrupt endet.

Es bleibt ein subjektloses Textuniversum, das zugleich Eingrenzungen erfährt, aber eigentlich eine Tendenz zum Entgrenzten hat, die Derrida betonen will. „Es gibt […] nichts außerhalb des Textes, und daher ist jeder Text ein Text über einen Text unter einem Text – ohne festgesetzte Hierarchie."[143] Doch diese Entgrenzung ist keine gewaltsame, sondern eine (aus der Perspektive Derridas) befreiende, die die in der Philosophie stattfindenden Domestikationsversuche und Hierarchiebildungen ablösen soll. „Wie ist die Philosophie in einen Raum eingeschrieben, eher eingeschrieben, als daß sie selbst sich einschreibt, in einen Raum, den sie gern beherrschen würde, aber nicht zu beherrschen vermag […]."[144] Mit dieser Beschreibung des philosophischen Raumes, mit dem spürbaren Drang, das System nicht nur innerhalb neu zu ordnen, sondern auch räumlich aufzulösen, hat Derrida einen Wunsch nach Interdisziplinarität (Öffnung nach außen) und Methodenpluralismus (Entgrenzung, Spiel) formuliert, der gerade in den 1980er- und 1990er-Jahren sehr großen Anklang gefunden hat. Gerade in den Medienwissenschaften und den Kulturwissenschaften hat sich diese system- und methodenübergreifen-

---

[142] EBD., 23.
[143] DERRIDA/BENNINGTON 1994, 101.
[144] DERRIDA 1997C, 32.

de Öffnung bemerkbar gemacht – im positiven wie negativen Sinne.

Eine Technik Derridas, innerhalb des philosophischen Diskurses eine „Öffnung" zu erreichen, war es, die klassischen Texte anders zu lesen. Dies mag durchaus einer in Derridas früher Schaffensphase – den 1970er-Jahren – populären Psychoanalyse zuzuschreiben sein, da auch Derrida auffällige Bruchstücke, Marginalien wie Fußnoten (also auch im realen graphischen Sinne: Ränder der Texte) usw. zu befragen versucht, um zu einem anderen Re-Lektüreergebnis als die klassischen Interpreten zu kommen.

Dekonstruktion wäre dann „die strukturierte Genealogie ihrer [der Philosophen, Anm. CFH] Begriffe zwar in der getreuest möglichen Weise und von einem ganz Inneren her zu denken, aber gleichzeitig von einem gewissen, für sie selbst unbestimmbaren, nicht benennbaren Draußen her festzulegen, was diese Geschichte verbergen oder verbieten konnte [...]."[145] Derridas Bezug zur traditionellen Philosophie ist vielleicht einzigartig: Er bezieht zugleich eine paradoxale Stellung innerhalb und außerhalb der Strukturen, die er dekonstruiert.[146]

5.8.1 Der dritte Ort

Derrida denkt aber nicht nur den „Ort" der Philosophie bildlich, er macht den Versuch, die binäre Opposition von Innen und Außen im Endeffekt aufzulösen. Dies ist eine der anti-strukturalistischen Implikationen der Dekonstruktion, die klassische zweiwertige Logik auszuhebeln bzw. Begriffspaare ambivalent zu machen. Die paradoxe Form der Dekonstruktion legt nahe, „daß man nicht alles in der Logik – sondern allenfalls in einer *Graphik* – formulieren kann."[147] Derrida versucht also mit seiner Logik der Dekonstruktion, einen dritten *Ort* zu bezeichnen, eines der Gesetze der klassischen Logik in „Tertium datur" umzuschreiben.

„Es ist wohlbekannt was Platon unter dem Namen *chōra* bezeichnet, fordert anscheinend – im *Timaios* – die ‚Logik des Nicht-Widerspruchs

---

[145] DERRIDA 1986, 38.
[146] DOSSE 1997, Band 1, 32.
[147] DERRIDA/BENNINGTON 1994, 293.

der Philosophen', diese Logik ,der Binarität, des Ja oder Nein', heraus. Sie könnte also vielleicht dieser ,anderen Logik als der Logik des *logos'* unterstehen. Die *chōra*, die weder ,sinnlich' noch ,intellegibel' ist, gehört einer ,dritten Gattung'/einem ,dritten Geschlecht' [...] an." Derrida versucht in *Chōra*, den gleichnamigen Begriff aus Platons Timaios, der soviel wie „Ort", „(Markt)platz", „Stelle", „Gegend" bedeutet, mit dem Begriff der Logik zusammenzuführen. Timaios, der von der Entstehung der Welt spricht, berichtet über eine dritte Gattung, die zum Intelligiblen und Sinnlichen hinzutritt: es sei eine „schwierige und dunkle Gattung", die „allen Werdens Aufnahme sei wie eine Amme" [48e-49a]. Je nach Übersetzung finden sich auch Begriffe wie „Mutter", „Behältnis" und „Abdruckträger", die die *Chōra* darstellen sollen. Beschreibt Timaios im Platonischen Dialog eher eine Ordnung bzw. Logik der Ontologie, nimmt Derrida genau diese Kategorisierung zum Anlass, Überlegungen zur Logik und Entwicklung der Philosophie und ihrer Geschichte anzustreben.

Derrida sieht diesen Ort, den Timaios als die „Statt", in der das Werdende und das dem Werdenden Nachgebildete wird, bezeichnet, als einen dritten Ort, der sich der binären Logik des Ja oder Nein entzieht. Sie gehört, so das Platonische Gespräch, einer „dritte[n] Gattung des Seins" [35a], einem „dritten Geschlecht" an, von dem nicht einmal zu sagen ist, ob es „zugleich dieses und jenes" oder „weder dieses noch jenes" sei. Dieses „Schwanken" zwischen zwei Oppositionen sieht Derrida aber nicht als einfaches Pendeln zwischen zwei Möglichkeiten, z. B. dem *Logos* und dem *Mythos*, sondern ein Schwanken „zwischen zwei Gattungen des Schwankens": dem Schwanken zwischen der „zweifachen Ausschließung [...] und der Teilnahme". Derrida spricht ausführlich davon, die *Chōra* weder als eigentlichen Begriff, noch als Metapher, zu sehen, gerade im Bewusstsein der Gefahr einer Übersetzung, eines Transponierens dieser eigentümlichen Begriffskonstellation in eine klassische Interpretation (wie z. B. einen „Behälter"-Ort). Zum einen ist Derridas Leistung nicht zu unterschätzen, einen „Begriff" am Beginn der abendländischen Philosophie aufgespürt zu haben, der unter Veränderung des gewohnten Blickwinkels einen Einblick in die Kontingenz des binären Denkens bzw. der Entwicklung des abendländischen Denkens gewährt.

Zum anderen muss Derridas Text selbst auf einer Sprachebene bleiben, die bewusst bildlich gesprochen „philosophische Nebelwerfer" benutzt, um sich zumindest einer binären Klarheit zu entziehen, d. h. ohne eine in Sprache gefasste Mehrwertlogik benutzen zu können der binären Logik zu „entkommen".

Die *Chōra* ist nach Derrida zugleich, um einen altertümlichen Begriff zu benutzen, Sein und Nicht-Sein, anwesend und abwesend. Darin sieht Derrida die Möglichkeit, „die Silhouette einer ‚Logik' zu erahnen, deren Formalisierung beinahe unmöglich zu sein scheint."[148] Dies wäre eine Logik, die nicht dem Gesetz des Nicht-Widerspruchs gehorcht, die einem „unsauberen" Logos des Mythos angehöre. Die *Chōra* entzieht sich also zugleich den Vor- und Nachteilen von wissenschaftlichen Metaphern: Sie ist weder vereinfachend noch tendenziös usw. und läuft damit keine Gefahr, Diskurse in eine bestimmte Richtung zu bestimmen.

Derrida geht darauf ein, wann die Philosophie versucht hat, diesen zweischneidigen Weg des Mythos[149] und des Logos zu verlassen, um sich dem „ernsthaften"[150] Logos zu verschreiben. Philosophie wird auch heute teils noch streng nach dem Fehlen von ästhetischer Darstellung, nicht-mythischer Darstellung und nach ihrer Ernsthaftigkeit bemessen. Allerdings ist im Zeitalter der postanalytischen und poststrukturalen Philosophie erkennbar, dass die reine Begrifflichkeit auch negative Seiten hat: zum einen die „Dehydrierung" des philosophischen Diskurses, zum anderen das Verpassen der Möglichkeit, ältere Philosophiegeschichte innovativ zu nutzen, um neue Ansichten zu gewinnen – die nicht zwangsläufig unwissenschaftlich sein müssen.

Nach Derrida führt das Denken der *chōra* jenseits oder diesseits der Polarität von metaphorischem Sinn und eigentlichem Sinn, geht über die zweifellos analoge Polarität von Mythos und Logos hinaus.[151] Damit inauguriert Derrida keine dreiwertige Logik, so wie es Peirce oder Gotthard Günther[152] in Ansätzen versucht haben – und dessen scheint er sich

---

[148] DERRIDA 2000, 125.
[149] PLATON 1994B, 49.
[150] EBD., 51. [50c-d] Diese Beschreibung hat immense Ähnlichkeit mit der japanischen Lehre vom Ort, siehe Kapitel 5.9.1.
[151] EBD., 33.
[152] DERRIDA 2000, 125.

bewusst zu sein. Der dritte Ort ist nur die „Silhouette" einer Logik, nur schemenhaft erkennbar – und eben auch nur ex negativo in der bildlichen bzw. graphischen Darstellung der Binarität darstellbar.[153] Derrida ist also „gefangen" – wie er es selbst auch beschreibt – in einem unendlichen Denken der Differenz, das „weder auf eine Topik verzichten, noch die geläufigen Repräsentationen der Verräumlichung anerkennen" kann.[154] Derrida führt also als einer der ersten eine zwar nicht ausgereifte, aber zumindest angedachte *Schwellenlogik* ein, die zumindest in Derridas performativen Texten operabel ist (deren hoher Preis es allerdings ist, eher mit dem Kriterium „Plausibilität" als mit „Wahrheit" zu operieren). Damit macht Derrida – ähnlich wie Foucault – Gebrauch von der Visualität und Verräumlichung von Denken, Kultur, Logik etc.,[155] entscheidet sich damit aber implizit für abendländische Paradigmen von Wissen, Wahrheit, Vernunft, Realität etc., die man als „ocularcentric" bezeichnen und auch wieder dekonstruieren könnte.[156]

5.8.2 Die Derridasche Theoriearchitektur im Ganzen

Auch wenn sich das philosophische Projekt Derridas kaum mit einer systemischen *Architektonik der Vernunft* (siehe Kapitel 5.2) vergleichen lässt, schreibt sie deren Metaphorik weiter bzw. benutzt sie als Folie, um sie zugleich zu modifizieren. Derrida nutzt nicht nur vereinzelt räumliche und architektonische Metaphern, wie es heutzutage viele Autoren mehr oder weniger bewusst tun; ihm geht es um den Umbau des Systems Philosophie im Ganzen – das für ihn im Endeffekt aus Texten und ihren Beziehungen untereinander besteht –, um den Anschluss des philosophischen Raumes an andere Räume; die visuelle und räumliche Metaphorik erlaubt es ihm, Größen- und Intensitätsverhältnisse innerhalb der Philosophie und zwischen Philosophie und anderen Systemen anschaulich zu machen – und wenn auch oft nicht im strengen Sinne wis-

---

[153] Das vor allem bei Platon unübersehbar ist: Die Verneinung des Bildes und des Mythos als korrekte Mittel für die Wissenschaft bei gleichzeitiger Anwendung dieser Mittel in seinen eigenen Schriften.

[154] DERRIDA 2000, 127.

[155] EBD., 137.

[156] Siehe Kapitel 5.1.2.

senschaftlich zu analysieren, so doch wenigstens eine andere Perspektive der „Philosophielandschaft" einzunehmen.

Derrida hat nicht nur eine „Topographie" des philosophischen Systems und seine Unübersteigbarkeit beschrieben, er hat diese Beschreibung auch explizit als eine architektonische ausgewiesen:

> Die Dekonstruktion ist nicht nur einfach die Zerlegung einer architektonischen Struktur, sie stellt auch die Frage nach dem Grund, nach der Beziehung Grund/Begründetes, nach dem Abschluß der Struktur, nach einer ganzen Architektur der Philosophie. Nicht nur einfach nach der einen oder anderen Konstruktion, sondern nach dem architektonischen Motiv des Systems. [...] Die Dekonstruktion ist also ein Nachdenken über das System, über den Abschluß und die Öffnung des Systems.[157]

Wie aber ist eine solch unkonventionelle Theoriearchitektur noch wissenschaftlich darstellbar, die zumindest den Versuch macht, die „Gesetze der Form"[158] verschwimmen zu lassen und zu „verflüssigen"? Die Verwirrung, die insbesondere seine medialen/typographischen Textexperimente (Textparallelmontagen usw.) hervorgerufen haben, spricht eher für ein Spiel mit dem Leser, das dem mancher Kunstwerke gleicht.

Die Bemerkung Megills, bei Derridas Texten „one is reminded of an Escher print"[159], wäre für Derrida selbst sicherlich auch keine Abwertung gewesen. Derrida selbst hat oft auf das System Kunst referiert, hat bewusst die Annäherung gesucht. „Derrida´s single, literal statements are often impossible to decipher. His masterpiece, *Glas*, is a mere blur when viewed too closely. But the larger project embodies a coherent perspective [...]".[160] Tatsächlich macht das ganze Projekt der Dekonstruktion einen plausiblen Eindruck theoriearchitektonischer Darstellung, das aber

---

[157] Nicht umsonst setzt Derrida in seinen Überlegungen zur Sprache und Erkenntnis das „Spiel" der Zeichen in den Vordergrund: Es kontrastiert bewusst mit der ernsthaften, gesteuerten und zielgerichteten Vorstellung von Wissenschaft und Sprache.

[158] Siehe Kapitel 5.9.

[159] MEGILL, 259.

[160] EBD.,260.

den Bereich der „strengen Wissenschaft" zuweilen verlässt und somit eher einer bildhaften „Protologik" zuzurechnen ist.

5.8.3 Architekturtheorie

Derrida hat diesen Gedanken der Theoriearchitektur nicht mehr weiterverfolgt[161] – wahrscheinlich war er ihm zu systematisch –, aber er hat das Feld der Architektur für sich und seine Methode eröffnet, indem er begann, mit verschiedenen Architekten und Künstlern zusammenzuarbeiten.[162] Hatte schon Martin Heidegger (reales) Bauen und Denken in Verbindung miteinander gebracht[163] – wie übrigens andere Denker wie Ludwig Wittgenstein[164] auch – überträgt Derrida den Bereich der theoretischen Dekonstruktion auf die „praktische" Architektur. 1985 lud der Architekt Bernard Tschumi Derrida ein, am Projekt „Parc de la Vilette"[165] in Paris mitzuarbeiten. 1986 arbeitete Derrida mit Peter Eisenman am gleichen Projekt weiter. Dabei wollte Derrida weniger, dass Dekonstruktion zu einer bestimmten Art von Architektur wird, sondern dass Dekonstruktion zur Infragestellung der diskursiven Funktion der Architektur führt.[166] Der Unterschied zwischen der Dekonstruktion von Texten und Systemen und von architektonischen Plänen und Bauten ist allerdings ein beträchtlicher: Letztere unterliegen dem Gesetz der Schwerkraft. „Texte lassen sich nicht unbedingt in erhellender Weise mit Gebäuden vergleichen – und Gebäude sich entsprechend nicht, zumindest nicht im wörtlichen Sinne, einer dekonstruktivistischen Lektüre unterziehen."[167] Architektur wird als Symbolisierung begriffen, archi-

---

[161] „Ohne die Architektur direkt anzusprechen, betreibt sein Werk Theoriebildung über den Raum [...]." WIGLEY 1994, 79.

[162] Zum Feld der Bildenden Kunst ist die bekannteste Textsammlung Derridas DERRIDA 1992.

[163] Vgl. HEIDEGGER 1994.

[164] Hier sei darauf verwiesen, dass sich Wittgenstein auch als Architekt versucht hat. Vgl. dazu LEITNER 1994.

[165] Siehe http://de.wikipedia.org/wiki/Parc_de_la_Villette Zuletzt abgerufen am 21.09.2007

[166] WIGLEY 1994, 41.

[167] MÜNKER/ROESLER 2000, 152.

tektonische Objekte als Schrift, als „zweite Sprache"[168] bzw. als Buch.[169] Damit findet die dekonstruktivistische Architektur Anschluss an die Verbindung von Kirchenarchitektur und religiöser Schrift, löst sich aber aus dem teleologischen (und theologischen) Rahmen und versucht, Bezüge zwischen architektonischen und textuellen Symbolisierungsebenen sichtbar zu machen.[170]

Die Befürchtung, die Dekonstruktion führe die Architektur in eine Wüste der „Anarchitektur", eine Welt der abstrakten, neutralen, unnützen und sinnlosen, unbewohnbaren Räume, ist – so Derrida – unberechtigt. Derrida erwägt keine nihilistische Geste, sondern neue Energie für die Architektur: „Weder Architektur noch Anarchitektur: Transarchitektur!"[171] Er setzt sich mit dem Problem auseinander, die Dekonstruktion sei der rein konstruktiven Architektur „aufgesetzt". Er weist darauf hin, dass die Dekonstruktionen schwach wären, wenn sie nicht auch konstruieren würden. Sie seien keine Destruktionen von Konstruktionen.[172]

Derrida bzw. die Dekonstruktion hat damit auch direkt eine Generation von Architekten beeinflusst. Eisenman beispielsweise versteht dekonstruktivistische Architektur nicht als anti-funktional, er versucht allerdings, Funktion zu dezentrieren und der Symbolisierung, dem „Spiel" Platz einzuräumen.[173]

„Jacques Derrida bemerkte, daß die Sprache traditionell das Ästhetische zugunsten des Rhetorischen unterdrückt. In der Architektur ist nun aber das genaue Gegenteil der Fall."[174] Eisenman greift damit die Metaphysik-Kritik Derridas an anderer Stelle auf, um darauf zu ver-

---

[168] EISENMAN 1995A, 152.

[169] EISENMAN 1995B, 295.

[170] Diese Verbindung von realer Architektur und Denken findet sich auch häufig bei Foucault, z. B. in *Überwachen und Strafen*.

[171] DERRIDA 1988, 224. Trotz aller theoretischer Wünsche: Die real existierende dekonstruktivistische Architektur hat viele sinnlose, nihilistische Elemente. Das plakativste Beispiel ist wahrscheinlich die dekonstruierte Tür, die man nicht mehr öffnen kann.

[172] EBD., 226.

[173] EISENMAN 1995E, 244. Im Endeffekt bedeutet das, dass man in dekonstruktivistischen Objekten wohnen kann, aber anders.

[174] EISENMAN 1995D, 102.

weisen, dass es nur kulturelle Sichtweisen von Architektur gibt, aber keine objektive. Er würde sich also selber nicht zur Fraktion der Architekten zählen, deren Leitspruch „form follows function" lautet.[175] Insofern spielt dekonstruktivistische Architektur mit Elementen der klassischen Architektur, soweit es die Schwerkraft zulässt. Eine Tür kann so durchaus nur noch aussehen wie eine Tür, aber keinen Durchgang mehr bieten – dafür übernimmt sie eine andere Funktion, und sei es nur eine visuelle. Die klassischen Kriterien der Architektur wie z. B. Harmonie oder Stabilität werden also hinterfragt und ihre innewohnenden „Defekte" problematisiert.[176]

Derrida geht es im Endeffekt um imaginäre und symbolische Orte, „deren sich das abendländische Denken zu verschiedenen Zeitpunkten seiner Geschichte und auf unterschiedliche Weise bediente, um sich selbst zu konstituieren [...]."[177] Abstrakte Orte, Formen und Architekturen werden zu symbolischen Schauplätzen des Denkens, die durch die Verbindung mit der „realen" Architektur wieder Einzug in die „Wirklichkeit" der Welt halten.

5.8.4 Metaphern der Bewegung und der Abnutzung

In seinem Text „Die weiße Mythologie"[178] beschäftigt sich Derrida mit der Stellung der Rhetorik bzw. der Metapher in der Philosophie. Ihn interessiert vor allem der *Gebrauch* („usage") der Sprache bzw. der Metapher in der Philosophie, ihr *guter* Gebrauch sowie ihre *Abnutzung* („usure"). Er weist damit schon auf die Rhetorik bzw. die Literarizität der philosophischen Fachsprache hin.

Derrida entwirft im Rückgriff auf Anatole France´s *Le jardin d´Epicure* von 1900 das Bild der Sprache als Währungssystem, die Sprache der Phi-

---

[175] Dieses Zitat wurde häufig als völliges Verbot von Ornament und Zierrat ausgelegt. Das deutlichste Beispiel dieser Tendenz ist „ornament und verbrechen" von Adolf Loos. Vgl. auch die „Erstickung" der Städte durch fehlende Gradlinigkeit der Architektur/der Stadtplanung bei Le Corbusier. Vernunft wird mit Gradlinigkeit assoziiert, also ist vernünftige Architektur der Entwurf „geometrischer Zellen", Module genannt. Vgl. Le Corbusier 1979, 5f., 9 und 23.

[176] Johnson/Wigley 1998, 11.

[177] Damisch 1997, 11.

[178] Vgl. Derrida 1999.

losophie als Münzen/Metaphern, die im philosophischen Diskurs *zirku-lieren*. Die Münzen scheinen uns immer gleich wertvoll, auch wenn sie abnutzen und ihr Wert sich mal in die eine, mal in die andere Richtung verändert. Derrida greift damit die Thematisierung des Sprachverfalls und der Sprachkritik der Jahrhundertwende (1900) auf, die häufig mit Hofmannsthal, Mauthner oder Nietzsche verbunden wird. Hier benutzt Derrida Metaphern der Bewegung und der Modellierung von Objekten, die das Räumliche offensichtlich außen vor lassen.

Als „weiße Mythologie" bezeichnet France die Arbeit derer, die versuchen, „der Welt der Erscheinungen zu entkommen", und die sich in abstrakter Sprache verständigen, die für ihn nur allegorisch ist.[179] Weiße Mythologie nennt er diesen Prozess deshalb, weil so „uralte Fabeln"[180] gesammelt und mit der Zeit „entfärbt" würden. France beschreibt damit den Philosophen als Poeten, der sich einer literarischen Sprache bedienen muss, diese aber ihrer „Farbe" und damit ihrer Ausdruckskraft beraubt. Derrida geht noch einen Schritt weiter, wenn er behauptet, der Mensch halte „seine eigene Mythologie, die indoeuropäische Mythologie, seinen *logos*, das heißt *Mythos* seines Idioms, für die universelle Form dessen, was er immer noch Vernunft (la raison) nennen wollen muß."[181]

Die Abnutzung der Metaphern (in diachroner Perspektive) gewinnt im Folgenden eine immense Bedeutung. Zurückgreifend auf das Bild der Münze findet Derrida auch bei Nietzsche, Freud, Bergson, usw. die Thematisierung des Sprachzerfalls.

Unter Bezug auf de Saussure hebt Derrida als Problem der Metapher den Aspekt des Wertes hervor, was den Aspekt der Bedeutung in den Hintergrund rücken lässt.[182] Zeichen sind bei de Saussure dadurch in ihrem Wert bestimmt, von welchen Zeichen sie umgeben sind bzw. mit welchen Zeichen sie ein System bilden. Insofern sind sie nur begrenzt „austauschbar", im Gegensatz zu einer Münze o. ä. Das Bild der zirkulierenden Währung bietet in einem einfachen Verständnis, das Derrida überschreiten will, Vergleichsmöglichkeiten zur „Behältermetapher"

---

[179] Zitiert nach: Ebd., 234.
[180] Zitiert nach: Ebd.
[181] Ebd.
[182] Ebd., 237.

(siehe Kapitel 3.1.1.3), da auch hier Objekte mit einem Wert, einem Inhalt „beladen" und bewegt werden.

Für Derrida „bleibt die Metapher ein klassisches Philosophem, ein metaphysischer Begriff."[183] Selbst wenn man versuchen würde, die „Schicht von ‚Gründer'-Tropen, diese Schicht von ersten Philosophemen" zu klassifizieren[184], bliebe am Ende die „Metapher der Metapher" erklärungswürdig.[185] Derrida stellt fest, dass das Klassifizieren des *Ursprungs* und der Übertragung*sorte* von Metaphern ein Problem darstellt – damit berührt er zumindest einen schwierigen Punkt, den auch Lakoff/Johnson ansprechen: Metaphernfelder sind nie homogen und voneinander klar zu trennen. Zwar lassen sich grob „biologische, organische, mechanische, technische, ökonomische, historische, mathematische"[186] Metaphern (usw.) unterteilen, doch gibt es viele Überschneidungen, zudem die Tendenz in der Sprache, Metaphern unterschiedlichster Herkunft gleichzeitig zu nutzen. Zudem ist die Sprache *über* Metaphern nicht frei von Metaphern, d. h. schlussendlich sind auch Objekt- und Metasprache nicht klar zu trennen. Zumindest in der Beschreibung dieser Verwikkeltheit des Menschen in Metaphern als einem „mise en abyme" („ohne Boden seiend", „in den Abgrund geworfen seiend") benutzt Derrida wieder eine räumliche Metapher zur Beschreibung. Derrida nimmt Arbeiten zu den Schreibstilen Platons und Pindars zum Anlass, auch über den Stellenwert der Metapher in philosophischen und poetischen Werken nachzudenken. Auch hier wird der klassische Streit „Metapher als überflüssiger Zierrat" vs. „ökonomisches Abkürzungsverfahren" benannt. Derrida kritisiert bei den klassischen Kategorisierungen von Leitmetaphern (die durchaus einen positiven Orientierungswert haben können), dass diese theoretisch autonom sein müsse, nicht selbst in der Metaphorizität befangen.[187] Der Begriff Metapher beschreibt also mehr

---

[183] Ebd., 239.
[184] Siehe dazu Blumenbergs Metaphorologie.
[185] Derrida 1999, 240.
[186] Ebd., 240.
[187] Ebd., 244. Diese Problematik wirkt sich auch auf diese Arbeit durch eine erhöhte Bewusstheit für Metaphorizität und die Wahl von Darstellbarkeitsmöglichkeiten aus.

oder weniger den Umriss eines blinden Flecks der Philosophie.[188] Der Begriff „Metapher" lässt sich für Derrida nicht mit Begriffen definieren, die reinen Ursprungs, d. h. ohne metaphorische Ausdruckskraft auskommen. „Die Philosophie als Theorie der Metapher wird zuerst eine Metapher der Theorie gewesen sein."[189]

5.8.5 Bewegungen der *Différance* und der *Spur*

Der Neologismus „différance" taucht schon in Derridas *Grammatologie* auf. In einem Aufsatz[190] widmet sich Derrida speziell diesem Begriff, den er aus dem herkömmlichen Begriff der différence (dt. „Differenz") gewinnt. Die Pointe des Austausches des Graphems „e" durch „a" ist, dass man den Unterschied beim Sprechen nicht bemerkt, jedoch im Medium der Schrift.[191]

> Ich erinnere ganz präliminarisch daran, daß dieser unauffällige graphische Eingriff, der nicht etwa um des Ärgernisses des Lesers oder des Grammatikers willen unternommen wurde, im schriftlichen Prozeß einer Frage über die Schrift kalkuliert wurde. Nun aber trifft es sich, gleichsam faktisch, daß dieser graphische Unterschied (das *a* an der Stelle des *e*), dieser ausgeprägte Unterschied zwischen zwei anscheinend vokalischen Schreibweisen, zwischen zwei Vokalen, rein graphisch bleibt: er läßt sich schreiben oder lesen, aber er läßt sich nicht vernehmen.[192]

Der Unterschied ist nicht hörbar, er bleibt stumm. Derrida versucht also nicht den analytischen Nachweis seiner These, sondern führt einen performativen Neologismus ein (oder, wenn man es negativ benennen will: einen rhetorischen Trick), der den semantischen Gehalt des Begriffs „différance" selbst darstellt:

---

[188] EBD., 248.
[189] EBD., 274.
[190] DERRIDA 1999.
[191] EBD., 32.
[192] EBD.

[D]as Spiel der Differenz als Bedingung der Möglichkeit des Funktionierens eines jeden Zeichens, woran Saussure nur zu erinnern brauchte, dieses Spiel ist selbst stumm. Unhörbar ist die Differenz zwischen zwei Phonemen, die allein ihr Sein und Wirken als solche ermöglicht. [...] Die Differenz, welche die Phoneme aufstellt und sie, in jedem Sinne des Wortes, vernehmbar macht, bleibt an sich unhörbar.[193]

Die Sprache ist also ein differenzielles System, das eine textuelle, eine schriftliche Struktur aufweist. Und genau auf diese Kräfte, die im Sprachsystem wirken, die Differenzen, kommt es Derrida an. Die Frage ist, als was man sich „die" différance denn vorstellen soll.

Derrida ist es wichtig festzustellen, dass die différance nichts Seiendes ist, aber auch nichts im theologischen Sinne Transzendentes.[194] „Nicht nur läßt sich die différance auf keine ontologische oder theologische [...] Wiederaneignung zurückführen, sondern, indem sie selbst den Raum eröffnet, in dem die [...] Philosophie [...] ihr System und ihre Geschichte produziert, umfaßt sie diese, schreibt sie ein und übersteigt sie unwiederbringlich."[195]

Derrida erklärt genauer, wie die Etymologie des Begriffs seinen Gehalt mitbestimmt: „différer" heiße nicht nur „aufschieben" (diese Bedeutung soll die *Temporisation* des Zeichens deutlich machen), sondern auch „anders sein" (dies ist der *räumliche* Aspekt der Differenz, den Derrida häufig betont).[196] Das Wort „différence" hat nie all diese Bedeutungen zugleich wahren können. Deshalb kreiert Derrida das Kunstwort „différance", das „in unmittelbarer und irreduzibler Weise polysemisch" ist. „Es ist zu bedenken, daß im Französischen die Endung auf *ance* unentschieden zwischen dem Aktiv und dem Passiv verharrt."[197]

Die Zeichen (in einem Sprachsystem) sind aufgeschobene Präsenz, die Stellvertretung von etwas Abwesendem. Die klassische Sicht ist es, dass das Zeichen nur von dieser Präsenz aus zu denken und zu verstehen ist. Derrida will darauf hinaus, dass diese Präsenz oder Identität verloren ist.

---

[193] Ebd., 33.
[194] Ebd., 34f.
[195] Ebd., 35.
[196] Ebd., 36.
[197] Ebd., 37.

Es kündigt sich also eine ursprüngliche différance an, eine nicht zu bändigende, wuchernde Differenzialität der Zeichen, die nicht ursprünglich im Sinne des Ursprungs, der Präsenz ist, sondern sich diesem Denksystem des Zeichens entzieht, das auf Präsenz gegründet ist.[198] „Die *différance* ist der nicht-volle, nicht-einfache Ursprung der Differenzen. Folglich kommt ihr der Name ‚Ursprung‘ nicht mehr zu."[199]

Es gibt also im differenziellen Sprachsystem, das Derrida entwirft, keinen archimedischen Punkt, keinen Ursprung mehr. Es gibt also nur noch *Spuren* des Sinns, denen man folgen kann. Der Begriff der Spur, der von Derrida genutzt wird, ist wiederum eine Metapher des Präsenten Abdrucks, der auf etwas Abwesendes verweist. Das strukturale Denken de Saussures, das Derrida hier modifiziert und auflöst, hatte noch einen klar gegliederten, wenn auch arbiträren bzw. temporär stabilen, binären Denkraum eröffnet: Zumindest für einen Zeitraum in einem bestimmten System sind Signifikant und Signifikat zwei zusammengehörende Seiten eines Zeichens, die räumlich vorstellbar sind.

Derrida allerdings hebt diese u. a. räumliche Zusammengehörigkeit des Zeichens auf und entgrenzt diese. Er setzt dem strukturellen Modell, das eine diachrone oder synchrone Beobachtbarkeit von Zeichenprozessen sichert, ein fluktuierendes Modell der Zeichenaktivität entgegen, in dem der Empfänger immer der vermeintlichen Präsenz der Zeichen „hinterherläuft", nach der „Spur" des Verstehens im „Spiel" der Zeichen sucht. Den räumlichen Begriff der Spur entlehnt Derrida explizit bei Freud, dessen Wunderblock-Aufsatz er nutzt, um die „Spur" (die schon als Alltags-Metapher im Sinne der Fährte durchaus räumlich zu lesen ist[200]) als „Verräumlichung" der medialen bzw. psychischen Einschreibung (Schrift) zu deuten.[201]

Auf der Mikroebene der Dekonstruktion finden sich also auch Metaphern der räumlichen Auflösung und der Bewegung, die den Bereich der Erkenntnis umschreiben. Die Dekonstruktion Derridas betreibt da-

---

[198] EBD., 38.

[199] EBD., 40.

[200] Vgl. zum Begriff der Spur aus interdisziplinärer Sicht: KRÄMER/KOGGE/GRUBE 2007.

[201] Auf diesen Aspekt kann hier leider nicht ausführlich eingegangen werden. Ausführlich dazu HOFFSTADT 2006.

durch „ein fortwährendes Wechselspiel von Verortung und Dislokation" auf einer metaphorischen Ebene.[202]

5.9 Die Systemtheorie Luhmanns

Die Systemtheorie Niklas Luhmanns ist nicht nur in der Soziologie zu einer der bedeutendsten und einflussreichsten Theoriebildungen der letzten Jahrzehnte geworden. Dass sie so erfolgreich wurde, liegt zum einen sicherlich daran, dass Luhmann wichtige Ideen des ausgehenden 20. Jahrhunderts, beispielsweise den radikalen Konstruktivismus, aufgegriffen und in seiner Theorie der Gesellschaft verfeinert hat, und ständig den interdisziplinären Bezug zu den verschiedenen Gesellschaftssystemen gesucht hat, über die er schrieb (Wissenschaft, Kunst, Recht usw.). Zum anderen ist sie eine umfassende Theorie, die allgemeine Bedingungen des Funktionierens von verschiedenen Systemen aufzuzeigen versucht. Sie stellt Mittel bereit, die Konstruktion von Systemen und ihren Operationen in ihrer Funktions- und eigenen Beobachtungsweise darzustellen. Sie bietet also als Theorie die Möglichkeit, die Konstruiertheit von anderen Theorien als Beobachtungen zweiter Ordnung und damit deren „Perspektive" zu beschreiben.[203]

Dadurch ist sie auch für die Philosophen interessant geworden, wobei man konstatieren muss, dass bislang das Interesse der Systemtheoretiker an philosophischen Theorien größer war als das der Philosophen an der Systemtheorie.[204] Systemtheorie und poststrukturalistische Philosophie treffen sich in dem Bestreben, die Operationalität von Systemen darzustellen, ihre Grenzen aufzuweisen und Paradoxien der modernen Theoriebildungen bzw. ihrer Erkenntnisgrundlagen auszuloten.

Die Systemtheorie Luhmanns spricht das Thema Raum auf der realen, beispielsweise architektursoziologischen Ebene kaum an. Bezüge

---

[202] WILLER 2004, 58.

[203] Gerade die Systemtheorie verdeutlicht, dass Theorie von gr. theorein = „beobachten" oder „anschauen" abstammt.

[204] Luhmann hat sich in seinem Spätwerk über sein gewohntes interdisziplinäres Interesse hinaus an Denker wie Deleuze und Derrida gewagt und einen Bezug der Spencer-Brownschen Formenlogik zur Logik des „Poststrukturalismus" hergestellt.

zwischen Mensch und realem Raum bzw. sozialem Raum, wie man sie beispielsweise bei Georg Simmel findet, sucht man bei Luhmann vergeblich. Wie Elena Esposito feststellt, macht dies ein räumliches Denken aber auch nicht aus: „Das echte ‚räumliche Denken' ist nicht dasjenige, das über Raum reflektiert, sondern dasjenige, das räumlich strukturiert ist."[205]

Die abstrakte Theorie Luhmanns nutzt einfache räumliche Formen und Begriffe, die beispielsweise in der Formenlogik Spencer-Browns angelegt sind, und die von erstaunlich klarer euklidischer Anschaulichkeit geprägt sind. Der Vorteil einer solchen teils graphischen, teils terminologisch anschaulichen Beschreibung ist die simultane Darstellung der Zusammenhänge, im Gegensatz zur sequentiellen, d. h. chronologischen sprachlichen Darstellung von logischen Zusammenhängen.

Nach George Spencer-Browns *Laws of Form*[206], die Luhmann häufig heranzieht, kann man keine Bezeichnungen abgeben, ohne eine Unterscheidung vorzunehmen. „Unterscheidungen/ Bezeichnungen bringen asymmetrische Verhältnisse hervor. Wenn etwas unterschieden wird, wird eine bezeichnete Seite und eine nicht bezeichnete Seite erzeugt, eine Innenseite und eine Außenseite."[207] Es reicht nie, jemanden z. B. nur als „Mensch" zu bezeichnen, da es ihn nicht als ontologische Größe gibt, sondern nur als arbiträre Unterscheidung; denkbar sind auch Unterscheidungen wie „Mensch/nicht Tier", „Mensch/Nicht-menschliches Wesen", „Mensch/nicht künstliches Wesen", „Mensch/nicht Fötus" oder „Mensch/nicht Außerirdischer". „Spencer-Brown verwendet für Interpretationszwecke sehr häufig eine räumliche Metapher: Im Unterscheidungsakt wird ein bisher homogener Raum in zwei Teile zerlegt. Es wird eine Grenze gezogen und ein Teil ausgezeichnet, markiert."[208]

Spencer-Brown nennt diesen „Raum", der durch die Unterscheidung

---

[205] ESPOSITO 2002, 36.
[206] SPENCER-BROWN 1997. Spencer-Brown selbst verweist im Vorwort seines Buches darauf, dass man sein Werk zwar auf Logik und Philosophie anwenden könne, an sich sei es aber ein „Textbuch der Mathematik", siehe Seite xix, Vorwort 1979. Außerhalb der Systemtheorie fanden die „Laws of form" kaum Beachtung.
[207] NASSEHI 1995, 49.
[208] KLAGENFURT 1995, 45.

aufgespannt wird, „Form".[209] „Formsetzung ist also Unterscheiden, und Unterscheiden ist eine Operation."[210] Spencer-Brown beobachtete nicht nur die beiden Seiten der logischen Unterscheidung, sondern auch den Raum, der durch das Treffen der Unterscheidung entsteht. Diese „Denkform" ist visuell vorstellbar bzw. bei Spencer-Brown auch in einer graphischen Notation dargestellt. Die Form zu betrachten bedeutet auch hier, wie so oft in der Geschichte der Philosophie und Soziologie, den Inhalt oder die Substanz auszublenden und Relationen und Gestalten in den Fokus der Betrachtung zu rücken. Nach Spencer-Brown haben Formen zwei asymmetrische Seiten, wobei die bezeichnete Seite die größere ist, d. h. die hierarchisch bedeutendere, von der die unmarkierte (meist nicht bewusst mitgedachte bzw. verdeckte) Seite abhängt. Spencer-Brown nennt diese den „unmarked space", der das Verstehen von Formen, Kommunikationen und Systemen irritiert.

„Damit aber ist nicht die Form ein Resultat der Welt, sondern die Welt resultiert aus der formgebenden Unterscheidung. Daraus folgt, dass es kein beobachterunabhängiges Sein geben kann, wie es die gesamte metaphysische Tradition des Abendlandes behauptet hatte."[211] Luhmann folgt hier einem modernen Verständnis des Zeichenbegriffs, wie er durch Theoretiker wie Peirce und de Saussure etabliert wurde.[212] In den Mittelpunkt gelangte die Relation von Zeichen bzw. die Zuweisung von Bedeutung durch Differenz von anderen Zeichen. Das Zeichen als Form ist nach Luhmann die Differenz von Bezeichnendem und Bezeichnetem. Diese 2-Seiten-Form kann nicht völlig problemlos auf eine externe „Dingwelt" angewandt werden bzw. auf diese referieren.[213] Ein System, das Sprache verwendet, kann nicht mit seiner Umwelt kommunizieren; es kompensiert dies, indem es zwischen Selbstreferenz und Fremdreferenz unterscheidet.[214] Das Zeichen ist dabei weder Bezeichnendes noch Bezeichnetes, es ist etwas Drittes.[215] Während die Außenseite des Be-

---

[209] EBD., 50.
[210] LUHMANN 2001, 245.
[211] NASSEHI 1995, 51.
[212] LUHMANN 1993A, 46.
[213] EBD., 50.
[214] EBD., 51.
[215] EBD., 52.

zeichnenden das Bezeichnete ist, ist die Außenseite des Zeichens (also der Einheit der Differenz Bezeichnendens/Bezeichnetes) die „Welt".[216] Systeme konstituieren sich als Form, als Grenze, als asymmetrische Differenz von System und Umwelt, können aber die Umwelt nur ex negativo bestimmen. Die Frage nach der Form könnte, so Luhmann, dazu führen, dass Theorien aus dieser „Selbstisolation" herausfinden.[217]

Beobachter und Unterscheidung fallen zusammen, da es erst der Unterscheidung bedarf, um den Beobachter zu konstituieren und eines Beobachters, um zu unterscheiden. Die durch Differenzen gewonnenen Beobachtungen sind nicht schon vorhanden, entstehen operativ und erzeugen die Systeme, in denen sie sich aufhalten.[218] Differenzen sind also Resultate von Beobachtungen, es gibt keinen „archimedischen Punkt" der objektiven Beobachtung und Beschreibung in dieser Theorie. Es gibt keinen Standpunkt, von dem aus ein höchster Beobachter objektive Unterscheidungen treffen könnte.[219]

Die Gesellschaft nutzt Beobachtungen zweiter Ordnung. Die Beobachtung von Beobachtungen bietet einen besseren Überblick, aber deshalb noch keine besser qualifizierten Operatoren, um Probleme zu beschreiben und zu lösen. Beobachter, die sich selbst einer Beobachtung zweiter Ordnung unterziehen wollen, geraten direkt in eine Paradoxie – denn „die Form der Form ist ein Paradox"[220] und logisch nicht abschließbar bzw. denkbar. Das sog. „Re-Entry", d. h. das Einführen der Denkform in die Denkform, bleibt als Paradox unlösbar: Der Beobachter merkt im besten Fall, dass er selber den Boden schafft, auf dem er steht und auf dem er seine Beobachtungsposition einnimmt. „Ein Paradox ist die in sich selbst enthaltene Form ohne Hinweis auf einen externen Standpunkt, von dem aus es betrachtet werden könnte."[221]

Man kann sich selbst im Moment der Operation nicht beobachten und der Paradoxiegefahr nur durch (teils blinde) Operationalität und

---

[216] EBD., 60.
[217] EBD., 66.
[218] EBD., 52.
[219] PFEIFFER 1998, 1.
[220] EBD., 53.
[221] LUHMANN 2001, 247.

Axiome entkommen.[222] „In der Terminologie der traditionellen Logik formuliert, ist die Unterscheidung im Verhältnis zu den Seiten, die sie unterscheidet, das ausgeschlossene Dritte. Und somit ist auch das Beobachten im Vollzug seines Beobachtens das ausgeschlossene Dritte. [...] Der Beobachter ist das ausgeschlossene Dritte seines Beobachtens. Er kann sich selbst beim Beobachten nicht sehen." Spencer-Brown stellt diesen paradoxalen Wiedereintritt der Form in die Form wie auch andere Operationen in einer graphischen Notation dar.[223]

Der unmarked space macht auf die Außenseite der Form und damit auf die kontingente Konstruktion und Selektivität der Unterscheidung und die mögliche Beobachtung derselben aufmerksam.[224]

Die Spencer-Brownsche Konstruktion und ihre Anwendung bei Luhmann rief aber auch Kritik hervor, da beispielsweise die Markierung, der Ausgangspunkt der 2-Seiten-Unterscheidung (marked space/unmarked space) selbst einen unmarked space hat, der „verdeckt" ist.[225] Spencer-Brown wollte der Frage nach der „Form der Form" eher ausweichen, da sie zwar die Selbstreflexivität von Systemen in den Vordergrund stellt, aber zugleich innerhalb einer klassischen Logik in ein Paradoxon führt.[226] Luhmann hat auf diesen unmarked space immer hingewiesen.

Die Faszination, die von heutigen abstrakten Theorien wie der Systemtheorie ausgeht, zeigt zum einen, dass der Abstraktions- und Visualisierungsprozess zwar anschauliche Strukturen und einfache Relationen aufzeigt, die in der Masse der Details nicht beobachtet werden könnten – zum anderen laufen diese abstrakten Räume und Formen immer auch Gefahr, den Bezug zur detaillierten Lebenswelt/Wirklichkeit zu verlieren und eine eigene Bedeutung zu erlangen.[227]

Baecker geht davon aus, dass man darin eine Denkfigur des Spielraums und seiner Einschränkung entdecken kann: Es werden durch Un-

---

[222] LUHMANN 1998, 69.
[223] Diese Notation hat Luhmann im Gegensatz zu seinem bekannten Schüler Dirk Baecker kaum genutzt und stattdessen sprachliche Beschreibungen der graphischen Notation zur Anschauung verwendet.
[224] Vgl. BAECKER 2005, 67f. Das oben dargestellte Beispiel stammt von Baecker.
[225] ESPOSITO 1993, 88.
[226] EBD., 89.
[227] BAECKER 2005, 58.

terscheidungen Räume eröffnet, deren Spielraum fortwährend begrenzt wird – dazu muss allerdings der Raum sichtbar gehalten werden.[228] „Wirklichkeit ist jetzt nicht mehr das, was man als Evidenzerlebnis einer Welt, die so ist, wie sie ist, voraussetzen kann, während man sich neurophysiologisch, psychisch und kommunikativ von Kontingenz zu Kontingenz hangelt, sondern nur noch das, was sich aus einem Widerstand *gegen* unser Denken und unser Handeln *in* diesem Denken und Handeln als *Restriktion* dieses Denkens und Handelns mal eindeutig, mal eher uneindeutig zu erkennen gibt."[229] Kommunikation wäre dann eine Abfolge von Spielzügen im Sinne des Wittgensteinschen Sprachspiels. „Wenn wir wissen wollen, wie Kommunikation funktioniert, müssen wir lernen, nicht nur die Teilnehmer, sondern darüber hinaus ein Drittes, die Eröffnung und Einschränkung von Spielräumen, zu beobachten."[230]

5.9.1 Retiv/Operativ

Die Luhmannsche Systemtheorie beschreibt sich selbst als „operationsbasierte" Theorie, verfolgt also einen operativen Ansatz, der im Gedanken der *Autopoiesis* von Systemen ja auch auf der Objektebene wieder auftaucht.[231] Operationen produzieren Systeme, wobei Zeit mehr als Raum eine Rolle spielt. Die Grenzen operationaler Systeme sind nicht räumlich, zumindest nicht im Sinne eines Container-Raumes.[232]

Baecker ordnet Spencer-Browns Formenkalkül den modernen, relationalen Raummodellen zu: „Unter diesem Raum ist wie in der jüngeren philosophischen Tradition und in der Auseinandersetzung mit der modernen Physik nicht mehr der extern gegebene, absolute Raum zu verstehen, sondern ein aus konkreten Operationen der Unterscheidung […] allererst entstehender Raum."[233] Aber auch diese Unterscheidung,

---

[228] EBD., 66f.
[229] EBD., 52.
[230] EBD., 9.
[231] LATKA 2003, 11.
[232] EBD., 13. Dennoch wird „System" gerne als Kreisform gedacht, allerdings von Luhmann nie als solche beschrieben.
[233] BAECKER 2005, 81.

so Baecker, muss letztendlich von einem Beobachter getroffen werden, eröffnet also einen neuen „Raum".

Der retive Ansatz (lat. rete = Netz) hingegen geht davon aus, dass Systeme Netze sind, die räumlich (darstellbar) sind und ihre Gestalt – nicht ihre Struktur – verändern können.[234] Mit einer „Mengentheorie" (in einem absolut nicht-mathematischen Sinne), für die die Systemtheorie häufig gehalten wird, hat dies jedoch nichts zu tun.

Ein hochinteressanter Zugang zur Darstellung der Systemtheorie ist der Versuch Latkas, die beiden Ansätze (retiv/operativ) in Zusammenhang mit der japanischen Ortlogik zu bringen.

Die deutsche Sprache ist nach Latka subjektbezogen, die japanische hingegen prädikatsbezogen, also „geschehenszentriert".[235] Wird im Deutschen das Subjekt mit Geschehnissen bzw. Vorgängen näher beschrieben, ist es im Japanischen so, dass die Vorgänge im Vordergrund stehen und das Subjekt (soweit es überhaupt auftaucht) diese Vorgänge näher beschreibt. Die japanische Sprache bzw. Sprachlogik ist also kontextbezogener als europäische Sprachen. Das Weglassen des Subjekts ist also in der japanischen Sprache anders als in europäischen Sprachen keine Ellipse – das Subjekt fehlt syntaktisch wie epistemologisch.[236] Das Gesprochene wird im Japanischen an den Ort des Sprechens gebunden, es ist ortsgebunden.[237] Nishidas Lehre vom Ort stellt der subjektorientierten Logik (S *ist* P) eine Ortlogik (S ist *in* P) gegenüber.[238] Shimizu versuchte, diese unterschiedlichen Logiken zu einer „Logik neuen Typs" zu vereinen.[239] Ansatzpunkt war dabei, die Lehre vom Ort in die Systemtheorie einzuführen und so operative und retive Ansätze kompatibel zu machen.[240]

Es gibt also Kulturen, in denen die Sprache Räumlichkeit und Kontextualität auf semantischer Ebene beinhaltet: „Eine räumlich struk-

---

[234] LATKA 2003, 20. Latka vergleicht den operativen mit dem retiven Ansatz anhand des Unterschieds Melodie (temporalisiert) vs. Skulptur (verräumlicht).
[235] EBD., 32.
[236] EBD., 34f.
[237] EBD., 39. Latka redet von einem „Locozentrismus".
[238] EBD., 55.
[239] EBD., 70.
[240] EBD., 89.

turierte Begrifflichkeit ist also eine Begrifflichkeit, die nicht-beliebige Orientierungen aus kontingenten Hinweisen gewinnt – immer aber aus dem Kontext."[241] Das abstrakte „westliche" Denken hingegen schließt die Beobachterposition und seine Perspektive aus. Es zeichnet sich durch einen hohen Grad an Dekontextualisierung und Abstraktion aus. „Die Logik des Nicht-Widerspruchs und des ausgeschlossenen Dritten gibt also die Ausschließlichkeit des Raumes wieder, aber aus einer Perspektive, die zuerst sich selbst ausschließt und den Raum sozusagen von Außen beobachtet."[242] Die Semantik unserer westlichen Sprachlogik ist demnach unräumlich, der Raum ist ihr blinder Fleck: „das, was man nicht sehen kann, um sehen zu können."[243]

Gerade die Beispiele dieser Arbeit, z. B. die räumlichen Metaphern des Gedächtnisses in der Rhetorik, zeigen, dass verräumlichte und kontextlose Semantik immerhin kompatibel sind, dass es sogar in der Moderne ein Interesse daran gibt, die Beobachter-Position „einzubauen", d. h. das räumlich Inkonkrete zu „verorten".[244]

Die „Theoriegestalt" der Systemtheorie wird vor allem durch die „Figur des autologischen Rückschlusses" bestimmt.[245] Die Architektonik der Luhmannschen Systemtheorie ist nicht statisch, sondern hat als bewegendes Prinzip die Differenz, die Operation der Unterscheidung.[246] Autopoiesis und Beobachtung sind Systemoperationen, die das System erst generieren.

Luhmann selbst hat für seine Theorie einige Male die Metapher des „labyrinthischen Baus" benutzt.[247] Das Theoriegebäude hat keine Position mehr, von der aus man es überblicken könnte – das verbieten schon die theoretischen Implikationen, die darin verhandelt werden. Zum einen ist dies erkenntnistheoretisch konsequent, da jede weitere Beobach-

---

[241] ESPOSITO 2002, 38.
[242] EBD.
[243] EBD.
[244] EBD., 40ff.
[245] PFEIFFER 1998, 87.
[246] EBD., 89.
[247] SOENTGEN 1992, 456. Soentgen verweist auf Analogien zur Kafka-Erzählung „Der Bau", die größtenteils nur ästhetischen Wert haben.

tung der Theorie auch eine Außenseite produzieren würde – zum anderen ist diese Architektonik der Theorie eine Selbstimmunisierung und damit ein Schutz vor Kritik.[248] Luhmann hat die Theorie über die Jahre ergänzt und umgebaut, deshalb liegt für Soentgen der Vergleich mit einem sich verändernden Labyrinth nahe.[249] Hier wird deutlich, dass nur ein *Vergleich* gezogen wird, die sprachliche Räumlichkeit, die tatsächlich erzeugt wird, ist wie wir sehen konnten, an sich nicht labyrinthisch, sondern von geometrischer Einfachheit (die allerdings ähnlich wie bei Derrida durch die Vervielfachung der Beobachter in ein *mise en abyme* münden kann).

5.9.2 Systemtheorie beobachtet Dekonstruktion

Das Verhältnis von Systemtheorie zu Dekonstruktion kann man als asymmetrisch bezeichnen. Zwar hat Luhmann viele Anregungen der Dekonstruktion in seine späten Werke einfließen lassen – dennoch ist Dekonstruktion in der Lage, die Systemtheorie zu dekonstruieren[250] und die Systemtheorie dazu prädestiniert, die Dekonstruktion zu *beobachten* und ihre *Formen* und Mechanismen sichtbar zu machen.[251]

Aus Sicht der Systemtheorie schließt die Dekonstruktion sich in die Beobachtung mit ein und paradoxiert diese bzw. verändert die vorhandenen Symmetrieverhältnisse in Sprach- und Denksystemen. Derrida versucht damit zu zeigen, dass die beobachtende Beobachtung nicht mit sich selbst identisch ist. Dadurch aber kann Derrida zumindest an entscheidenden Stellen in den Hintergrund stellen, dass seine Kritik an das ontologische Schema gebunden bleibt, das er verabschieden möchte.[252] Derrida versteckt also seinen Beobachterstatus bei der „Ruinierung" der Beobachtung erster Ordnung. Dann, in einem zweiten Schritt, erkennt er die Beobachtung zweiter Ordnung wieder an, die als endloser Prozess der Verschiebung weiter dekonstruierbar bleibt. Der Erfolg dieser

---

[248] EBD., 457f.
[249] EBD., 460.
[250] Vgl. für einen Versuch der Dekonstruktion der Systemtheorie STÄHELI 2000.
[251] Für einen ausführlichen Vergleich der beiden Theorien vgl.: JAHRAUS/SCHMIDT 1997.
[252] SCHWANITZ 1995, 119.

Subversionstrategie liegt wohl darin, keine Bezugspunkte außerhalb des Textes, d. h. keine Referenz zu benötigen (wie es bei ähnlich subversiven Methoden, z. B. bei Psychoanalyse oder marxistischer Kritik, nötig wäre) sowie keinen neuen *festen Standpunkt* zu benötigen.[253]

Derrida ist sich seiner Festgelegtheit auf das bestehende philosophische System durchaus bewusst gewesen – andernfalls hätte er nicht für eine Auflösung von den Rändern her plädiert, die in den Termini der Systemtheorie nichts anderes bedeutet, als dass Systemgrenzen von innen aufgelöst werden sollen. Das geht weit über das hinaus, was Luhmann selbst als „Irritation eines Systems“, und damit als größtmögliche Veränderungsmöglichkeit eines Systems beschrieben hat: Es gibt „keinen Transfer von Irritation aus der Umwelt in das System. Es handelt sich immer um ein systemeigenes Konstrukt, immer um Selbstirritation – freilich aus Anlaß von Umwelteinwirkungen.“[254] Im Falle Derridas könnte man argumentieren, dass er Ideen aus verschiedenen Systemen, unter anderem dem politischen System[255] und der Kunst[256] in das System Philosophie eingeführt hat und damit das System Philosophie von innen heraus irritiert und verändert hat. So trifft auf die Dekonstruktion keinesfalls die Definition von Protest zu, die Luhmann liefert: „Die Protestkommunikation erfolgt zwar *in* der Gesellschaft, sonst wäre sie keine Kommunikation, aber so, *als ob es von außen wäre.*“[257]

Derrida hat bewusst erläutert, warum Philosophiekritik immer an die kritisierte Philosophie gebunden ist und mit denselben Problemen zu

---

[253] EBD. Aus systemtheoretisch-kritischer Sicht wird Derridas paradoxale Haltung also beschreibbar als (Selbst-)Betrug des Beobachters vergleichbar der performativen Paradoxie, in die Derrida gerät, und dessen unaufhörliches Beharren auf Auflösungen nur aufgrund eines Tricks kohärent bleibt. Umgekehrt erkennt zwar die Systemtheorie dekonstruktivistische Einsichten an, operiert aber vergleichsweise unbefangen systemisch weiter.

[254] LUHMANN 1998, 118.

[255] Die Topoi der (politischen, ethnischen) Differenz und der Andersheit sind bei Derrida auch biographisch motiviert – er war Algerier und studierte in Frankreich, fokussierte sich aber vor allem auf antike und deutsche Philosophie.

[256] Man denke an die Performativität und Literarizität sowie an die Intertextualität und Metaphorik seiner Texte.

[257] LUHMANN 1998, 853.

kämpfen hat. Allerdings trifft auf die Derridasche Philosophie zu, dass sie wie jeder andere Protest in einer Gesellschaft/einem System an ein Zentrum gerichtet ist, ohne das sie nicht entstanden wäre. Damit ist auch Dekonstruktion an einen binären Raum gebunden, den sie nicht überwinden kann: „Der Protest lebt von der Grenze, die er als Beobachtungsweise zieht. Aber die Alternative kann ihre Grenze kreuzen. Man ist, und ist nicht, als Alternativer auch auf der anderen Seite. Man denkt im genauen Sinne in der Gesellschaft für die Gesellschaft gegen die Gesellschaft."[258]

Luhmann selbst schien immer zwischen Anerkennung und Ablehnung der Dekonstruktion zu pendeln. Die Fortführung des Gedankens Maturanas, dass alles, was gesagt wird, von einem Beobachter gesagt wird, die Feststellung, dass der Sprachgebrauch die Wahl eines Systems ist, das etwas ungesagt lässt[259], sind Axiome, die in ihrer Offenheit immerhin kompatibel zur Dekonstruktion waren (auch wenn sie als Axiome natürlich ein direktes Ziel der Dekonstruktion sind). Da in der Systemtheorie das Fehlen eines operationalen Zugangs zur Umwelt (d. h. zu anderen Systemen) eine notwendige Voraussetzung für Erkenntnis im eigenen System ist, bleiben alle Konstruktionen des Systems aus anderen Beobachterpositionen immer dekonstruierbar.[260] Andererseits fragt sich Luhmann auch, ob die Fixierung Derridas auf diese systemischen Unsicherheiten und Paradoxien der Selbstreflexivität nicht schädlich sind. Denn „Entzweiung, Differenz, Mangel an Einheit, Zerstörung aller kanonischen Sicherheiten" waren schon die Schlagworte der „ersten Moderne".[261] Luhmann sieht in diesem ständigen Unterlaufen der systeminternen Sinnstiftung bzw. Operationalität zwar auch eine Chance auf Veränderung, aber zugleich auch eine Gefahr für das Weiterbestehen und Funktionieren des Systems. Hier sieht man den großen Unterschied zwischen Derridas und Luhmanns Theorie: Während Dekonstruktion

---

[258] EBD., 862. Letztendlich wird dadurch das Denken in Paradoxien wieder zum Zentrum, zum Normalfall: „Die Paradoxie ist die Orthodoxie unserer Zeit." EBD., 1144.
[259] LUHMANN 1995, 18.
[260] EBD., 26.
[261] EBD., 33.

ständig bestrebt ist, ihre eigene logische Form, ihren Theorieaufbau, ihre Abgrenzung und schlussendlich Verortung als Denksystem hinauszuschieben und zu verhindern, erkennt die Systemtheorie an, dass selbst eine Theorie, die von vielen Beobachtern, unterschiedlichen Systemen und Unterscheidungsformen ausgeht, bestimmte gesellschaftliche und wissenschaftliche Invarianten, d. h. historisch ausdifferenzierte Formen, hervorbringen kann und muss. Insofern ist die Dekonstruktion in ihrer eingeschränkten und radikalen Art blind für bestimmte gesellschaftliche Entwicklungen, diskursive Motivierungen von Machtzusammenhängen usw. Deshalb vermissen einige Theoretiker, darunter z. B. Albrecht Koschorke, auch den meist zu kurz kommenden konstruktiven, „verfestigenden" Anteil der Dekonstruktion: „Der faktischen Gewalt der kulturellen Signifikationsmechanismen hält eine zum Agnostizismus tendierende Rede vom unbegrenzbaren und digressiven Spiel der Signifikanten nicht stand."[262]

5.9.3 Der dritte Ort des Beobachters

Wie wir sehen konnten, weist die Systemtheorie ähnlich wie die Dekonstruktion, allerdings aus anderen theoretischen Gründen, auf Probleme der Zweiwertigkeit der Systeme/der Logik hin. Während es Derrida auszureichen scheint, die Zweiwertigkeit ins Unklare verschwimmen zu lassen und die Logik eines „dritten Orts" nur zu behaupten und zugleich absichtlich im Dunklen zu belassen, geht die Systemtheorie einen ganzen Schritt weiter. Sie etabliert theoretisch einen dritten Ort, nämlich den des Beobachters, der allerdings logisch nicht darstellbar ist. Sprachlich ist diese Position des Sagenden jedoch durchaus plausibel formulierbar. Ein Philosoph des 20. Jahrhunderts, Gotthard Günther, hat sich extensiv mit diesem Problem der Erweiterung der zweiwertigen Logik beschäftigt, allerdings in Unkenntnis der Systemtheorie, aber aus einer ähnlich gelagerten theoretischen Grundannahme heraus.[263]

Gotthard Günther geht es um formale Kalküle, die polykonturale

---

[262] KOSCHORKE 1997, 57.
[263] Zu den wichtigsten Werken Günthers für dieses Untersuchungsfeld zählen GÜNTHER 1957, GÜNTHER 1976, GÜNTHER 1991 sowie GÜNTHER 1993.

„Möglichkeitsräume" abzubilden versuchen.[264] Die „Schranken der Polarität", d. h. die Begrenzungen der binären Logik bzw. der Subjekt-Objekt-Dualität behindern seiner Meinung nach den wissenschaftlichen Fortschritt.[265] „In der zweiwertigen Logik kann es keine andere Wahrheit geben, als die des Objektiven. Das Subjekt verleugnet sich und seine Tätigkeit, konzentriert sich darauf, jede Subjektivität aus dem Erkenntnisprozeß herauszuhalten, um das objektive Sein so getreu wie möglich abzubilden. Das Subjekt wird zum Nichts, zur bloßen Negation; alles Wissen, alle Wahrheit kommt von außen."[266] Günther, der damit auf Erkenntnisse der Kybernetik referiert, spricht damit die sprachlogische Veräußerlichung des Wissens in der abendländischen Logik an, die in Latkas Darstellung schon eine Rolle spielte.

„Die Dualität von Subjekt und Objekt gebietet, daß etwas Subjekt ist *oder* Objekt, ohne irgendeine Möglichkeit der Vermittlung dazwischen. Darum kann in dieser Logik auch nicht unterschieden werden zwischen einem vorgefundenen Objekt und anderen Objekten, die ihr Dasein menschlicher Tätigkeit verdanken. Ein Gedicht, ein Bild, Gedanken, Institutionen oder logische Strukturen sind logisch gesehen in gleicher Weise Objekte wie ein Stein. Der subjektive Anteil eines Produktes ist nicht mehr faßbar."[267]

Diese Selbstbezüglichkeit wurde in der klassischen Logik ausgeklammert, um Widersprüche und Antinomien zu vermeiden. Die räumliche Metapher der Beobachtungs-position, die einen metaphorischen Blick auf die Unterscheidungen gewährt, ist in der Logik nicht als getrennte räumliche Einheit darstellbar, sondern nur als Wiedereintritt der Form in die Form, die paradoxal ist. Was für Vertreter der klassischen Logik bedeutet, dass eine solche Aussage keinen Sinn machen würde, ist in Günthers Augen ein Beweis dafür, dass die Logik keinen Sinn in Bezug auf die Forschungsziele seiner Zeit macht. Die klassische Logik beruht „auf der ontologischen Annahme, hier stehe ein einsames Subjekt dem ganzen Universum gegenüber und habe es zum Denkinhalt, zum

---

[264] KLAGENFURT 1995, 11.
[265] EBD., 21.
[266] EBD., 23.
[267] EBD., 24.

Objekt."[268] Günther unterscheidet nun Modelle, die eine echte dreiwertige „Stellenwertlogik" einführen wollen, von Modellen, die Zwischenwerte in die traditionelle zweiwertige Logik einführen (zu letzteren gehört u. a. auch Derrida, der zeitlich jedoch nach Günther kommt).[269] Günther distanziert sich von der abendländischen, erkenntnistheoretischen Figur des „absoluten Subjekts", das überindividuelle Kategorien (wie z. B. den Raum) mit sich bringt, und fordert eine Logik, die eine Vielheit logisch gleichberechtigter Subjekte mitdenkt.[270] Günther geht es also nicht darum, einen „dritten Ort" als Raumkategorie zu denken, sondern diesen (Vorstellungs)Raum für eine Logik des Beobachterstandpunktes zu schaffen, ohne ihn explizit zu thematisieren.

Eine Logik, die in der Lage wäre, dies zu leisten, müsste also eine echte Dreiwertigkeit aufweisen. „Eine Seins-Logik kommt mit zweiwertigen Kalkülen aus, eine Reflexionslogik nicht."[271] Das Denken des Denkens muss in der klassischen Logik als Sein dargestellt werden, kann nicht als Beobachterperspektive dargestellt werden. Vermutlich deshalb ist die Theorie-Forschung immer noch in ihren Anfängen oder konzentriert sich auf den Blick in die Geschichte mit klassischem Blickwinkel.

Die Darstellung einer solchen geforderten Logik stößt natürlich auch in ihrer metaphorischsten Darstellung an ihre Grenzen. Luhmann wie auch Günther bewegen sich immer noch innerhalb, nicht außerhalb einer binären Logik. [272] Zudem ist die Verräumlichung bzw. die Kategorie Raum ebenfalls eine solche „Seinsdarstellung", also einer klassischen Logik zugehörig. Das traditionelle Verständnis der Logik als zweiwertiges System wird auch hier, besonders in ihrer Rolle als „Kontrolleinrichtung wissenschaftlicher Prozesse" in Frage gestellt.[273]

---

[268] EBD., 51.
[269] EBD., 79.
[270] EBD., 83.
[271] OBERHEBER 1990, 8.
[272] Vgl. EBD., 16.
[273] SCHORR 1993, 70.

6. Fazit

Das fünfte Kapitel zeigt, dass ein reines Konstatieren von Raum- und Bewegungsmetaphern als Phänomen bzw. als neue Leitmetapher wenig ergiebig ist. Vielmehr müssen solche textuellen Organisationsformen daraufhin befragt werden, wozu sie dienen oder in bestimmten Zusammenhängen dienen können. Die Beispiele von Platon bis Luhmann zeigen in ihrer bewussten Auswahl verschiedene sprachbildliche *Bau*arten von theoretischen Texten, die zugleich als *Konstruktionspläne* für zukünftige Theorieentwicklungen dienen können, nicht zuletzt da anschauliche Theoriekonstruktionsmetaphern offensichtlich Weiterverwendung finden. In der Darstellung im letzten Kapitel wurde die „Figur des Dritten", also ein Sprachbild der Überschreitung, hervorgehoben, das es ermöglicht, das binäre Begriffs- und Theoriesystem zu kritisieren bzw. dessen Grenzen aufzuzeigen und das Bild einer mehrwertigen Logik, einer neuen Theorieform zu entwerfen (deren Sinn oder Unsinn hier nicht reflektiert werden sollte).

Die momentanen Ansätze, Raumtheorie zu betreiben, klammern diesen Bereich des sprachbildlichen Raumes, Vorstellungsraumes, Erkenntnisraumes und logischen Raumes leider immer noch aus, obwohl Raum im abstrakten und metaphorischen Sinne offensichtlich eine große Rolle bei der Wissensproduktion, beim Verstehen, bei der Theoriebildung spielt. Ebenso kann man eine fortwährende Ausschließung der wissenschaftlichen Behandlung des Themas „Metaphorische Sprache in der Wissenschaft" in vielen Diskursen beobachten, obwohl gerade neue Disziplinen und „turns" eine Aufhebung klassischer Stilregeln und damit eine Vermehrung des Metapherngebrauchs bewirkt haben. Man könnte sagen, einige Disziplinen sind geradezu absichtlich blind für diese Phänomene bzw. verweisen die Grundlagenarbeit an andere Fachrichtungen. So ist es bemerkenswert, dass wissenschaftliche Metaphern in der Kognitiven Linguistik Beachtung fanden (vgl. Kapitel 3.1), dort aber eine methodisch schwache Untersuchung stattfindet, die die Relation zur theoretischen Funktionalität der untersuchten Metaphern fast gänzlich außer acht lässt – wenn sie auch grundlegendes Material zur Bestimmung von Wissensmetaphern etc. liefert. Die meisten bildwissenschaftlichen und kulturwissenschaftlichen Disziplinen wiederum klammern das Sprachbild meist schon als seltsame Hybridform von vornherein aus oder betrachten es als stilistisches/rhetorisches Mittel ohne es zu hinterfragen.

Die hier vorgestellte Metapherntheorie Lakoffs und Johnsons ist insgesamt als schwach zu bewerten, aber mit ihrer Hilfe kann man das Phänomen immerhin in den Mittelpunkt rücken und beschreibbar machen. Sie ist zugleich ein Ansatz zu einer interdiskursiven Sichtweise, die sich nicht auf ein starres Theoriegerüst reduzieren lässt und in ähnlicher Weise wie die vorgestellten poststrukturalistischen Theorien eine starre binäre Methodik ausschließt bzw. selber noch auf der Suche nach einer Methodik zum beobachteten Phänomen ist, die weder subjektivistische noch objektivistische Perspektivierungen in sich trägt. Diese vermeintliche „Schwäche" der Methodik weist allerdings auf eine generelle Schwäche von Theorie im allgemeinen hin, die durch die nach oben offene Metathematisierung sichtbar wird: Die Festlegung auf eine Perspektive qua klassischer, binärer Theorie, scheint ebenso wie für die besprochenen Philosophen der Postmoderne auch für Lakoff und Johnson ein größeres Übel zu sein als methodische Unsicherheit bzw. eine Methode, die im strengen Sinne nichts beweist, sondern in einem weichen Sinne Phänomene sichtbar macht und plausibel erklärt. Das Phänomen und die vorgestellten Zugangsweisen bieten dennoch Möglichkeiten des analytischen Zugangs zum Verhältnis von Sprache, Erkenntnis und Logik, der häufig durch starre, axiomatisch verstellte *Theoriefenster* gar nicht erst thematisiert werden kann bzw. nicht thematisiert wird.

Die Arbeit selbst versuchte, weder ein absolutes Methodenmodell auf das heterogene Phänomen anzuwenden und damit die Perpektivenvielfalt einzuschränken, noch im Jargon der unreflektierten Metaphorizität neuer Theorierichtungen und -stile unterzugehen. Insofern war eine theoretische und strukturelle Offenheit für relationale Texte, Verräumlichungen, Theorien usw. unvermeidlich, die jedoch transparent und wissenschaftlich sein und darstellbar sein mussten. Dadurch sollte zum einen ergründet werden, welches theoretische Potenzial in den behandelten Texten steckt, was sich durch den Blick auf die Raummetaphorik wissenschaftlich aufzeigen lässt; zum anderen ist die Arbeit ein

Versuch, in einem kontroversen Grenzgebiet zwischen literarischer, un-kritischer Affirmation und analytischer Ablehnung oder Ausklamme-rung des Phänomens in bestimmten Fachkreisen einen Zwischenweg zu finden, der eine *Brücke* zwischen vielen verschiedenen philosophischen bzw. theoretischen Richtungen findet und abseits von theoretischen *Graben*kämpfen die sprachliche Verfasstheit und kreative Bildlichkeit von Philosophie neutral *in den Mittelpunkt stellt*. Die Thematisierung der Dreiwertigkeit bzw. nicht-klassischer Logik, die sich durch große Teile der Arbeit zieht, spielt dabei eine nicht unwichtige Rolle, zeigt die Arbeit doch selbst in einer Art *Mittelweg*, dass eine Philosophie, die nur die beiden Extreme der regellosen Literarizität und der strengen Begrifflichkeit kennt, in einigen Belangen defizitär zu werden droht. Die Arbeit versucht also auch, eine Lücke zu schließen, die Diskussion zwischen heterogenen Fachdiskursen zu ermöglichen. Dabei kann nicht abgestritten werden, dass die Arbeit selbst von den behandelten Texten und ihren Perspektiven beeinflusst ist. Die Untersuchungen in den vor-herigen Kapiteln versuchten, eine Perspektivenvielfalt auf verschiedenen theoretischen Ebenen *zugänglich* zu machen und neue Zusammenhänge sichtbar zu machen.

Zum Phänomen der „Denkräume und Denkbewegungen" lässt sich abschließend, ohne sich in Redundanz ergehen zu wollen, noch Folgen-des sagen. Man kann es in vielen Texten bzw. bei vielen, z. B. klassischen Philosophen nicht oder nicht ausgeprägt finden. Insofern könnte man (quantitativ) von einem Randphänomen sprechen, das sich gut beob-achten lässt, weil seine kreative und produktive Phase vorbei zu sein scheint – was in aktuellen Diskursen auffällt, sind die zu Begriffen er-kalteten Metaphern, die relativ undurchdacht gebraucht werden, aber kaum mehr veränderndes Potenzial haben. Das kreative Potenzial der Bildlichkeit der besprochenen Theorien lässt vermuten, dass diese Bilder wirkungsmächtig in der Philosophie waren und sind. Der Bezug zu den „turns" usw. (vgl. Kapitel 4.8) stärkt diese Annahme.

Auffallend ist auch die Zweidimensionalität der Theorieräume in der Postmoderne. Das ist zum einen sicherlich mit einer wachsenden Ab-straktionsleistung im Gegenzug zur vermeintlich wachsenden Kom-plexität von Gesellschaft, Wissenschaft usw. zu erklären, steht aber im

Gegensatz zu physikalischen Raummodellen, die im Zuge der Revolutionierung der theoretischen Physik vier- bzw. mehrdimensional wurden. Der geforderten Drei- und Mehrwertigkeit der Logik und des Denkens steht also auf der Bildebene meist doch wieder zweidimensionales „Bildmaterial" entgegen. Eine schlüssige Begründung dafür, warum die Raummetaphern in der Wissenschaft in den letzten Jahrzehnten immer häufiger gebraucht werden, lässt sich nicht hinreichend begründen. Es scheint allerdings so, als wäre Raum zur neuen Leitmetapher geworden, um die abgelösten Leitbegriffe der klassischen Theorie, wie z. B. Zeit, Substanz, Subjekt, Autor zu ersetzen. Die Auflösungserscheinungen der *condition postmoderne* scheinen damit wieder aufgefangen zu werden, kann man doch den Dingen wenigstens wieder einen Raum zuweisen. Zum Teil ist die Verräumlichung des Wissens daher auch ein Schritt zurück in die Sicherheit nicht-relationaler Vorstellungen.

Bibliographie

ABEL, Günter (2003): Zeichen- und Interpretationsphilosophie der Bilder, in: Horst BREDEKAMP/Gabriele WERNER (Hg.), Bilder in Prozessen, Berlin, 89-102.

ABEL, Günther (1987): Logik und Ästhetik. In: Nietzsche-Studien 16, 112-148.

ABRAHAM, Werner (1998): Linguistik der uneigentlichen Rede. Linguistische Analysen an den Rändern der Sprache, Tübingen.

ALBERTI, Leone Battista (1970): Über das Bildwerk. In: DERS.: Kleinere kunsttheoretische Schriften, Osnabrück, 165-206.

ALDRICH, Virgil C. (1996): Visuelle Metapher, in: Anselm HAVERKAMP (Hg.), Theorie der Metapher, Darmstadt, 142-162.

ALTEKAMP, Stefan (2004): Das archäologische Gedächtnis, in: Knut EBELING/Stefan ALTEKAMP (Hg.), Die Aktualität des Archäologischen, Frankfurt am Main, 211-232.

ARISTOTELES (1998): Die Kategorien, gr./dt., übersetzt und hg. von Ingo W. Roth, Stuttgart.

ARISTOTELES (1987): Physik. Bücher I-IV, Hamburg [1. Halbband].

ARMSTRONG, Richard (2004): Urorte und Urszenen. Freud und die Figuren der Archäologie, in: Knut EBELING/Stefan ALTEKAMP (Hg.), Die Aktualität des Archäologischen, Frankfurt am Main, 137-158.

ARNHEIM, Rudolf (1980): Die Dynamik der architektonischen Form, Köln.

— (2001): Anschauliches Denken. Zur Einheit von Bild und Begriff, Köln.

ASSMANN, Aleida/GOMILLE, Monika/RIPPL, Gabriele (Hg.) (2002): Ruinenbilder, München.

ASSMANN, Aleida/GAIER, Ulrich/TROMMSDORF, Gisela (Hg.) (2004): Positionen der Kulturanthropologie, Frankfurt am Main.

AULENBACHER, Brigitte (2003): Rationalisierungsleitbilder – wirkmächtig, weil machtvoll und machbar, in: Susan GEIDECK/Wolf-Andreas LIEBERT (Hg.), Sinnformeln. Linguistische und soziologische Analysen von Leitbildern, Metaphern und anderen kollektiven Orientierungsmustern, Berlin/New York, 105-118.

BACHELARD, Gaston (1987): Poetik des Raumes, Frankfurt am Main.

BACHMANN-MEDICK, Doris (2006): Cultural turns. Neuorientierungen in den Kulturwissenschaften, Reinbek bei Hamburg.

BAECKER, Dirk (1990): Die Dekonstruktion der Schachtel. Innen und Außen der Architektur, in: Niklas LUHMANN/Frederick BUNSEN/Dirk BAECKER (Hg.), Unbeobachtbare Welt. Über Kunst und Architektur, Bielefeld, 67-104.

— (Hg.) (1993A): Probleme der Form, Frankfurt am Main.

— (Hg.) (1993B): Kalkül der Form, Frankfurt am Main.

— (1993C): Im Tunnel. In: DERS.: Das Kalkül der Form, Frankfurt am Main, 12-37.

— (2005): Form und Formen der Kommunikation, Frankfurt am Main.

BAIGRIE, Brian S. (Hg.) (1996): Picturing knowledge. Historical and philosophical problems concerning the use of art in science, Toronto/Buffalo/London.

BALDAUF, Christa (2000): Sprachliche Evidenz metaphorischer Konzeptualisierung, in: Ruben ZIMMERMANN (Hg.), Bildersprache verstehen. Zur Hermeneutik der Metapher und anderer bildlicher Sprachformen, München, 117-132.

BALKE, Friedrich/VOGL, Joseph (Hg.) (1996): Gilles Deleuze – Fluchtlinien der Philosophie, München.

BAMMER, Anton (1985): Architektur und Gesellschaft in der Antike, Wien/Köln/Graz.

BAUMGARTNER, Marcel (2000): Topographie als Medium der Erinnerung in Piranesis „Campo Marzio dell´ Antica Roma", in: W. MARTINI (Hg.): Architektur und Erinnerung, Göttingen, 71-104.

BELTING, Hans (2001): Bild-Anthropologie. Entwürfe für eine Bildwissenschaft, München.

BERENDT, Bettina (2005): Kognitionswissenschaft, in: Klaus SACHS-HOMBACH (Hg.), Bildwissenschaft. Disziplinen, Themen, Methoden, Frankfurt am Main, 21-36.

BERTIN, Jacques (1974): Graphische Semiologie. Diagramme, Netze, Karten, Berlin/New York.

BHABA, Homi K. (2000): Die Verortung der Kultur, Tübingen.

BIALOSTOCKI, Jan (1979): Skizze einer Geschichte der beabsichtigten und interpretierenden Ikonographie, in: Ekkehard KAEMMERLING (Hg.), Ikonographie und Ikonologie, Köln, 15-63.

BIEBUYCK, Benjamin (1998): Die poietische Metapher. Ein Beitrag zur Theorie der Figürlichkeit, Würzburg.

BLANKE, Börries/GIANNONE, Antonella/VAILLANT, Pascal (2005): Semiotik, in: Klaus SACHS-HOMBACH (Hg.), Bildwissenschaft. Disziplinen, Themen, Methoden, Frankfurt am Main, 149-162.

BLUMENBERG, Hans (1996A): Arbeit am Mythos, Frankfurt am Main.

— (1996B): Höhlenausgänge, Frankfurt am Main.

BOEHM, Gottfried (Hg.) (1994A): Was ist ein Bild?, München.

— (1994B): Die Wiederkehr der Bilder, in: DERS., Was ist ein Bild?, München, 11-38.

— (2001): Zwischen Auge und Hand: Bilder als Instrumente der Erkenntnis, in: B. HEINTZ/J. HUBER (Hg.), Mit dem Auge denken, Wien/New York, 43-54.

— (2004): Jenseits der Sprache? Anmerkungen zur Logik der Bilder, in: Christa MAAR/Hubert BURDA (Hg.), Iconic Turn, Köln, 28-43.

BÖHME, Hartmut (Hg.) (2005A): Topographien der Literatur. Deutsche Literatur im transnationalen Kontext, Stuttgart/Weimar.

— (2005B): Einleitung: Raum – Bewegung – Topographie, in: DERS. (Hg.), Topographien der Literatur. Deutsche Literatur im transnationalen Kontext, Stuttgart/Weimar, IX-XXIII.

BOHN, Cornelia (2001): Sprache, Schrift, Bild, in: B. HEINTZ/J. HUBER (Hg.), Mit dem Auge denken, Wien/New York, 321-346.

BOHN, Volker (Hg.) (1990): Bildlichkeit. Internationale Beiträge zur Poetik, Frankfurt am Main.

BÖHRINGER, Hannes (2004): Harte Bank. Kunst, Philosophie, Architektur, Berlin.

BOLLNOW, Otto Friedrich (2000): Mensch und Raum, Stuttgart/Berlin/Köln.

BOLZ, Norbert/Van Reijen, Willem (Hg.) (1996A): Ruinen des Denkens – Denken in Ruinen, Frankfurt am Main.

— (1996B): Einleitung. Die Moderne als Ruine, in: Norbert BOLZ/Willem VAN REIJEN (Hg.), Ruinen des Denkens – Denken in Ruinen, Frankfurt am Main, 7-13.

BORMANN, Regina (2001): Raum, Zeit, Identität. Sozialtheoretische Verortungen kultureller Prozesse, Opladen.

BORNET, Gérard (1995): Booles (Zeichen-)Modell des Geistes, in: Lutz DANNEBERG/Andreas GRAESER/Klaus PETRUS (Hg.), Metapher und Innovation. Die Rolle der Metapher im Wandel von Sprache und Wissenschaft, Bern/Stuttgart/Wien, 246-267.

BOUDON, Philippe (1991): Der architektonische Raum. Über das Verhältnis von Bauen und Erkennen, Basel/Berlin/Boston.

BOURDIEU, Pierre (1995): Habitus – Kode und Kodifizierung, in: Johanna HOFBAUER/Gerald PRABITZ/Josef WALLMANNSBERGER (Hg.), Bilder – Symbole – Metaphern. Visualisierung und Informierung in der Moderne, Wien, 223-236.

— (2003): Zur Soziologie der symbolischen Formen, Frankfurt am Main.

— (2005): Die politische Ontologie Martin Heideggers, Frankfurt am Main.

BRANDT, Reinhard (2004): Bilderfahrungen – von der Wahrnehmung zum Bild. In: Christa MAAR/Hubert BURDA (Hg.), Iconic Turn, Köln, 44-54.

BRAUNS, Jörg (2007): Schauplätze. Zur Architektur visueller Medien, Berlin.

BREDEKAMP, Horst/FISCHEL, Angela/SCHNEIDER, Birgit u. a. (2003A): Bildwelten des Wissens, in: Horst BREDEKAMP/Gabriele WERNER (Hg.), Bilder in Prozessen, Berlin, 9-20.

—/WERNER, Gabriele (Hg.) (2003B): Bilder in Prozessen, Berlin. [Bildwelten des Wissens. Kunsthistorisches Jahrbuch für Bildkritik, Band 1,1]

—/— (Hg.) (2003C): Oberflächen der Theorie, Berlin. [Bildwelten des Wissens. Kunsthistorisches Jahrbuch für Bildkritik, Band 1,2]

BREITSCHMID, Markus (2001): Der bauende Geist. Friedrich Nietzsche und die Architektur, Luzern.

BROCK, Bazon (1984): Die Ruine als Form der Vermittlung von Fragment und Totalität, in: L. DÄLLENBACH/L. NIBBRIG (Hg.), Fragment und Totalität, Frankfurt am Main, 124-140.

BRODSKY LATOUR, Claudia (1999): Architecture in the discourse of mo-

dern philosophy: Descartes to Nietzsche, in : Alexandre KOSTKA/
Irving WOHLFAHRT (Hg.), Nietzsche and „an architecture of our
minds", Los Angeles, 19-34.

BROSIUS, Christiane (1997): Kunst als Denkraum. Zum Bildungsbegriff
von Aby Warburg, Pfaffenweiler.

BRUNNER, Otto/CONZE, Werner/KOSELLECK, Reinhart (Hrsg.) (1990):
Geschichtliche Grundbegriffe. Historisches Lexikon zur politisch-
sozialen Sprache in Deutschland, Band 6, Stuttgart, 733-788.

BUCHANAN, Ian/LAMBERT, Gregg (Hg.) (2005): Deleuze and space,
Toronto/Buffalo.

BUCHHOLZ, Michael B. (2004): Vorwort, in: George LAKOFF/Mark
JOHNSON, Leben in Metaphern. Konstruktion und Gebrauch von
Sprachbildern, Heidelberg, 7.

BÜRGER, Peter (2000): Ursprung des postmodernen Denkens, Weilerswist.

BURRI, Alex (1995): Metaphern, Modelle und wissenschaftliche Erklä-
rungen, in: Lutz DANNEBERG/Andreas GRAESER/Klaus PETRUS (Hg.),
Metapher und Innovation. Die Rolle der Metapher im Wandel von
Sprache und Wissenschaft, Bern/Stuttgart/Wien, 268-289.

BUURMANN, Gerhard M./ROOVERS, Stefan (2001): Theme-machine: Ein
System zur ikonischen Repräsentation wissenschaftlicher Diskurse
und Formationen, in: B. HEINTZ/J. HUBER (Hg.), Mit dem Auge denken, Wien/New York, 223-238.

CAPURRO, Rafael (o. J.): Bauen als Denkaufgabe. Zur Phänomenologie
der Architektur. http://www.capurro.de/bauen.htm Zuletzt abgerufen am 21.09.2007

CASSIRER, Ernst (1961): Zur Logik der Kulturwissenschaften. Fünf Studien, Darmstadt.

— (1973): Philosophie der symbolischen Formen, 3 Bände, Darmstadt.
Teil 1: Die Sprache; Teil 2: Das mythische Denken; Teil 3: Phänomenologie der Erkenntnis.

— (1985A): Mythischer, ästhetischer und theoretischer Raum, in: DERS.,
Symbol, Technik, Sprache, hg. von E. W. ORTH/J. M. KROIS, Hamburg, 93-111.

— (1985B): Symbol, Technik, Sprache. Aufsätze aus den Jahren 1927-

1933, hg. von E. W. ORT/J. M. KROIS, Hamburg.

— (1985c): Das Symbolproblem und seine Stellung im System der Philosophie, in: DERS., Symbol, Technik, Sprache, hg. von E. W. ORTH/J. M. KROIS, Hamburg, 1-21.

CAVELL, Stanley (2006): Die Alltagsästhetik der „Philosophischen Untersuchungen", in: John GIBSON/Wolfgang HUEMER (Hg.), Wittgenstein und die Literatur, Frankfurt am Main, 39-57.

CHEN, Chaomei (2003): Mapping scientific frontiers. The quest for knowledge visualization, London/Berlin/Heidelberg u. a. O.

COHEN, Jean-Louis (1999): Le Corbusier´s Nietzschean metaphors, in : Alexandre KOSTKA/Irving WOHLFAHRT (Hg.), Nietzsche and „an architecture of our minds", Los Angeles.

COMENIUS, J. A. (1964): Orbis sensualium pictus [1658], Osnabrück.

COSGROVE, Denis/DANIELS, Stephen (Hg.) (1988): The Iconography of landscape, Cambridge.

CRARY, Jonathan (1996): Techniken des Betrachters. Sehen und Moderne im 19. Jahrhundert, Dresden/Basel.

DÄLLENBACH, Lucien/NIBBRIG, Christian L. (Hg.) (1984): Fragment und Totalität, Frankfurt am Main.

DAMISCH, Hubert (1997): Architektur als Denkform, Wien.

DANIELS, Stephen/COSGROVE, Denis (1988): Introduction: Iconography and landscape, in: Denis COSGROVE/Stephen DANIELS (Hg.), The Iconography of landscape, Cambridge, S. 1-10.

DANNEBERG, Lutz/GRAESER, Andreas/PETRUS, Klaus (Hg.) (1995): Metapher und Innovation. Die Rolle der Metapher im Wandel von Sprache und Wissenschaft, Bern/Stuttgart/Wien.

DE CERTAU, Michel (1990): Nikolaus von Kues: Das Geheimnis eines Blickes, in: Volker BOHN (Hg.), Bildlichkeit. Internationale Beiträge zur Poetik, Frankfurt am Main, 325-356.

DELEUZE, Gilles /Guattari, Félix (1977): Rhizom, Berlin.

—/Guattari, Félix (1992): Tausend Plateaus: Kapitalismus und Schizophrenie, Berlin.

— (1993): Unterhandlungen 1972-1990, Frankfurt am Main.

— (2000): Die Falte. Leibniz und der Barock, Frankfurt am Main.

—/Guattari, Félix (2000): Was ist Philosophie?, Frankfurt am Main.

DERRIDA, Jacques (1986): Implikationen, in: DERS., Positionen, hg. von Peter ENGELMANN, Graz/Wien, 33-51.

— (1987): Husserls Weg in die Geschichte am Leitfaden der Geometrie, München.

— (1988): Am Nullpunkt der Verrücktheit – Jetzt die Architektur, in: Wolfgang WELSCH (Hg.), Wege aus der Moderne, Weinheim, 215-232.

— (1992): Die Wahrheit in der Malerei, hg. von Peter ENGELMANN, Wien.

—/Bennington, Geoffrey (1994): Jacques Derrida. Ein Portrait, Frankfurt am Main.

— (1995): Dissemination, Wien.

— (1996): Grammatologie, Frankfurt am Main.

— (1997A): Die Struktur, das Zeichen und das Spiel im Diskurs der Wissenschaften vom Menschen, in: DERS.: Die Schrift und die Differenz, Frankfurt am Main, 422-442.

— (1997B): Freud und der Schauplatz der Schrift, in: DERS., Die Schrift und die Differenz, Frankfurt am Main, 302-350.

— (1997C): Punktierungen – die Zeit der These, in: Einsätze des Denkens. Zur Philosophie von Jacques Derrida, hg. von Hans-Dieter GONDEK und Bernhard WALDENFELS, Frankfurt am Main, 19-39.

— (1997D): Schrift und Differenz, Frankfurt am Main. — (1999): Die differánce, in: DERS., Randgänge der Philosophie, hg. von Peter ENGELMANN, Wien, 31-56.

— (1998): Der Entzug der Metapher, in: Anselm HAVERKAMP (Hg.), Die paradoxe Metapher, Frankfurt am Main, 197-234.

— (1999): Die weiße Mythologie. Die Metapher im philosophischen Kontext, in: DERS., Randgänge der Philosophie, hg. von Peter ENGELMANN, Wien, 229-290.

— (2000): Chōra, in: DERS., Über den Namen, hg. von Peter ENGELMANN, Wien, 123-170.

DICKHAUT, Kirsten (2005): Das Paradox der Bibliothek. Metapher, Gedächtnisort, Heterotopie, in: Günter OESTERLE (Hg.), Erinnerung, Gedächtnis, Wissen. Studien zur kulturwissenschaftlichen Gedächtnisforschung, Göttingen, 297-331.

DIDI-HUBERMAN, Georges (2004): Dialektik des Monstrums. Aby Warburg und das Paradigma des Symptomalen, in: Barbara NAUMANN/ Edgar PANKOW (Hg.), Bilder-Denken. Bildlichkeit und Argumentation, München, 203-234.

DOSSE, Francois (1997): Geschichte des Strukturalismus, 2 Bände, Hamburg.

DREWER, Petra (2003): Die kognitive Metapher als Werkzeug des Denkens. Zur Rolle der Analogie bei der Gewinnung und Vermittlung wissenschaftlicher Erkenntnisse, Tübingen.

DÜNNE, Jörg/GÜNZEL, Stephan (Hg.) (2006): Raumtheorie. Grundlagentexte aus Philosophie und Kulturwissenschaften, Frankfurt am Main.

EBELING, Knut/ALTEKAMP, Stefan (Hg.) (2004): Die Aktualität des Archäologischen in Wissenschaft, Medien und Künsten, Frankfurt am Main.

EBELING, Knut (2004): Einleitung, in: Knut EBELING/Stefan ALTEKAMP (Hg.), Die Aktualität des Archäologischen, Frankfurt am Main, 9-32.

ECO, Umberto (1980): Function and sign: The semiotics of architecture, in: Geoffrey BROADBENT/Richard BLUNT/Charles JENCKS (Hg.), Signs, symbols and architecture, Chichester/New York u. a. O.

— (1985): Semiotik und Philosophie der Sprache, München.

— (1995): Im Labyrinth der Vernunft. Texte über Kunst und Zeichen, Leipzig.

— (2002): Einführung in die Semiotik, München.

EGIDI, Margreth/SCHNEIDER, Oliver/SCHÖNING, Matthias u. a. (Hg.) (2000): Gestik. Figuren des Körpers in Text und Bild, Tübingen.

EICHBERGER, Tassilo (1999): Kants Architektur der Vernunft, Freiburg im Breisgau/München.

EISENMAN, Peter (1995A): Architektur als eine zweite Sprache, in: DERS., Aura und Exzeß. Zur Überwindung der Metaphysik der Architektur, hg. von Ullrich SCHWARZ, Wien, 151-164.

— (1995B): Architektur schreiben, in: DERS.,Aura und Exzeß. Zur Überwindung der Metaphysik der Architektur, hg. von Ullrich SCHWARZ, Wien, 295-306.

— (1995C): Aura und Exzeß. Zur Überwindung der Metaphysik der Architektur, hg. von Ullrich SCHWARZ, Wien.

— (1995D): Die Architektur und das Problem der rhetorischen Figur, in: DERS., Aura und Exzeß. Zur Überwindung der Metaphysik der Architektur, hg. von Ullrich SCHWARZ, Wien, 99-108.

— (1995E): Moderne, Postmoderne und Dekonstruktion, in: DERS., Aura und Exzeß. Zur Überwindung der Metaphysik der Architektur, hg. von Ullrich SCHWARZ, Wien, 241-272.

ESPOSITO, Elena (1993): Zwei-Seiten-Formen in der Sprache, in: Dirk BAECKER (Hg.), Probleme der Form, Frankfurt am Main, 88-119.

— (2002): Virtualisierung und Divination. Formen der Räumlichkeit der Kommunikation, in: Rudolf MARESCH/Niels WEBER (Hg.), Raum – Wissen – Macht, Frankfurt am Main, 33-48.

— (2007): Die Fiktion der wahrscheinlichen Realität, Frankfurt am Main.

FARINELLI, Franco (1996): Von der Natur der Moderne: Eine Kritik der kartographischen Vernunft, in: Dagmar REICHERT (Hg.), Räumliches Denken, Zürich, 267-302.

FOHRMANN, Jürgen (Hg.) (2004): Rhetorik. Figuration und Performanz, Stuttgart/Weimar.

FÖRSTER, Simone (2004): Hypermodelle. Fotografie und Modell als Formen der Darstellung von Architektur und gebautem Raum, in: Franck HOFMANN/Stauros LAZARIS/Jens E. SENNEWALD (Hg.), Raum-Dynamik/Dynamique de l'espace. Beiträge zu einer Praxis des Raums/ Contributions aux pratiques de l'espace, Bielefeld, 315-326.

FOUCAULT, Michel (2002): Archäologie des Wissens, Frankfurt am Main.

— (2003A): Das Denken des Außen, in: DERS., Schriften zur Literatur, Frankfurt am Main, 208-233.

— (2003B): Die Sprache des Raumes, in: DERS., Schriften zur Literatur, Frankfurt am Main, 168-174.

FRAUCHIGER, Michael (1995): Der metaphorische Raum im Kontext, in: Lutz DANNEBERG/Andreas GRAESER/Klaus PETRUS (Hg.), Metapher und Innovation. Die Rolle der Metapher im Wandel von Sprache und Wissenschaft, Bern/Stuttgart/Wien, 225-245.

FREI, Patrick (1999): Denkform und Anschauung. Bemerkungen zu Hans Leisegangs Denkformlehre, in: Karen GLOY (Hg.), Rationalitätstypen, Freiburg/München, 56-70.

FRISCHMANN, Bärbel (2002): Versuch einer Typologisierung von Metapherntheorien: Metaphysisch, szientistisch, ironistisch, in: Hans-Jörg SANDKÜHLER (Hg.), Welten in Zeichen – Sprache, Perspektivität, Interpretation, Frankfurt am Main/Berlin/Bern u. a. O., 49-76.

FÜSSEL, Marian (2005): Intellektuelle Felder. Zu den Differenzen von Bourdieus Wissenssoziologie und der Konstellationsforschung, in: Martin MULSOW/Marcelo STAMM (Hg.), Konstellationsforschung, Frankfurt am Main, 188-206.

FÜZESI, Nicolas (1999): Einheit der Vernunft – Pluralität der Denkformen?, in: Karen GLOY (Hg.), Rationalitätstypen, Freiburg/München, 45-55.

GABRIEL, Gottfried (1991): Zwischen Logik und Literatur. Erkenntnisformen von Dichtung, Philosophie und Wissenschaft, Stuttgart.

— (1995): Rätsel. Zur Logik und Rhetorik des Erkennens, in: Lutz DANNEBERG/Andreas GRAESER/Klaus PETRUS (Hg.), Metapher und Innovation. Die Rolle der Metapher im Wandel von Sprache und Wissenschaft, Bern/Stuttgart/Wien, 172-195.

GALISON, Peter Louis (1997): Image and Logic. A material culture of microphysics, Chicago.

GAMM, Gerhard (1992): Die Macht der Metapher. Im Labyrinth der modernen Welt, Stuttgart.

GEBAUER, Gunter (2004): Raumkonstruktion beim frühen Wittgenstein, in: Franck HOFMANN/Stauros LAZARIS/Jens E. SENNEWALD (Hg.), Raum-Dynamik/Dynamique de l'espace. Beiträge zu einer Praxis des Raums/Contributions aux pratiques de l'espace, Bielefeld, 51-72.

GEHRING, Eva (2004): Medienmetaphorik. Das Internet im Fokus seiner räumlichen Metaphern, Berlin.

GEIDECK, Susan/LIEBERT, Wolf-Andreas (Hg.) (2003): Sinnformeln. Linguistische und soziologische Analysen von Leitbildern, Metaphern und anderen kollektiven Orientierungsmustern, Berlin/New York.

—/— (2003): Sinnformeln. In: DIES., Sinnformeln. Linguistische und soziologische Analysen von Leitbildern, Metaphern und anderen kollektiven Orientierungsmustern, Berlin/New York, 3-14.

GERHARDT, Volker (1989): Die Perspektive des Perspektivismus. In:

Nietzsche-Studien 18, 260-281.

GEYER, Carl-Friedrich (1996): Mythos. Formen, Beispiele, Deutungen, München.

GIBSON, John/Huemer, Wolfgang (Hg.) (2006): Wittgenstein und die Literatur, Frankfurt am Main.

GIEDION, Siegfried (1992): Raum, Zeit, Architektur. Die Entstehung einer neuen Tradition, Zürich/München/London.

GIERE, Ronald N. (1996): Visual models and scientific judgement, in: Brian S. Baigrie (Hg.), Picturing knowledge, Toronto/Buffalo/London, 269-302.

GLOY, Karen (Hg.) (1999) : Rationalitätstypen, Freiburg/München.

— (1999): Kalkulierte Absurdität – Die Logik des Analogiedenkens, in: DIES. (Hg.), Rationalitätstypen, Freiburg/München, 213-245.

— (2000): Das Analogiedenken: Vorstöße in ein neues Gebiet der Rationalitätstheorie, Freiburg/München.

GÖLZ, Walter (1970): Dasein und Raum. Philosophische Untersuchungen zum Verhältnis von Raumerlebnis, Raumtheorie und gelebtem Dasein, Tübingen.

GOMBRICH, Ernst H. (1979): Ziele und Grenzen der Ikonologie, in: Ekkehard KAEMMERLING (Hg.), Ikonographie und Ikonologie, Köln, 377-433.

— (1984): Bild und Kode: Die Rolle der Konvention in der bildlichen Darstellung, in: DERS., Bild und Auge. Neue Studien zur Psychologie der bildlichen Wahrnehmung, Stuttgart, 274-294.

— (1984): Das Bild und seine Rolle in der Kommunikation, in: DERS., Bild und Auge. Neue Studien zur Psychologie der bildlichen Wahrnehmung, Stuttgart, 135-158.

— (1984): Bild und Auge. Neue Studien zur Psychologie der bildlichen Wahrnehmung, Stuttgart.

— (1984): Zwischen Landkarte und Spiegelbild: Das Verhältnis bildlicher Darstellung und Wahrnehmung, in: DERS., Bild und Auge. Neue Studien zur Psychologie der bildlichen Wahrnehmung, Stuttgart, 169-211.

GOSZTONYI, Alexander (1976): Der Raum. Geschichte seiner Probleme in Philosophie und Wissenschaften, 2 Bände, Freiburg/München.

GOTTSCHLING, Verena (2003): Bilder im Geiste. Die Imagery-Debatte, Paderborn.

GRASSI, Ernesto (1979): Macht des Bildes – Ohnmacht der rationalen Sprache, München.

GROSSKLAUS, Götz (1993): Natur – Raum. Von der Utopie zur Simulation, München.

GÜNTHER, Gotthard (1957): Das Bewusstsein der Maschinen, Krefeld.

— (1976): Beiträge zur Grundlegung einer operationsfähigen Dialektik, Hamburg.

— (1991): Idee und Grundriss einer nicht-aristotelischen Logik: die Idee und ihre philosophischen Voraussetzungen, Hamburg.

— (1993): Die Tradition der Logik und das Konzept einer transklassischen Rationalität, Klagenfurt.

HALL, Edward T. (1976): Die Sprache des Raumes, Düsseldorf.

HARLEY, J. B. (1988): Maps, Knowledge and Power, in: Denis Cosgrove/Stephen Daniels (Hg.), The Iconography of landscape, Cambridge, 277-312.

HARRIES, Karsten (1999): Nietzsche´s labyrinths: variations on an ancient theme, in : Alexandre KOSTKA/Irving WOHLFAHRT (Hg.), Nietzsche and „an architecture of our minds", Los Angeles, 35-52.

HARTMANN, Frank (2000): Medienphilosophie, Wien.

— (2002): Bildersprache, in: Frank HARTMANN/Erwin K. BAUER (Hg.), Bildersprache. Otto Neurath Visualisierungen, Wien, 15-105.

—/BAUER, Erwin K. (2002): Bildersprache. Otto Neurath Visualisierungen, Wien.

HAVERKAMP, Anselm (Hg.) (1996): Theorie der Metapher, Darmstadt.

— (1998A): Die paradoxe Metapher, Frankfurt am Main.

— (1998B): Paradigma Metapher/Metapher Paradigma, in: DERS. (Hg.), Die paradoxe Metapher, Frankfurt am Main, 268-288.

HEIDEGGER, Martin (1985): Bauen, Wohnen, Denken, in: DERS., Vorträge und Aufsätze, Pfullingen, 139-156.

HEINRICH, Richard/Vetter, Helmuth (Hg.) (1991): Bilder der Philosophie. Reflexionen über das Bildliche und die Phantasie, München.

HEINTZ, Bettina/HUBER, Jörg (Hg.) (2001): Mit dem Auge denken. Strategien der Sichtbarmachung in wissenschaftlichen und virtuellen

Welten, Wien/New York.

—/— (2001): Der verführerische Blick: Formen und Folgen wissenschaftlicher Visualisierungsstrategien, in: B. Heintz/J. Huber (Hg.), Mit dem Auge denken, Wien/New York, 9-42.

Helbig, Jörg (1996): Intertextualität und Markierung. Untersuchungen zur Systematik und Funktion der Signalisierung von Intertextualität, Heidelberg.

Hendrix, John (2003): Architectural forms and philosophical structures, New York/Washington D. C./Bern u. a. O.

Henrich, Dieter (2005): Konstellationsforschung zur klassischen deutschen Philosophie, in: Martin Mulsow/Marcelo Stamm (Hg.), Konstellationsforschung, Frankfurt am Main, 15-30.

Hessler, Martina/Hennig, Jochen/Mersch, Dieter (2004): Explorationsstudie im Rahmen der BMBF-Förderinitiative „Wissen für Entscheidungsprozesse" zum Thema Visualisierungen in der Wissenskommunikation, http://www.sciencepolicystudies.de/dok/explorationsstudie-hessler. pdf Zuletzt abgerufen am 21.09.2007

Heuner, Ulf (Hg.) (2006): Klassische Texte zum Raum, Berlin.

Höcker, Arne/Moser, Jeannie/Weber, Philippe (Hg.) (2006): Wissen. Erzählen. Narrative der Humanwissenschaften, Bielefeld.

Hofbauer, Johanna/Prabitz, Gerald/Wallmannsberger, Josef (Hg.) (1995): Bilder – Symbole – Methaphern. Visualisierung und Informierung in der Moderne, Wien.

Hoffstadt, Christian (2006): Bahnung – Spur – Einschreibung – Sinn. Das Verständnis der Sprache zwischen Dekonstruktion und Psychoanalyse, in: Christian Hoffstadt/Franz Peschke/Andreas Schulz-Buchta (Hg.), Von Sinnen und Sinn, Bochum/Freiburg im Breisgau, 85-118.

— (2004): Der Meisterdetektiv und die Medizin. Über das „Rückwärtsdenken" in Logik, Literatur und Medizin, in: Klaus Reichert/ Christian Hoffstadt (Hg.), ZeichenSprache Medizin. Semiotische Analysen und Interpretationen, Bochum/Freiburg im Breisgau, 25-34.

Hofmann, Franck/Lazaris, Stauros/Sennewald, Jens E. (Hg.) (2004):

Raum-Dynamik/Dynamique de l´espace. Beiträge zu einer Praxis des Raums/Contributions aux pratiques de l´espace, Bielefeld.

—/—/— (2004): Zwischen Räumen, in: DIES., Raum-Dynamik/Dynamique de l´espace. Beiträge zu einer Praxis des Raums/Contributions aux pratiques de l´espace, Bielefeld, 11-22.

HOFMANN, Franck (2004): Dynamische Räume, nordöstlich gelegen. Raumdenken als Erkenntnispraxis nach Aby Warburg, in: Franck HOFMANN/Stauros LAZARIS/Jens E. SENNEWALD (Hg.), Raum-Dynamik/Dynamique de l´espace. Beiträge zu einer Praxis des Raums/Contributions aux pratiques de l´espace, Bielefeld, 27-50.

HOLERT, Tom (Hg.) (2000A): Imagineering. Visuelle Kultur und Politik der Sichtbarkeit, Köln.

— (2000B): Bildfähigkeiten, in: DERS. (Hg.), Imagineering, Köln, 14-33.

HÖRISCH, Jochen (1996): Der Ruin/Die Ruine, in: Norbert BOLZ/Willem VAN REIJEN (Hg.), Ruinen des Denkens – Denken in Ruinen, Frankfurt am Main, 259-276.

HÖRNIG, Robin/CLAUS, Berry/EYFERTH, Klaus (1997): Objektzugriff in mentalen Modellen: Eine Frage der Perspektive, in: Carla UMBACH/Michael GRABSKI/Robin HÖRNIG (Hg.), Perspektive in Sprache und Raum, Wiesbaden, 81-104.

HRACHOUEC, Herbert (1996): Homepage und Hypertext. Raumplanung im Internet, in: Dagmar REICHERT (Hg.), Räumliches Denken, Zürich, 437-455.

HUEMER, Wolfgang (2006): Wittgenstein, Sprache und die Philosophie der Literatur, in: John GIBSON/Wolfgang HUEMER (Hg.), Wittgenstein und die Literatur, Frankfurt am Main, 9-32.

IMDAHL, Max (1984): Bild-Totalität und Fragment, in: L. DÄLLENBACH/C. L. NIBBRIG (Hg.), Fragment und Totalität, Frankfurt am Main, 115-123.

INNIS, Harold (1999): Das Problem des Raumes, in: Claus PIAS/J. VOGL/L. ENGELL (Hg.), Kursbuch Medienkultur, Stuttgart, 134-154.

JÄKEL, Olaf (2003A): Die Geschichte der Konzeptualisierung von Wissenschaft als Entwicklungsgeschichte eines metaphorischen Szenarios, in: Susan GEIDECK/Wolf-Andreas LIEBERT (Hg.), Sinnformeln. Linguistische und soziologische Analysen von Leitbildern, Metaphern und anderen kollektiven Orientierungsmustern, Berlin/New York, 323-342.

— (2003B): Wie Metaphern Wissen schaffen, Hamburg.

JAHRAUS, Oliver/[SCHMIDT], Benjamin Marius (1997): Systemtheorie und Dekonstruktion. Die Supertheorien Niklas Luhmanns und Jacques Derridas im Vergleich, Siegen.

JAMMER, Max (1960): Das Problem des Raumes. Die Entwicklung der Raumtheorien, Darmstadt.

JANZ, Rolf-Peter (1983): Mythos und Moderne bei Walter Benjamin, in: Karl Heinz BOHRER (Hg.), Mythos und Moderne. Begriff und Bild einer Rekonstruktion, Frankfurt am Main, 363-381.

JOHNSON, Philip/WIGLEY, Mark (1998): Dekonstruktivistische Architektur, Stuttgart.

JONES, Caroline A./GALISON, Peter (Hg.) (1998): Picturing Science – producing art, New York/London.

KAEHR, Rudolf (1993): Disseminatorik: Zur Logik der „second order cybernetics". Von den „Gesetzen der Form" zur Logik der Reflexionsform, in: Dirk BAECKER (Hg.), Das Kalkül der Form, Frankfurt am Main, 152-196.

KAEMMERLING, Ekkehard (Hg.) (1979): Ikonographie und Ikonologie. Theorien – Entwicklung – Probleme, Köln.

KANITSCHNEIDER, Bernulf (1976): Vom absoluten Raum zur dynamischen Geometrie, Mannheim/Wien/Zürich.

KANT, Immanuel (1995): Kritik der reinen Vernunft, hg. von Wilhelm Weischedel, 2 Bände, Frankfurt am Main.

KEMMERLING, Andreas (1997): Das Bild als Bild der Idee, in: Jakob STEINBRENNER/Ulrich WINKO (Hg.), Bilder in der Philosophie und anderen Künsten und Wissenschaften, Paderborn, 177-198.

KEMP, Martin (2003): Bilderwissen. Die Anschaulichkeit naturwissenschaftlicher Phänomene, Köln.

— (2004): Wissen in Bildern – Intuitionen in Kunst und Wissenschaft, in: Christa MAAR/Hubert BURDA (Hg.), Iconic Turn, Köln, 382-406.

KITTLER, Friedrich A. (1996): The city as a medium. In: New literary history 4/27, 717-730.

— (2001): Perspective and the book. In: Grey Room 5, 38-53.

— (2004): Schrift und Zahl – die Geschichte des errechneten Bildes, in: Christa MAAR/Hubert BURDA (Hg.), Iconic Turn, Köln, 186-203.

KLAGENFURT, Kurt (1995): Technologische Zivilisation und transklassische Logik. Eine Einführung in die Technikphilosophie Gotthard Günthers, Frankfurt am Main.

KLAUSNITZER, Ralf (2004): Inventio/Elocutio. Metaphorische Rede und die Formierung wissenschaftlichen Wissens, in: Jürgen FOHRMANN (Hg.), Rhetorik. Figuration und Performanz, Stuttgart/Weimar, 81-130.

KLOOCK, Daniela/SPAHR, Angela (2000): Medientheorien. Eine Einführung, München.

KNIEPER, Thomas (2005): Kommunikationswissenschaft, in: Klaus SACHS-HOMBACH (Hg.), Bildwissenschaft. Disziplinen, Themen, Methoden, Frankfurt am Main, 37-51.

KOCHER, Ursula (2000): „Der Dämon der hermetischen Semiose". Emblematik und Semiotik, in: Ruben Zimmermann (Hg.), Bildersprache verstehen. Zur Hermeneutik der Metapher und anderer bildlicher Sprachformen, München, 151-167.

KÖLLER, Wilhelm (2004): Perspektivität und Sprache. Zur Struktur von Objektivierungsformen in Bildern, im Denken und in der Sprache, Berlin/New York.

— (2006): Narrative Formen der Sprachreflexion. Interpretationen zu Geschichten über Sprache von der Antike bis zur Gegenwart, Berlin/New York.

KÖPPER, Anja (1999): Dekonstruktive Textbewegungen. Zu Lektüreverfahren Derridas, Wien.

KOLTER, Susanne H. (2002): Die gestörte Form. Zur Tradition und Bedeutung eines architektonischen topos, Weimar.

KOSCHORKE, Albrecht (1997): Platon/Schrift/Derrida, in: Gerhard Neumann (Hg.), Poststrukturalismus, Stuttgart/Weimar, 40-58.

KOSTKA, Alexandre/WOHLFAHRT, Irving (Hg.) (1999): Nietzsche and „an architecture of our minds", Los Angeles.

KRAMER, Fritz W. (2001): Praktiken der Imagination, in: Gerhart VON GRAEVENITZ/Stefan RIEGER/Felix THÜRLEMANN (Hg.), Die Unvermeidlichkeit der Bilder, Tübingen, 17-30.

KRÄMER, Sybille/BREDEKAMP, Horst (Hg.) (2001): Kann das „geistige"Auge sehen? Visualisierung und die Konstitution epistemischer Gegenstände, in: B. Heintz/J. Huber (Hg.), Mit dem Auge denken, Wien/New York, 347-366.

— (2003A): „Schrift-Bildlichkeit" oder: Über eine (fast) vergessene Dimension der Schrift, in: DIES., Bild – Schrift – Zahl, München, 157-176.

— (2003B): Bild – Schrift – Zahl, München.

—/KOGGE, Werner/GRUBE, Gernot (Hg.) (2007): Spur. Spurenlesen als Orientierungstechnik und Wissenskunst, Frankfurt am Main.

KRAVAGNA, Christian (Hg.) (1997): Privileg Blick. Kritik der visuellen Kultur, Berlin.

KRUFT, Hanno-Walter (1991): Geschichte der Architekturtheorie. Von der Antike bis zur Gegenwart, München.

KRUSE, Christiane (2004): Bild- und Medienanthropologie, in: Aleida ASSMANN/Ulrich GAIER/Gisela TROMMSDORF (Hg.), Positionen der Kulturanthropologie, Frankfurt am Main, 225-248.

KUASZ, Ladislav (1996): Was bedeutet es, ein geometrisches Bild zu verstehen?, in: Dagmar REICHERT (Hg.), Räumliches Denken, Zürich, 95-123.

KUHN, Thomas S. (1976): Die Struktur wissenschaftlicher Revolutionen, Frankfurt am Main.

— (1980): Metaphor in science, in: Andrew ORTONY (Hg.), Metaphor and thought, Cambridge/London/New York u. a. O., 409-419.

KÜHNE, Ulrich (2005): Die Methode des Gedankenexperiments, Frankfurt am Main.

LAHN, Michael (1997): Die Rhetorik der Wissenschaft im Medium der Typographie. Zum Beispiel der Fußnote, in: Hans-Jörg RHEINBERGER/Michael HAGNER/Bettina WAHRIG-SCHMIDT (Hg.), Räume des Wissens. Repräsentation, Codierung, Spur, Berlin, 91-110.

LAKOFF, George (u. a.) (o. J.): Onlinesammlung kognitiver Metaphern, University of California, Berkeley: http://cogsci.berkeley.edu/lakoff/metaphors/ Zuletzt abgerufen am 21.09.2007

—/JOHNSON, Mark (2004): Leben in Metaphern. Konstruktion und Gebrauch von Sprachbildern, Heidelberg.

LANGE, Sigrid (Hg.) (2001A): Raumkonstruktionen in der Moderne. Kultur – Literatur – Film, Bielefeld.

— (2001B): Einleitung. Die Aisthesis des Raums in der Moderne, in: DIES., Raumkonstruktionen in der Moderne. Kultur – Literatur – Film, Bielefeld, 7-22.

LATKA, Thomas (2003): Topisches Sozialsystem. Die Einführung der japanischen Lehre vom Ort in die Systemtheorie und die Konsequenzen für eine Theorie sozialer Systeme, Heidelberg.

LE CORBUSIER (1974): Vom Sinn und Unsinn der Städte, Zürich/Köln.

— (1979): Städtebau, Stuttgart.

LEACH, Neil (Hg.) (2001): Rethinking architecture. A reader in cultural theory, London/New York.

LEFEBVRE, Henri (2003): The production of space, Malden (MA) u. a. O.

LEISEGANG, Hans (1951): Denkformen, Berlin.

LEITNER, Bernhard (2000): Das Wittgenstein-Haus, Ostfildern-Ruit.

LEVIN, David Michael (1999A): Keeping Foucault and Derrida in Sight. Panopticism and the Politics of Subversion, in: DERS. (Hg.), Sites of Vision. The Discursive Construction of Sight in the History of Philosophy, Cambridge (MA)/London, 397-465.

— (Hg.) (1999B): Sites of Vision. The Discursive Construction of Sight in the History of Philosophy, Cambridge (MA)/London.

LIEBERT, Wolf-Andreas (2003): Wissenskonstruktion als poetisches Verfahren, in: Susan GEIDECK/Wolf-Andreas LIEBERT (Hg.), Sinnformeln. Linguistische und soziologische Analysen von Leitbildern, Metaphern und anderen kollektiven Orientierungsmustern, Berlin/New York, 83-102.

LINDEMANN, Uwe (2002): Das Ende der jüngeren Steinzeit. Zum nomadischen Raum-, Macht- und Wissensbegriff in der neuen Kultur- und Medientheorie, in: Rudolf MARESCH/Niels WEBER (Hg.), Raum – Wissen – Macht, Frankfurt am Main, 214-236.

LIV, Rahel Maria (2000): Wahrheit und Wirklichkeit des Bildes, in: Ruben ZIMMERMANN (Hg.), Bildersprache verstehen. Zur Hermeneutik der Metapher und anderer bildlicher Sprachformen, München, 57-75.

LOBSIEN, Eckhard (1990): Bildlichkeit, Imagination, Wissen: Zur Phänomenologie der Vorstellungsbildung in literarischen Texten, in: Volker BOHN (Hg.), Bildlichkeit. Internationale Beiträge zur Poetik, Frankfurt am Main, 89-114.

Löw, Martina (2001): Raumsoziologie, Frankfurt am Main.

LUHMANN, Niklas/BUNSEN, Frederick/BAECKER, Dirk (Hg.) (1990): Unbeobachtbare Welt. Über Kunst und Architektur, Bielefeld.

— (1993A): Zeichen als Form, in: Dirk Baecker (Hg.), Probleme der Form, Frankfurt am Main, 45-69.

— (1993B): Die Paradoxie der Form, in: Dirk Baecker (Hg.), Das Kalkül der Form, Frankfurt am Main, 197-212.

— (1995): Dekonstruktion als Beobachtung zweiter Ordnung, in: Henk de BERG/Matthias PRANGEL (Hg.), Differenzen. Systemtheorie zwischen Dekonstruktion und Konstruktivismus, Tübingen/Basel, 9-35.

— (1998): Die Gesellschaft der Gesellschaft, 2 Bde., Frankfurt am Main.

— (2001): Die Paradoxie der Form, in: DERS.: Aufsätze und Reden, hg. von Oliver Jahraus, Stuttgart, 243-261.

LYOTARD, Jean-Francois (1989): Domus und die Megalopole, in: DERS., Das Inhumane. Plaudern über die Zeit, Wien, 319-340.

MAAR, Christa/BURDA, Hubert (Hg.) (2006): Iconic Worlds. Neue Bilderwelten und Wissensräume, Köln.

—/— (Hg.) (2004): Iconic Turn, Köln.

MAAS, Jörg F. (1993A): Das sichtbare Denken oder das Modell zur Wirklichkeit, in: DERS. (Hg.), Das sichtbare Denken, Amsterdam/Atlanta, 1-12.

— (1993B): Das sichtbare Denken. Modelle und Modellhaftigkeit in der Philosophie und den Wissenschaften, Amsterdam/Atlanta.

MAC CORMAC, Earl R. (1985): A cognitive theory of metaphor, Cambridge (MA)/London.

MAHR, Bernd (2003): Modellieren. Beobachtungen und Gedanken zur Geschichte des Modellbegriffs, in: Sybille KRÄMER/Horst BREDEKAMP (Hg.), Bild – Schrift – Zahl, München, 59-86.

MAJETSCHAK, Stefan (2002): „Iconic Turn". Kritische Revisionen und einige Thesen zum gegenwärtigen Stand der Bildtheorie, in: Philosophische Rundschau 49, 44-64.

MARESCH, Rudolf/WEBER, Niels (2002): Performanzen des Raums, in: Rudolf MARESCH/Niels WEBER (Hg.), Raum – Wissen – Macht, Frankfurt am Main, 7-32.

—/— (Hg.) (2002): Raum – Wissen – Macht, Frankfurt am Main.

Maresch, Rudolf (o. J.): Die Rückkehr des Raums http://www.heise.de/tp/r4/artikel/4/4825/1.html Zuletzt abgerufen am 21.09.2007

MARTINI, Wolfram (Hg.) (2000): Architektur und Erinnerung, Göttingen.

MASSA, Dieter (2000): Verstehensbedingungen von narrativen Bildern aus kognitiver Sicht, in: Ruben ZIMMERMANN (Hg.), Bildersprache verstehen. Zur Hermeneutik der Metapher und anderer bildlicher Sprachformen, München, 313-330.

MAUELSHAGEN, Franz (2000): Hieroglyphen entziffern. Bildverstehen und Sprachmetaphorik in der Kunstgeschichte, in: Ruben ZIMMERMANN (Hg.), Bildersprache verstehen. Zur Hermeneutik der Metapher und anderer bildlicher Sprachformen, München, 169-192.

McCORMICK, Clifford Mark (2002): Palace and temple. A study of architectural and verbal icons, Berlin/New York.

MEGILL, Allan (1985): Prophets of Extremity. Nietzsche, Heidegger, Foucault, Derrida, Berkeley/Los Angeles/London.

MERLEAU-PONTY, Maurice (1966): Phänomenologie der Wahrnehmung, Berlin.

MESSIMERI, Eleftheria (1998): Wege-Bilder im altgriechischen Denken und ihre logisch-philosophische Relevanz, Tübingen [Diss.].

MEYER, Eva (1984A): Architexturen, Basel/Frankfurt am Main.

— (1984B): Für eine Architektur des Gedächtnisses, in: DIES., Architexturen, Basel/Frankfurt am Main, 75-92.

— (1984C): Labyrinth und Archi/Textur. Ein Gespräch mit Jacques Derrida, in: DIES., Architexturen, Basel/Frankfurt am Main, 23-46.

MILLER, George A. (1980): Images and models, similes and metaphors, in: Andrew ORTONY (Hg.), Metaphor and thought, Cambridge/London/New York u. a. O., 202-250.

MITCHELL, W. J. T. (1997): Der Pictorial Turn, in: Christian KRAVAGNA (Hg.), Privileg Blick. Kritik der visuellen Kultur, Berlin, 15-40.

— (1990): Was ist ein Bild?, in: Volker Bohn (Hg.), Bildlichkeit. Internationale Beiträge zur Poetik, Frankfurt am Main, 17-68.

MOSER, Jeannie (2006): Poetologien | Rhetoriken des Wissens. Einleitung, in: Arne HÖCKER/Jeannie MOSER/Philippe WEBER (Hg.), Wissen. Erzählen. Narrative der Humanwissenschaften, Bielefeld, 11-16.

MÜLLER-RICHTER, Klaus/LARCATI, Arturo (1996): „Kampf der Metapher!". Studien zum Widerstreit des eigentlichen und uneigentlichen Sprechens, Wien.

MULSOW, Martin/STAMM, Marcelo (Hg.) (2005): Konstellationsforschung, Frankfurt am Main.

—/— (2005): Vorwort, in: DIES. (Hg.), Konstellationsforschung, Frankfurt am Main, 7-12.

— (2005): Zum Methodenprofil der Konstellationsforschung, in: Martin MULSOW/Marcelo STAMM (Hg.), Konstellationsforschung, Frankfurt am Main, 74-97.

MÜNKER, Stefan/ROESLER, Alexander (2000): Poststrukturalismus, Stuttgart/Weimar.

NASSEHI, Armin (1995): Différand, Différance und Distinction. Zur Differenz bei Lyotard, Derrida und in der Formenlogik, in: Henk DE BERG/Matthias PRANGEL (Hg.), Differenzen. Systemtheorie zwischen Dekonstruktion und Konstruktivismus, Tübingen/Basel, 37-59.

NAUMANN, Barbara/PANKOW, Edgar (Hg.) (2004): Bilder-Denken. Bildlichkeit und Argumentation, München.

NIEHUES-PRÖBSTING, Heinrich (2003): Wahrheit und Unwahrheit des Bildes. Zur Bildtheorie in Platons „Sophistes", in: Dirk RUSTEMEYER (Hg.), Bildlichkeit. Aspekte einer Theorie der Darstellung, Würzburg, 147-156.

NIETZSCHE, Friedrich (1988): Ueber Wahrheit und Lüge im aussermoralischen Sinne, in: DERS., Kritische Studienausgabe (KSA), Band 1, hg. von Giorgio COLLI/Mazzino MONTINARI, München, 873-890.

NISHIDA, Kitaro (1999): Logik des Ortes. Der Anfang der modernen Philosophie in Japan, Darmstadt.

NOELI, Matthias (2004): Bewegung in Zeit und Raum. Zum erweiterten Architekturbegriff im frühen 20. Jahrhundert, in: Franck HOFMANN/ Stauros LAZARIS/Jens E. SENNEWALD (Hg.), Raum-Dynamik/

Dynamique de l'espace. Beiträge zu einer Praxis des Raums/Contributions aux pratiques de l'espace, Bielefeld, 301-314.

OBERHEBER, Ulrike (1990): Spiel der Ordnungen. Einführung in die Philosophie Gotthard Günthers, Klagenfurt. [Reihe Klagenfurter Beiträge zur Technikdiskussion Nr. 33]

OBRIST, Willy (1990): Archetypen. Natur- und Kulturwissenschaften bestätigen C. G. Jung, Olten/Freiburg im Breisgau.

ORTONY, Andrew (Hg.) (1980): Metaphor and thought, Cambridge/London/New York u. a. O.

OSKUI, Daniel (2000): Der Stoff, aus dem Metaphern sind, in: Ruben ZIMMERMANN (Hg.), Bildersprache verstehen. Zur Hermeneutik der Metapher und anderer bildlicher Sprachformen, München, 91-116.

OTTO, M. A. C. (1992): Der Ort. Phänomenologische Variationen, Freiburg/München.

PANOFSKY, Erwin (1979): Ikonographie und Ikonologie, in: Ekkehard KAEMMERLING (Hg.), Ikonographie und Ikonologie, Köln, 207-225.

— (1989): Gotische Architektur und Scholastik. Zur Analogie von Kunst, Philosophie und Theologie im Mittelalter, Köln.

PERLOFF, Marjorie (1996): Wittgenstein's Ladder. Poetic language and the strangeness of the ordinary, Chicago.

PETHES, Nicolas (2000): Die Transgression der Codierung. Funktionen gestischen Schreibens (Artaud, Benjamin, Deleuze), in: Margreth EGIDI/Oliver SCHNEIDER/Matthias SCHÖNING u. a. (Hg.), Gestik. Figuren des Körpers in Text und Bild, Tübingen, 299-314.

PFEIFFER, Ricarda (1998): Philosophie und Systemtheorie. Die Architektonik der Luhmannschen Theorie, Wiesbaden.

PIAS, Claus/Vogl, Joseph/Engell, Lorenz u. a. (Hg.) (1999): Kursbuch Medienkultur, Stuttgart.

PLATON (1994A): Politeia. In: DERS., Sämtliche Werke, Band 2, hg. von Ursula Wolf, Reinbek bei Hamburg.

— (1994B): Timaios. In: DERS.: Sämtliche Werke, Band 4, hg. von Ursula Wolf, Reinbek bei Hamburg, 11-103.

PLÜMACHER, Martina (2002): Epistemische Perspektivität, in: Hans-Jörg SANDKÜHLER (Hg.), Welten in Zeichen, Frankfurt am Main/Berlin/Bern u. a. O., 31-48.

POSER, Hans (1999): Erkenntnisgegenstand, Argumentationsstruktur und Weltbild. Zu Leisegangs Phänomenologie der Denkformen, in: Karen Gloy (Hg.), Rationalitätstypen, Freiburg/München, 25-44.

PUSCH, Fred: Entfaltung der sozialwissenschaftlichen Rationalität durch eine transklassische Logik, Bochum 1992.

PUSTER, Edith (1998): Erfassen und erzeugen. Die kreative Metapher zwischen Idealismus und Realismus, Tübingen.

RAGER, Dietmar (1997): Aspekte sehen, in: Jakob STEINBRENNER/Ulrich WINKO (Hg.), Bilder in der Philosophie und anderen Künsten und Wissenschaften, Paderborn, 113-130.

RAJCHMAN, John (2000): Foucaults Kunst des Sehens, in: Tom HOLERT (Hg.), Imagineering, Köln, 40-63.

RAULET, Gérard (1996): Die Ruinen im ästethischen Diskurs der Moderne, in: Norbert BOLZ/Willem VAN REIJEN (Hg.), Ruinen des Denkens – Denken in Ruinen, Frankfurt am Main, 179-214.

RECKWITZ, Andreas (1997): Kulturtheorie, Systemtheorie und das sozialtheoretische Muster der Innen-Außen-Differenz, in: Zeitschrift für Soziologie 5, 317-336.

REDDY, Michael J. (1980): The conduit metaphor – a case of frame conflict in our language, in: Andrew ORTONY (Hg.), Metaphor and thought, Cambridge/London/New York u. a. O., 284-324.

REICHERT, Dagmar (Hg.) (1996A): Räumliches Denken, Zürich.

— (1996B): Räumliches Denken als Ordnen der Dinge, in: Dies. (Hg.), Räumliches Denken, Zürich, 15-45.

RHEINBERGER, Hans-Jörg/HAGNER, Michael/WAHRIG-SCHMIDT, Bettina (Hg.) (1997A): Räume des Wissens. Repräsentation, Codierung, Spur, Berlin.

—/—/— (1997B): Räume des Wissens: Repräsentation, Codierung, Spur, in: DIES., Räume des Wissens. Repräsentation, Codierung, Spur, Berlin, 7-22.

RICŒR, Paul (1986): Die lebendige Metapher, München.

RIEGER, Stefan (2001): Optische Komplexität. Zur (psycho)technischen Unvermeidlichkeit der Bilder um 1900, in: Gerhart VON GRAEVENITZ/Stefan RIEGER/Felix THÜRLEMANN (Hg.), Die Unvermeidlichkeit der Bilder, Tübingen, 207-222.

ROLF, Eckard (2005): Metapherntheorien. Typologie – Darstellung – Bibliographie, Berlin/New York.

RORTY, Richard (1984): Der Spiegel der Natur. Eine Kritik der Philosophie, Frankfurt am Main.

RUDOLPH, Enno (2000): Metapher, Symbol, Begriff, in: Ruben ZIMMERMANN (Hg.), Bildersprache verstehen. Zur Hermeneutik der Metapher und anderer bildlicher Sprachformen, München, 77-89.

RUSSELL, Bertrand (1950): Philosophie des Abendlandes. Ihr Zusammenhang mit der politischen und sozialen Entwicklung, Frankfurt am Main.

RUSTEMEYER, Dirk (Hg.) (2003): Bildlichkeit. Aspekte einer Theorie der Darstellung, Würzburg.

SACHS-HOMBACH, Klaus (1995): Bilder im Geiste. Zur kognitiven und erkenntnistheoretischen Funktion piktorialer Repräsentationen, Amsterdam/Atlanta.

—/SCHÜRMANN, Eva (2005): Philosophie, in: Klaus SACHS-HOMBACH (Hg.), Bildwissenschaft. Disziplinen, Themen, Methoden, Frankfurt am Main, 109-123.

— (Hg.) (2005A): Bildwissenschaft. Disziplinen, Themen, Methoden, Frankfurt am Main.

— (2005B): Konzeptionelle Rahmenübelegungen zur interdisziplinären Bildwissenschaft, in: DERS., Bildwissenschaft. Disziplinen, Themen, Methoden, Frankfurt am Main, 11-20.

SANDKÜHLER, Hans-Jörg (Hg.) (2002): Welten in Zeichen – Sprache, Perspektivität, Interpretation, Frankfurt am Main/Berlin/Bern u. a. O.

SAUERLÄNDER, Willibald (2004): Iconic Turn? Eine Bitte um Ikonoklasmus, in: Christa MAAR/Hubert BURDA (Hg.), Iconic Turn, Köln, 407-426.

SCHÄFERS, Bernhard (2003): Architektur-Soziologie. Grundlagen – Epochen – Themen, Opladen.

SCHALKWYK, David (2006): Wittgensteins „unvollkommener Garten". Die Leitern und Labyrinthe von Philosophie als Dichtung, in: John GIBSON/Wolfgang HUEMER (Hg.), Wittgenstein und die Literatur, Frankfurt am Main, 84-109.

SCHLÖGEL, Karl (2003): Im Raume lesen wir die Zeit. Über Zivilisationsgeschichte und Geopolitik, München/Wien.

SCHMIDT, Burghart (1988): Kritik der reinen Utopie. Eine sozialphilosophische Untersuchung, Stuttgart.

SCHMIDT, Peter (1989): Aby M. Warburg und die Ikonologie, Bamberg.

SCHMITZ-EMANS, Monika (2003): Die Aufhebung der Bilder im Text, in: Dirk RUSTEMEYER (Hg.), Bildlichkeit. Aspekte einer Theorie der Darstellung, Würzburg, 195-224.

SCHNEIDER, Ulrich Joahnnes (1996): Theater in den Innenräumen des Denkens. Gilles Deleuze als Philosophiehistoriker. In: Gilles Deleuze – Fluchtlinien der Philosophie, hg. von Friedrich Balke und Joseph Vogl, München, S. 103-124.

— (2004): Philosophische Archäologie und Archäologie der Philosophie: Kant und Foucault, in: Knut EBELING/Stefan ALTEKAMP (Hg.), Die Aktualität des Archäologischen, Frankfurt am Main, 79-97.

SCHÖFFEL, Georg (1987): Denken in Metaphern. Zur Logik sprachlicher Bilder, Opladen.

SCHOLZ, Oliver R. (1991): Bild, Darstellung, Zeichen. Philosophische Theorien bildhafter Darstellung, Freiburg/München.

SCHÖNING, Matthias/Weinberg, Manfred (2004): Ironie der Grenzen – Horizonte der Interkulturalität, in: Aleida ASSMANN/Ulrich GAIER/Gisela TROMMSDORF (Hg.), Positionen der Kulturanthropologie, Frankfurt am Main, 196-224.

SCHÖNING, Matthias (2000): „Intesivierung der Verwandlungen". Gesten der Interpretation, Gadamer, Derrida, in: Margreth EGIDI/Oliver SCHNEIDER/ Matthias SCHÖNING u. a. (Hg.), Gestik. Figuren des Körpers in Text und Bild, Tübingen, 315-332.

SCHORR, Karl Eberhard: Zu Formenanalyse und Formgebrauch in der Logik, in: Dirk BAECKER (Hg.), Probleme der Form, Frankfurt am Main 1993, 70-87.

SCHREIBER, Peter (2005): Mathematik und Logik, in: Klaus SACHS-HOMBACH (Hg.), Bildwissenschaft. Disziplinen, Themen, Methoden, Frankfurt am Main, 68-78.

SCHROER, Markus (2006): Räume, Orte, Grenzen. Auf dem Weg zu einer Soziologie des Raums, Frankfurt am Main.

SCHÜLEIN, Johann August (1995): Im Dilemma der Darstellung. Humanwissenschaftliche Textstrategie zwischen dichter Beschreibung und Denotation, in: Johanna HOFBAUER/Gerald PRABITZ/Josef WALLMANNSBERGER (Hg.), Bilder – Symbole – Methaphern. Visualisierung und Informierung in der Moderne, Wien, 31-46.

SCHUMACHER, René (1997): Metapher. Erfassen und verstehen frischer Metaphern, Tübingen/Basel.

SCHWANITZ, Dietrich (1995): Zur wechselseitigen Beobachtung von Systemtheorie und Dekonstruktion, in: Henk DE BERG/Matthias PRANGEL (Hg.), Differenzen. Systemtheorie zwischen Dekonstruktion und Konstruktivismus, Tübingen/Basel, 113-130.

SCHWARTE, Ludger (2004): Raumbildungsprozesse. Zur Logik des dynamischen Bildraums bei Goodman, Boehm und Foucault, in: Franck HOFMANN/Stauros LAZARIS/Jens E. SENNEWALD (Hg.), Raum-Dynamik/Dynamique de l'espace. Beiträge zu einer Praxis des Raums/Contributions aux pratiques de l'espace, Bielefeld, 73-95.

SEEBASS, Gottfried (2004): Vermeidbare Unvermeidlichkeit. Zur anthropologischen Signifikanz des Bildlichen, in: Aleida ASSMANN/Ulrich GAIER/Gisela TROMMSDORF (Hg.), Positionen der Kulturanthropologie, Frankfurt am Main, 275-298.

SERRES, Michel (1999): Das Kommunikationsnetz: Penelope, in: Claus PIAS, J. VOGL, L. ENGELL (Hg.), Kursbuch Medienkultur, Stuttgart, 155-165.

SIEGEL, Tilla: Denkmuster der Rationalisierung, in: Susan GEIDECK/Wolf-Andreas LIEBERT (Hg.), Sinnformeln. Linguistische und soziologische Analysen von Leitbildern, Metaphern und anderen kollektiven Orientierungsmustern, Berlin/New York 2003, 17-36.

SIELAFF, Steffen (2003): Die Postmoderne Odyssee: Raum und Subjekt in den Romanen von Paul Auster, Berlin [Diss.].

SIMMEL, Georg (1908): Der Raum und die räumlichen Ordnungen der Gesellschaft, in: DERS., Soziologische Untersuchungen über die Formen der Vergesellschaftung, Leipzig, 614-708.

— (1911): Der Begriff und die Tragödie der Kultur, Tübingen.

— (1993): Die Ruine. Ein ästhetischer Versuch, in: DERS., Aufsätze und Abhandlungen II, 1901-1908, hg. von A. CAVALLI u. a., Frankfurt am

Main, 124-130. [Gesamtausgabe, Band 8]

— (1995A): Soziologie des Raumes, in: DERS., Aufsätze und Abhandlungen I, 1901-1908, hg. von R. KRAMME u. a., Frankfurt am Main, 132-183. [Gesamtausgabe, Bd. 7]

— (1995B): Über räumliche Projektionen socialer Formen, in: DERS., Aufsätze und Abhandlungen I, 1901-1908, hg. von R. KRAMME u. a., Frankfurt am Main, 201-220. [Gesamtausgabe, Bd. 7]

SIMONS, Oliver (2006): Nach Euklid. Geometrie als Narrativ bei Husserl und Foucault, in: Arne HÖCKER/Jeannie MOSER/Philippe WEBER (Hg.), Wissen. Erzählen. Narrative der Humanwissenschaften, Bielefeld, 17-28.

SINGER, Wolf (2004): Das Bild in uns – vom Bild zur Wahrnehmung, in: Christa MAAR/Hubert BURDA (Hg.), Iconic Turn, Köln, 56-76.

SLOTERDIJK, Peter (2004): Sphären III: Schäume, Frankfurt am Main.

SOEFFNER, Hans-Georg/RAAB, Jürgen (2004): Bildverstehen als Kulturverstehen in medialisierten Gesellschaften, in: Aleida ASSMANN/Ulrich GAIER/Gisela TROMMSDORF (Hg.), Positionen der Kulturanthropologie, Frankfurt am Main, 249-274.

SOENTGEN, Jens (1992): Der Bau. Betrachtungen zu einer Metapher der Luhmannschen Systemtheorie, in: Zeitschrift für Soziologie 6, 456-466.

SPENCER-BROWN, George (1997): Laws Of Form. Gesetze der Form, Lübeck.

STÄHELI, Urs (2000): Sinnzusammenbrüche. Eine dekonstruktivistische Lektüre von Niklas Luhmanns Systemtheorie, Weilerswist.

STAFFORD, Barbara Maria (2004): Neuronale Ästhetik – auf dem Weg zu einer kognitiven Bildgeschichte, in: Christa MAAR/Hubert BURDA (Hg.), Iconic Turn, Köln, 103-126.

STAMM, Marcelo (2005): Konstellationsforschung – Ein Methodenprofil: Motive und Perspektiven, in: Martin MULSOW/Marcelo STAMM (Hg.), Konstellationsforschung, Frankfurt am Main, 31-73.

STEINBRENNER, Jakob/WINKO, Ulrich (Hg.) (1997A): Bilder in der Philosophie und anderen Künsten und Wissenschaften, Paderborn.

—/— (1997B): Bilder in der Philosophie und anderen Künsten und Wissenschaften, in: DIES. (Hg.), Bilder in der Philosophie und anderen

Künsten und Wissenschaften, Paderborn, 13-40.

STÖCKL, Hartmut (2004): Die Sprache im Bild – das Bild in der Sprache. Zur Verknüpfung von Sprache und Bild im massenmedialen Text, Berlin/New York.

STRASSNER, Erich (2002): Text-Bild-Kommunikation, Bild-Text-Kommunikation, Tübingen.

STRÖKER, Elisabeth (1965): Philosophische Untersuchungen zum Raum, Frankfurt am Main.

STRUB, Christian (1995): Abbilden und schaffen von Ähnlichkeiten, in: Lutz DANNEBERG/Andreas GRAESER/Klaus PETRUS (Hg.), Metapher und Innovation. Die Rolle der Metapher im Wandel von Sprache und Wissenschaft, Bern/Stuttgart/Wien, 105-125.

SUTROP, Margit (2001): Setzen Vorstellungen mentale Bilder voraus?, in: Gerhart VON GRAEVENITZ/Stefan RIEGER/Felix THÜRLEMANN (Hg.), Die Unvermeidlichkeit der Bilder, Tübingen, 243-254.

TAURECK, Bernhard H. F. (2004): Metaphern und Gleichnisse in der Philosophie. Versuch einer kritischen Ikonologie der Philosophie, Frankfurt am Main.

TEWES, Ulrich (1994): Schrift und Metaphysik. Die Sprachphilosophie Jacques Derridas im Zusammenhang von Metaphysik und Metaphysikkritik, Würzburg.

THABE, Sabine (2002): Raum(de)konstruktionen. Reflexionen zu einer Philosophie des Raumes, Opladen.

UMBACH, Carla/Grabski, Michael/Hörnig, Robin (Hg.) (1997): Perspektive in Sprache und Raum. Aspekte von Raum und Perspektivität, Wiesbaden.

VAN REIJEN, Willem (1991): Mit dem Hammer im Labyrinth. Nietzsche und die Postmoderne, in: Richard HEINRICH/Helmuth VETTER (Hg.), Bilder der Philosophie. Reflexionen über das Bildliche und die Phantasie, München, 127-146.

VEIT, Walter F. (2004): Topics and the discovery of the new, in: Jürgen FOHRMANN (Hg.), Rhetorik. Figuration und Performanz, Stuttgart/Weimar, 59-80.

VILLWOCK, Jörg (1999): Metapher und Bewegung, Hamburg.

VITRUVIUS POLLIO, Marcus (1987): Baukunst, übersetzt von August

Rode, 2. Bde, Basel.

VOGEL, Matthias (2001): Medien der Vernunft. Eine Theorie des Geistes und der Rationalität auf Grundlage einer Theorie der Medien, Frankfurt am Main.

VÖLKNER, Peter (1993): Derrida und Husserl. Zur Dekonstruktion einer Philosophie der Präsenz, Wien.

VON GRAEVENITZ, Gerhart/RIEGER, Stefan/THÜRLEMANN, Felix (Hg.) (2001): Die Unvermeidlichkeit der Bilder, Tübingen.

WALDENFELS, Bernhard (1990): Der Stachel des Fremden, Frankfurt am Main.

WEIGEL, Siegrid (2004): Zur Archäologie von Aby Warburgs Bilderatlas Mnemosyne, in: Knut EBELING/Stefan ALTEKAMP (Hg.), Die Aktualität des Archäologischen, Frankfurt am Main, 185-210.

WENZ, Karin (1997): Raum, Raumsprache und Sprachräume. Zur Textsemiotik der Raumbeschreibung, Tübingen.

WERTHEIM, Margaret (2000): Die Himmelstür zum Cyberspace. Von Dante zum Internet, Frankfurt am Main u. a. O.

WETZEL, Michael (2004): Das Bild und das Visuelle. Zwei Strategien der Medien, in: Barbara NAUMANN/Edgar PANKOW (Hg.), Bilder-Denken. Bildlichkeit und Argumentation, München, 173-186.

WHORF, Benjamin Lee (2003): Sprache – Denken – Wirklichkeit. Beiträge zur Metalinguistik und Sprachphilosophie, Reinbek bei Hamburg.

WIESING, Lambert (2004): Denken mit Bildern. Das visuelle Gedankenexperiment, in: Barbara NAUMANN/Edgar PANKOW (Hg.), Bilder-Denken. Bildlichkeit und Argumentation, München, 235-244.

— (2005): Artifizielle Präsenz. Studien zur Philosophie des Bildes, Frankfurt am Main.

WIJDEVELD, Paul (1994): Ludwig Wittgenstein, Architekt, Basel.

WILLEMS, Gottfried (1989): Anschaulichkeit. Zu Theorie und Geschichte der Wort-Bild-Beziehungen und des literarischen Darstellungsstils, Tübingen.

WILLER, Stefan (2004): Orte, Örter, Wörter. Zum locus ab etymologia zwischen Cicero und Derrida, in: Jürgen FOHRMANN (Hg.), Rhetorik. Figuration und Performanz, Stuttgart/Weimar, 39-58.

WIND, Edgar (1979): Warburgs Begriff der Kulturwissenschaft und seine Bedeutung für die Ästhetik, in: Ekkehard KAEMMERLING (Hg.), Ikonographie und Ikonologie, Köln, 165-184.

WINKO, Ulrich (1997): Visuelle und verbale Fiktionen, in: Jakob STEINBRENNER/Ulrich WINKO (Hg.), Bilder in der Philosophie und anderen Künsten und Wissenschaften, Paderborn, 151-176.

WIRTH, Uwe (2007): Zwischen genuiner und degenerierter Indexikalität: Eine Peircesche Perspektive auf Derridas und Freuds Spurbegriff, in: Sybille KRÄMER/Werner KOGGE/Gernot GRUBE (Hg.), Spur. Spurenlesen als Orientierungstechnik und Wissenskunst, Frankfurt am Main, 55-81.

WITTE, Egbert (2003): Bildern an der Grenze der Philosophie: Selbstthematisierung – Absolutes als ob, in: Dirk RUSTEMEYER (Hg.), Bildlichkeit. Aspekte einer Theorie der Darstellung, Würzburg, 225-258.

WITTGENSTEIN, Ludwig (1995): Philosophische Untersuchungen in: DERS., Werkausgabe, Bd. 1, Frankfurt am Main, 225-580.

— (1995): Tractatus logico-philosophicus, in: DERS., Werkausgabe, Bd. 1, Frankfurt am Main, 7-85.

WOLLHEIM, Richard (1991): Die Metapher in der Malerei, in: Richard HEINRICH/Helmuth VETTER (Hg.), Bilder der Philosophie. Reflexionen über das Bildliche und die Phantasie, München, 17-31.

YATES, Frances A. (1990): Gedächtnis und Erinnern. Mnemonik von Aristoteles bis Shakespeare, Weinheim.

ZIMMERLI, Walther Ch. (2003): Nichtwissen und ungenaues Denken. Zur kreativen Rolle von Metaphern und Bildern, in: Dirk Rustemeyer (Hg.), Bildlichkeit. Aspekte einer Theorie der Darstellung, Würzburg, 259-274.

ZIMMERMANN, Ruben (Hg.) (2000): Bildersprache verstehen. Zur Hermeneutik der Metapher und anderer bildlicher Sprachformen, München.

— (2000): Einführung: Bildersprache verstehen *oder* Die offene Sinndynamik der Sprachbilder, in: Ruben ZIMMERMANN (Hg.), Bildersprache verstehen. Zur Hermeneutik der Metapher und anderer bildlicher Sprachformen, München, 13-54.

Bibliographie